Biologische Arbeitsbücher 40

Werner Bils / Georg Dürr

Übungsaufgaben zum Biologieunterricht in der Sekundarstufe II

mit Lösungen

4. Auflage 1997

Quelle & Meyer Verlag Wiesbaden

Dr. Werner Bils
Weihengärtenweg 37
72762 Reutlingen

Die Deutsche Bibliothek – CIP-Einheitsaufnahme

Bils, Werner:
Übungsaufgaben zum Biologieunterricht in der Sekundarstufe II:
mit Lösungen / Werner Bils ; Georg Dürr. – 4. Auflage
Wiesbaden : Quelle und Meyer, 1997
(Biologische Arbeitsbücher ; 40)
ISBN 3-494-01216-4
NE: GT

4. Auflage 1997

Umschlaggestaltung: Klaus Neumann, Wiesbaden
Herstellung: Allgäuer Zeitungsverlag GmbH, Kempten
Gedruckt auf chlor- und säurefrei produziertem Recyclingpapier
Printed in Germany / Imprimé en Allemagne
ISBN 3-494-01216-4

Inhaltsverzeichnis

Die Teile I, VI und VII wurden von Dr. Werner Bils erstellt.

Vorwort

Dieses Buch ist für denjenigen gedacht, der überprüfen möchte, ob er mit dem, was er im Biologie-Unterricht der gymnasialen Oberstufe gelernt hat, umgehen kann. Es soll keine neuen Kenntnisse vermitteln, sondern helfen, Wissen aus grundlegenden Bereichen der Biologie zu festigen.

Damit stellen sich verschiedene Forderungen an die Aufgaben. Ihre Inhalte müssen sich mit den Kernthemen des Oberstufenunterrichtes decken, und für die Lösung darf es nicht ausreichen, Gelerntes nur wiederzugeben. Die Kenntnisse müssen auf unbekannte Sachverhalte übertragen und angewendet werden. Wenn es ein Übungsbuch sein soll, dürfen die Aufgaben nicht zu schwierig sein. Deshalb sind nur Aufgaben aufgenommen, die aus Klassenarbeiten stammen, also bereits auf ihre Lösbarkeit geprüft sind.

Man sollte dieses Buch erst nach vorangegangenem Unterricht oder Selbststudium zur Hand nehmen. Ob die vorhandenen Kenntnisse ausreichen, läßt sich mit Hilfe des Stichwortkataloges kontrollieren, der jedem Abschnitt vorangestellt ist. Diese Überprüfung sollte immer der erste Schritt sein, bevor man mit der Lösung der einzelnen Aufgaben beginnt.

Die Arbeit an den Aufgaben erfolgt am besten schriftlich, um sich zu einer exakten Darstellung der Zusammenhänge zu zwingen. So ist es auch später leichter möglich, die eigenen Ergebnisse mit den im Buch vorgeschlagenen Lösungen zu vergleichen.

Die Lösungsvorschläge sind in der Regel kurz gehalten, häufig vereinfacht und nicht immer umfassend und vollständig. Das ist erforderlich, wenn sie für Schüler überschaubar bleiben sollen.

Die Quellen der Daten, geschilderten Beispiele und Abbildungen sind, wo möglich und sinnvoll, am Schluß der Aufgaben angegeben.

Auf Anregung des Quelle & Meyer Verlags ist die Neuauflage um die Themen Cytologie, Ethologie und Ökologie erweitert. Damit sind fast alle Themen des Biologie-Unterrichts der gymnasialen Oberstufe berücksichtigt.

Frau Claudia Huber vom Quelle & Meyer Verlag sei an dieser Stelle gedankt für die kritische Durchsicht des Manuskripts, für hilfreiche Vorschläge und für die Mühe, die sie sich bei der Gestaltung der Neuauflage des Buches gegeben hat.

Werner Bils

I. Zellenlehre (Cytologie)

Zur Lösung der Aufgaben erforderliche Kenntnisse:

Methoden der Zellbiologie
- Bau und Funktion des Lichtmikroskops
- Anfertigen lichtmikroskopischer Präparate
- Bau und Funktion des Transmissions-Elektronenmikroskops
- Anfertigung von elektronenmikroskopischen Präparaten
- Zentrifugation

Bau und Funktion von Zellorganellen
- Chromosom
- Membran
- Endoplasmatisches Reticulum (rauh, glatt)
- Zellkern
- Mitochondrium
- Plastiden
- Dictyosom (Golgi-Apparat)
- Ribosom
- Lysosom (und Microbodies)
- Geißeln
- Centriolen (Zentrosomen, Zentralkörperchen)
- Mikrotubuli
- Vakuolen
- Nucleolus
- Kern-Plasma-Relation

Zellbiologische Vorgänge
- Mitose
- Meiose
- Befruchtung
- Exocytose
- Endocytose (Phagocytose, Pinocytose)
- Diffusion
- Osmose
- Bildung von Vesikeln

Aufgabe 1

Im Schema ist der Feinbau der Zelle dargestellt.

a. Beschriften Sie die Abbildung.
b. Welche Strukturen kann man im Lichtmikroskop sehen?
c. Die dargestellte Zelle unterscheidet sich im Bau von den meisten anderen Typen pflanzlicher Zellen. Nennen Sie solche Unterschiede.

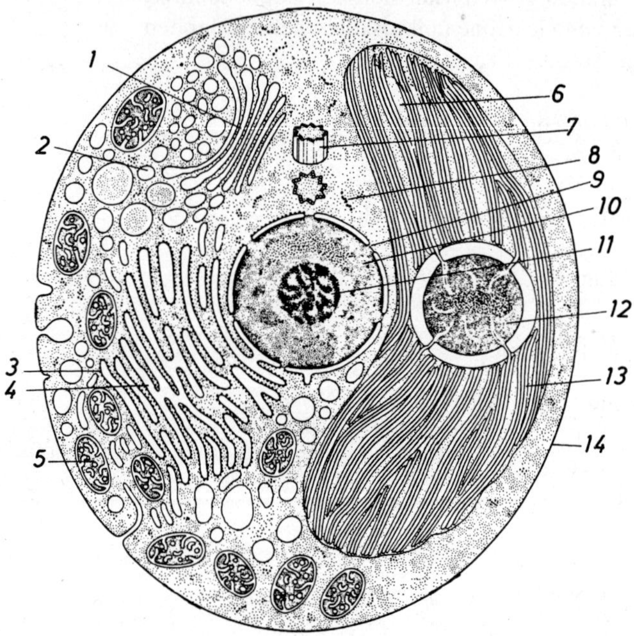

Verändert nach K. G. Grell, Protozoologie, 1968

Aufgabe 2

In tierischen Einzellern können pulsierende Vakuolen (pulsierende Bläschen) liegen, mit deren Hilfe Wasser aus der Zelle „gepumpt“ werden kann.

Kommen pulsierende Bläschen häufiger in Einzellern des Meeres oder des Süßwassers vor? Begründen Sie.

Lösung 1

a. 1 = Dictyosom (Golgi-Apparat)
2 = Vesikel (Golgi-Vesikel, Lysosom o. ä.)
3 = Ribosom (am ER, rauhes ER)
4 = Endoplasmatisches Reticulum (ER)
5 = Mitochondrium
6 = Matrix (Stroma) des Chloroplasten
7 = Centriol (Zentralkörperchen, Zentrosom)
8 = Ribosomen (frei)
9 = Kernporen
10 = Zellkern
11 = Nucleolus
12 = Stärkekorn
13 = Thylakoid des Chloroplasten
14 = Zellgrenzmembran

b. Im Lichtmikroskop sichtbar sind:
Zellkern
Mitochondrien
Chloroplast (mit Stärkekorn)
Centriol
große Vesikel
Nucleolus

c. Die meisten Pflanzen haben mehr als *einen* Chloroplasten. Außerdem sind sie in der Regel mit einer festen Zellwand aus Zellulose umgeben. Diese fehlt in der abgebildeten Zelle. Centriolen kommen nur bei wenigen Pflanzengruppen und bestimmten Zelltypen der Pflanzen vor.

Lösung 2

Bei tierischen Einzellern, die im Süßwasser leben, sind häufiger pulsierende Vakuolen zu finden.

Die Zellmembran jeder Zelle ist semipermeabel. Wasser kann ungehindert die Membran passieren. Im Zellplasma sind viele Salze gelöst. Die Konzentration der Salze im Plasma ist höher als im Süßwasser. Der Unterschied in der Salzkonzentration zwischen Zellplasma und Meerwasser ist gering.

Auf osmotischem Wege dringt daher ständig Wasser in die Zelle ein. Die Wasseraufnahme ist wegen des größeren Unterschieds in der Salzkonzentration bei Einzellern des Süßwassers stärker. Daher sind hier häufiger Organellen zu finden, die das eingedrungene Wasser wieder aus der Zelle hinausschaffen.

Aufgabe 3

Abbildung A zeigt ein Spermium der Säuger im Längsschnitt. In B und C sind Querschnitte dargestellt.

a. Beschriften Sie die Abbildungen.

b. Aus welchen Bereichen des Spermiums stammen die abgebildeten Querschnitte?

c. Welche Aufgabe erfüllen die mit 6 gekennzeichneten Strukturen?

d. Wie unterscheidet sich die mit 4 gekennzeichnete Struktur von der gleichen in einer Körperzelle?

e. Welche Aufgabe übernimmt die mit der Kennziffer 5 versehene Struktur nach der Befruchtung?

f. Durch welchen Vorgang werden Spermien gebildet?

g. Wodurch unterscheiden sich Spermien von den Samen der Pflanzen?

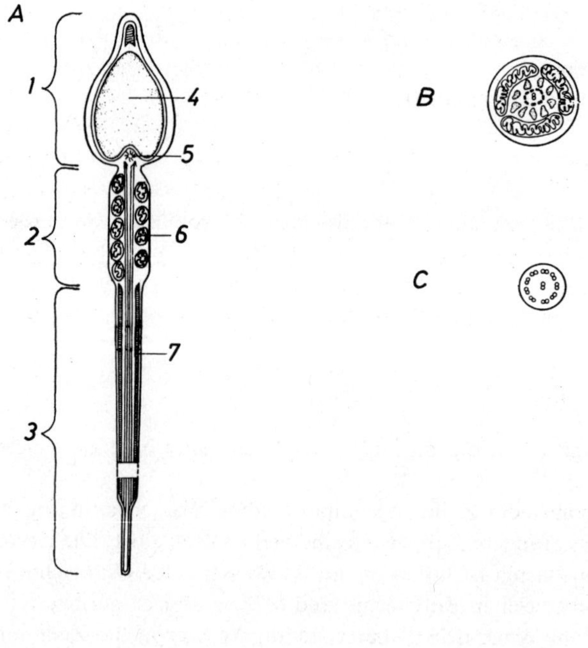

Aufgabe 4

Zellen sind in ihrer Größe in der Regel auf sehr geringe Ausmaße begrenzt.

Welchen Vorteil bringt die geringe Größe für den Transport von Stoffen in der Zelle durch passive Vorgänge?

Lösung 3

a. 1 = Kopf
2 = Mittelstück
3 = Schwanz (Geißel)
4 = Zellkern
5 = Centriol (Zentralkörperchen)
6 = Mitochondrium
7 = Fibrillen (Mikrotubuli-Bündel)

b. In Abbildung B ist das Mittelstück quer geschnitten. Abbildung C stammt aus dem unteren Bereich des Schwanzes (Geißel).

c. Die Mitochondrien liefern Stoffwechselenergie (ATP). Die Energie wird für die Bewegung der Fibrillen benötigt. Die Fibrillenbewegung läßt den Schwanzteil schlagen und sorgt damit für die Fortbewegung des Spermiums.

d. Der Zellkern des Spermiums hat nur die Hälfte des Chromosomensatzes der Körperzellen. Spermien diploider Organismen sind daher haploid.

e. Das Centriol (Zentralkörperchen) übernimmt nach der Befruchtung die Organisation des Spindelapparates für die nach der Verschmelzung der Kerne beginnende Mitose.

f. Spermien werden wie die Eizellen durch Meiose gebildet.

g. Wichtige Unterschiede zwischen Spermien und Samen ergeben sich aus der Art ihrer Entstehung. Spermien werden durch Meiose gebildet. Samen entstehen durch Mitosen im Anschluß an die Befruchtung. Spermien bestehen daher nur aus *einer* Zelle, ihr Chromosomensatz ist gegenüber dem der entsprechenden Körperzellen halbiert.

Samen sind aus zahlreichen Zellen aufgebaut. Sie enthalten den normalen, meistens diploiden Chromosomensatz. Im Samen liegen Nährstoffzellen und ein kleiner Embryo (Keimling), der allerdings seine Entwicklung bis zum Auskeimen einstellt. Die den Spermien der Tiere entsprechenden Zellen der höheren Pflanzen sind die Pollenzellen.

Lösung 4

Viele Transportvorgänge in der Zelle geschehen durch Diffusion, also ohne daß Stoffwechselenergie erforderlich wäre. Die Diffusionsgeschwindigkeit nimmt mit steigender Entfernung ab. In großen Zellen ist daher der Transport durch Diffusion langsamer als in kleinen. Offensichtlich kann eine bestimmte Zellgröße nicht überschritten werden, da der Stofftransport dann so langsam wäre, daß ein geordneter Stoffwechsel nicht mehr möglich wäre.

Aufgabe 5

Das Schema zeigt eine Zelle der Bauchspeicheldrüse. Diese Drüsenzellen scheiden ein enzymhaltiges Sekret ab, das zur Verdauung im Zwölffingerdarm dient.

a. Benennen Sie die gekennzeichneten Bereiche der Zelle mit Fachbegriffen.
b. Beschreiben Sie den Vorgang, der bei A abläuft.
c. Wo in der Zelle werden die Enzyme des Bauchspeicheldrüsensekrets gebildet? Welche Stationen durchlaufen sie bis zur Ausscheidung in den Darm?

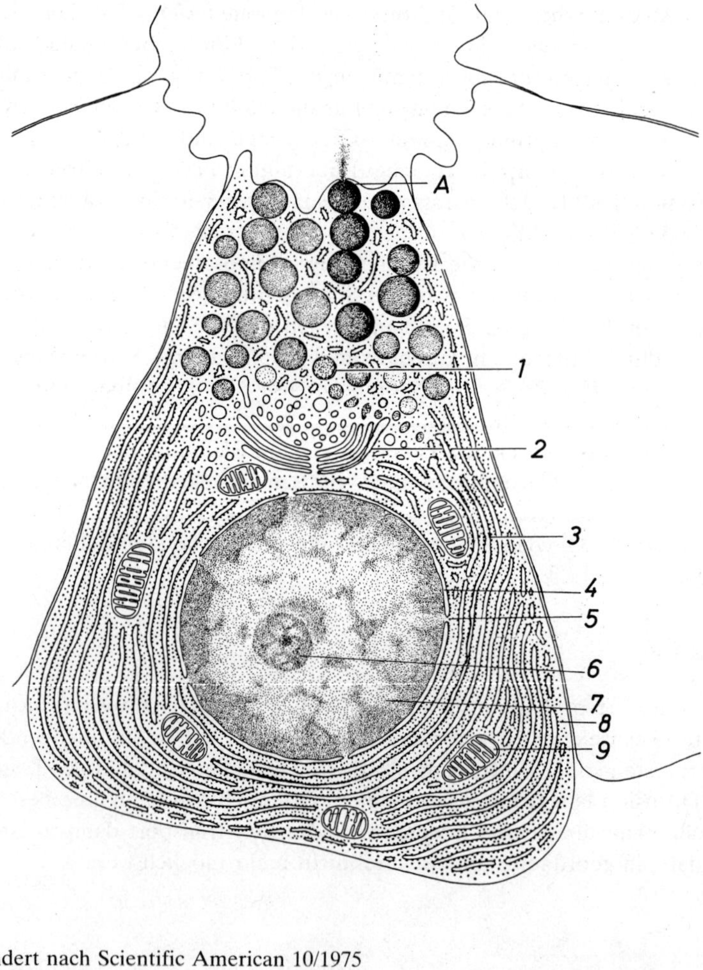

Verändert nach Scientific American 10/1975

Lösung 5

a. 1 = Golgi-Vesikel
2 = Dictyosom
3 = Endoplasmatisches Reticulum
4 = Kernmembranen
5 = Kernpore
6 = Nucleolus
7 = Zellkern
8 = Ribosom
9 = Mitochondrium

b. Ein Vesikel (Bläschen), das vom Dictyosom abgeschnürt wurde, nimmt Kontakt mit der Zellgrenzmembran auf. Die Membran des Vesikels verschmilzt mit der Zellgrenzmembran. Dadurch erhält das Vesikel eine Öffnung und ergießt seinen Inhalt in die Umgebung der Zelle. Die ehemalige Membran des Vesikels wird neuer Bestandteil der Zellgrenzmembran. Das ist möglich, weil Vesikelmembran und Zellgrenzmembran sehr ähnlich aufgebaut sind (wie alle Membranen in der Zelle; vgl. Einheitsmembran).

c. Enzyme sind Proteine (Eiweiße). Sie werden an den Ribosomen gebildet. Die Information, welche Art von Protein gebildet werden soll, kommt als Kopie eines DNS-Stücks (mRNS) durch die Kernporen aus dem Inneren des Zellkerns.

Nachdem die Enzyme hergestellt wurden, werden sie in der Regel zum Golgi-Apparat transportiert. Dort verändern sie sich chemisch. Danach wandern sie in einem Golgi-Vesikel, das sich vom Dictyosom abschnürt, in Richtung Zellgrenzmembran.

Aufgabe 6

In der Abbildung sehen Sie einen kleinen Ausschnitt aus einer tierischen Zelle. Im mittleren Bereich des Schemas ist ein Dictyosom dargestellt.

a. Nennen Sie die mit Ziffern gekennzeichneten Bereiche der Zelle.

b. Beschreiben Sie die Vorgänge an den Stellen, die mit Großbuchstaben versehen sind.

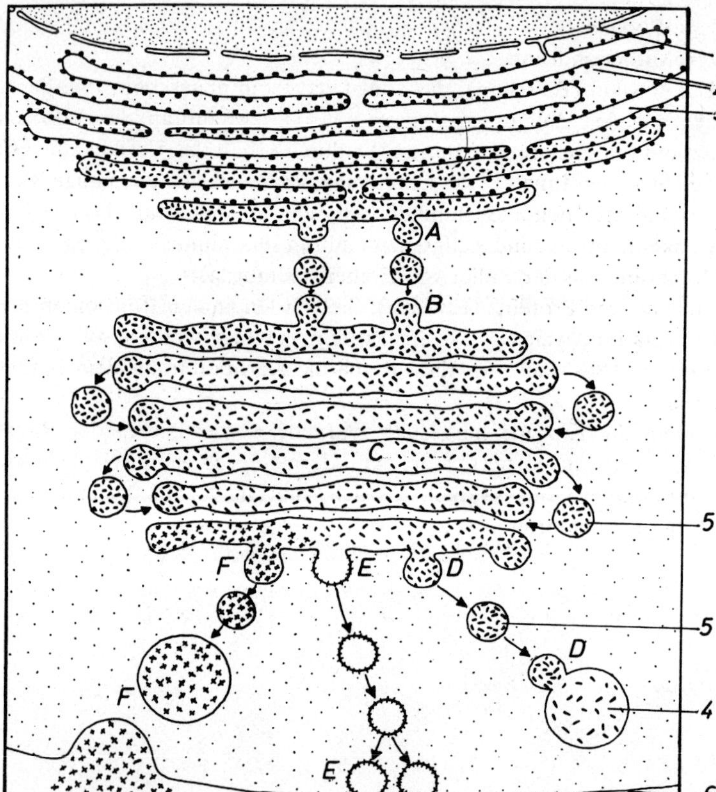

Verändert nach Spektrum der Wissenschaft, 11/1985

Aufgabe 7

Fleisch läßt sich konservieren, wenn man es stark einsalzt.

Erläutern Sie, warum Salzen vor Zersetzung durch Bakterien schützt.

Lösung 6

a. 1 = Kernporen
 2 = Ribosomen
 3 = Endoplasmatisches Reticulum (ER)
 4 = Lysosom
 5 = Golgi-Vesikel
 6 = Zellmembran

b. A. Am ER schnüren sich Vesikel (Bläschen) ab. Sie schließen Proteine ein, die sich an den Ribosomen gebildet haben und dann in das ER eingeschleust wurden.
 B. Die vom ER abgeschnürten Bläschen verschmelzen mit der Zisternenmembran des Dictyosoms und geben ihren Inhalt (Proteine) in die Zisterne ab.
 C. Proteine werden chemisch in verschiedener Weise verändert, z.B. zu bestimmten Enzymen umgebaut oder zu Substanzen für Aufgaben außerhalb der Zelle.
 D. Ein Vesikel schnürt sich von der Zisterne ab. Es umschließt abbauende Enzyme (Lysozyme). Das Vesikel wandert auf ein Lysosom zu und verschmilzt mit ihm.
 E. Ein Vesikel löst sich von der Zisterne, wandert in Richtung Zellgrenze und verschmilzt mit der Zellmembran. Die Membran des Vesikels bildet danach einen Teil der Zellmembran. Auf diese Weise können neue Bestandteile, z.B. spezifische Proteine, in die Zellmembran eingebaut werden.
 F. Ein Vesikel löst sich von der Zisterne. Sein Inhalt ist für Aufgaben außerhalb der Zelle bestimmt. Am Ende seines Weges durch das Cytoplasma erreicht es die Zellgrenzmembran, verschmilzt mit ihr und gibt so seinen Inhalt an den Außenraum der Zelle ab (Exocytose). Auf diese Weise kann die Zelle bestimmte Stoffe abscheiden (z.B. Sekretion von Hormonen, Enzymen, Schleim).

Lösung 7

Bakterien, die auf stark gesalzenes Fleisch geraten, geben einen großen Teil des Wassers aus ihrem Plasma ab, da das Salz in ihrer Umgebung viel höher konzentriert ist als in ihrem Plasma (Osmose).

Alle Lebensprozesse in der Zelle laufen in wäßriger Lösung ab. Wenn ein Teil des Wassers verlorengeht, wird der Stoffwechsel so stark eingeschränkt und gestört, daß die Zelle stirbt.

Aufgabe 8

Das Semliki-Forest-Virus ist ein gut untersuchter Parasit in tierischen Zellen. Man hat recht genaue Vorstellungen davon, wie die Viren in die Zelle aufgenommen werden und wie sie wieder nach außen gelangen. Auch über die Vorgänge bei der Bildung der Viren weiß man gut Bescheid.

Ein Semliki-Forest-Virus innerhalb der Zelle ist anders gebaut als außerhalb. Im Cytoplasma besteht ein Virus aus einer einfachen Proteinhülle, die ein RNS-Molekül umgibt. Ein freies Virus außerhalb der Zelle hat eine zusätzliche zweite Hülle. Sie besteht aus Lipiden, die auch in der Membran der Zelle vorkommen, und aus speziellen Proteinen, die in die Schicht der Lipide eingelassen sind. Diese Proteine kommen auch in tierischen Zellen vor, jedoch nur in solchen, die von Semliki-Forest-Viren befallen sind.

Erläutern Sie, wie die zweite Hülle der Semliki-Forest-Viren gebildet wird und wie die Viren die Zelle verlassen.

Spektrum der Wissenschaft, 4/1982

Aufgabe 9

Pflanzenzellen und tierische Zellen unterscheiden sich nicht nur im Bau, sondern auch in den Anteilen der verschiedenen chemischen Substanzen, die sie enthalten.

In den Diagrammen sind die Anteile an Fetten, Eiweißen und Kohlenhydraten für Pflanzen- und Tierzellen als Durchschnittswerte angegeben. Wasser ist als weiße Fläche, anorganische Substanzen als schwarze Fläche gekennzeichnet.

Mit welchen Zahlen sind Fette, Eiweiße und Kohlenhydrate bezeichnet?

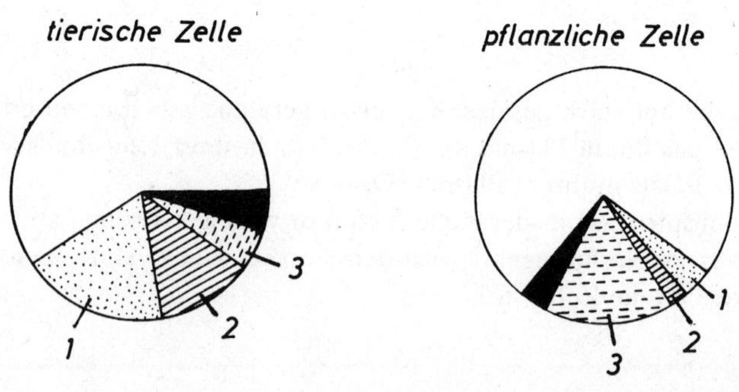

Lösung 8

Da die Lipide der Zellmembran und der zweiten Virenhülle gleich sind, liegt die Vermutung nahe, daß diese Virenhülle von der Zellmembran gebildet wird.

Ein Virus kann die Zelle verlassen, wenn sich die Zellmembran in einem Bereich nach außen vorstülpt, das von innen her kommende Virus umhüllt und sich als Bläschen ablöst. Der Vorgang läuft ab wie eine Phagocytose in „falscher" Richtung, wie eine „Phagocytose nach außen".

Die Proteine der zweiten Virenhülle bilden sich entsprechend der genetischen Information der Viren im Cytoplasma der Wirtszelle, gelangen über Golgi-Apparat und Golgi-Vesikel an die Membran der Zelle und werden hier an Stellen eingebaut, die später bei Kontakt mit einem von innen kommenden Virus ein Membranbläschen bilden können.

Das Schema zeigt, wie das Virus die Wirtszelle verläßt und auf welche Weise es zu seiner zweiten Hülle kommt.

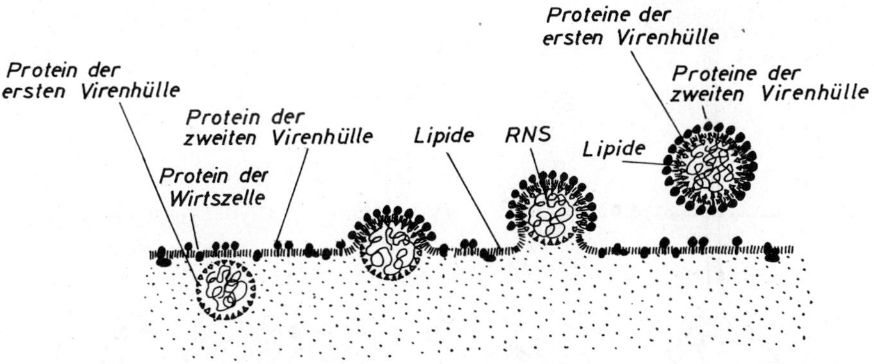

Lösung 9

1 = Eiweiße
2 = Fette
3 = Kohlenhydrate

Aufgabe 10

Die Funktion des Zellkerns wurde schon vor über 40 Jahren an Meeresalgen der Gattung Acetabularia (Schirmalgen) untersucht. Diese Algen bestehen aus nur einer bis zu 10 cm großen Zelle.

Mit ihrem unteren wurzelartigen Teil ist die Zelle im Boden verankert. Daraus entspringt ein Stiel, der oben eine hutförmige Verbreiterung trägt. Der Zellkern liegt im Wurzelbereich. Die Arten lassen sich durch die Form der Hüte unterscheiden.

Schirmalgen leben in wärmeren Meeren, die Arten Acetabularia mediterranea und Acetabularia wettsteinii z. B. im Mittelmeer.

Ein Experiment an Acetabularia lief so ab, wie es vereinfacht in der Abbildung dargestellt ist.

Welche Hinweise auf die Funktion des Zellkerns liefern die Ergebnisse dieses Experiments? Begründen Sie Ihre Antwort.

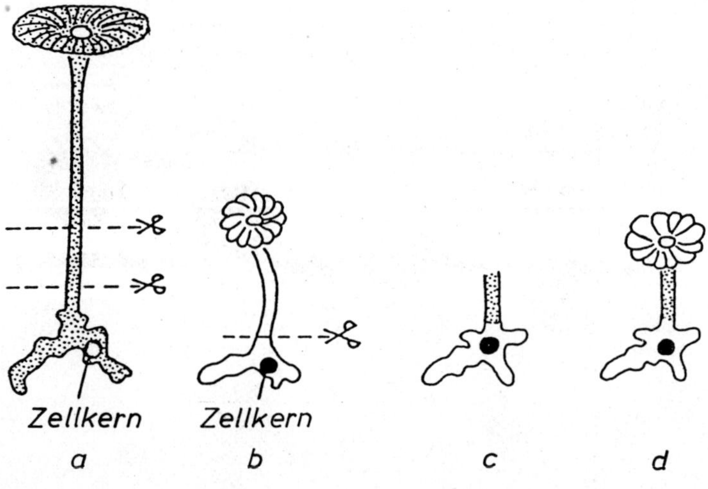

Transplantation bei Acetabularia.
Ein kernloses Stielstück von Acetabularia mediterranea (a, punktiert) wird einem kernhaltigen Wurzelstück von Acetabularia wettsteinii (b, weiß) aufgesetzt (c). Durch Regeneration bildet sich am Stiel ein neuer Hut (d).

W. Nultsch, Allgemeine Botanik, 1968

Lösung 10

Der Zellkern regelt die Merkmalsausbildung. Er enthält die Erbinformation, die den Stoffwechsel so ablaufen läßt, daß sich bestimmte Merkmale entwikkeln, in diesem Fall eine bestimmte Form des Hutes.

Begründung: Das Wurzelstück von A. wettsteinii mit dem Stielstück von A. mediterranea bildet einen Hut aus, wie er für A. wettsteinii typisch ist. Die Information über die Art des Hutes liegt also offensichtlich nicht im Stielstück, sondern im Wurzelbereich. Das weist auf die Richtigkeit der Annahme hin, daß die Information aus dem Zellkern kommt, denn der liegt ja im Wurzelbereich der Zelle.

Aufgabe 11

Die Abbildung zeigt schematisch eine ähnliche Versuchsanordnung, wie sie der Physiologe W. Pfeffer für seine berühmten Versuche verwendete. Sie wird in der Fachliteratur als „Pfeffersche Zelle" bezeichnet.

Der Raum I besteht aus einem Tonzylinder, der eine semipermeable Membran einschließt (gestrichelte Linie). Sie ist nur für Wasserteilchen durchlässig. Der Raum II wird von einem Glaszylinder gebildet.

a. Welche Veränderungen ergeben sich, wenn man in den Raum I eine 0,02 molare, wäßrige KCl-Lösung einfüllt und in den Raum II eine 0,02 molare, wäßrige NaCl-Lösung?

b. Welche Veränderungen ergeben sich, wenn man in den Raum I eine 0,5 molare, wäßrige KCl-Lösung einfüllt und in den Raum II eine 2 molare, wäßrige Rohrzuckerlösung?

Begründen Sie Ihre Antworten.

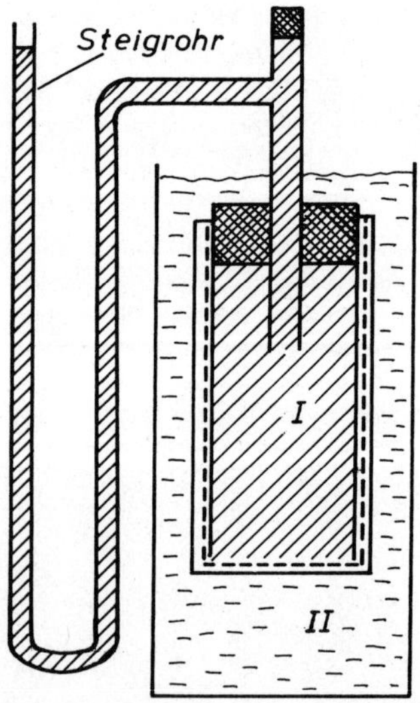

Aufgabe 12

Wie werden in der Zelle

a. plasmatische Bereiche von nichtplasmatischen getrennt?

b. plasmatische Bereiche von andersartigen, aber ebenfalls plasmatischen Bereichen getrennt? Nennen Sie jeweils zwei Beispiele.

Lösung 11

a. Es werden keine Veränderungen eintreten. Die semipermeable Membran ist durchlässig für Wasserteilchen, aber nicht durchlässig für KCl- und NaCl-Teilchen oder ihre Ionen.

Die Konzentration der gelösten Teilchen ist in beiden Räumen gleich hoch. Das bedeutet, daß in beiden Räumen die gleiche Zahl von Wasserteilchen pro Zeiteinheit auf die Membran treffen. Es diffundieren also ebenso viele Wasserteilchen vom Raum I in den Raum II wie vom Raum II in den Raum I. Damit verändert sich der Wasserspiegel im Steigrohr nicht.

b. Der Wasserspiegel im Steigrohr sinkt. Zwischen den Räumen I und II läuft Osmose ab. Wasserteilchen können durch die semipermeable Membran diffundieren, Rohrzucker- und KCl-Teilchen oder ihre Ionen können nicht durch die Membran treten. Die Konzentration der gelösten Teilchen (KCl und Rohrzucker) ist im Raum II höher als im Raum I. Daher ist die Zahl der Wasserteilchen pro Raumeinheit im Raum I höher als im Raum II. Es treffen also pro Zeiteinheit im Raum I mehr Wasserteilchen auf die Membran als im Raum II. Dadurch ist die Diffusion von Wasser aus dem Raum I in den Raum II stärker als aus dem Raum II in den Raum I. Der Raum I verliert Wasser, der Wasserspiegel im Steigrohr fällt.

Lösung 12

a. Plasmatische Bereiche werden von nichtplasmatischen durch eine einfache Membran getrennt.

Beispiele: Abgrenzung des Inhalts von:
- Vakuolen gegen Cytoplasma
- Dictyosomen und Golgi-Vesikel gegen Cytoplasma
- Lysosomen gegen Cytoplasma

b. Plasmatische Bereiche werden von andersartigen plasmatischen Bereichen durch eine Doppelmembran getrennt.

Beispiele: Abgrenzung des Inhalts von:
- Mitochondrien gegen Cytoplasma
- Plastiden (Chloroplasten u. a.) gegen Cytoplasma
- Zellkern gegen Cytoplasma

Aufgabe 13

Im Schema soll der typische Aufbau einer Zellmembran gezeigt werden. Die Zeichnung ist so angeordnet, daß der Zellaußenraum oben im Bild zu denken ist und das Cytoplasma sich an die untere Kante der Membran anschließt.

a. Nennen Sie mit Fachbegriffen die Bestandteile der Membran.
b. Welche Aufgaben können die mit 2 bezeichneten Strukturen erfüllen?

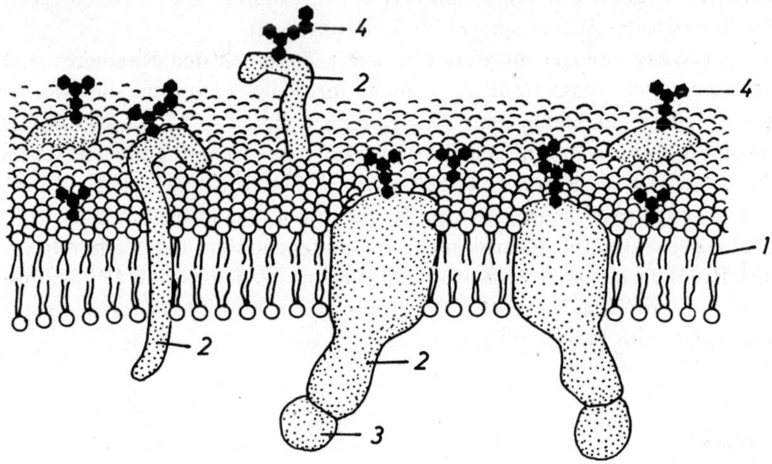

Verändert nach Spektrum der Wissenschaft, 3/1979

Aufgabe 14

In einem Experiment soll die Wirkung verschiedener Flüssigkeiten auf Zellen der menschlichen Mundschleimhaut und der Zwiebelschuppenhaut geprüft werden. Dazu werden solche Zellen

1. in destilliertes Wasser
2. in 10%ige Rohrzuckerlösung und
3. in physiologische Kochsalzlösung (Blutersatzlösung) gelegt.

Welche Zellen werden vermutlich platzen? Begründen Sie Ihre Anwort.

Lösung 13

a. 1 = Lipid-Molekül
   2 = integrales Protein
   3 = peripheres Protein
   4 = Kohlenhydrat

b. Mögliche Aufgaben der Proteine sind unter anderem:
- Stofftransport durch die Membran (vor allem von wasserlöslichen Substanzen). Diese Proteine sorgen für die selektive Permeabilität der Membran.
- „Erkennung" bestimmter Substanzen (Rezeptormoleküle). Diese Proteinmoleküle führen bei Kontakt mit für sie spezifischen Substanzen (z. B. Hormonen) Veränderungen der Membran oder des Zellinnenraumes herbei.
- Bildung eines spezifischen Musters der Membranoberfläche, das unter anderem in der Immunreaktion oder beim Kontakt mit Nachbarzellen von Bedeutung sein kann.
- Katalyse von chemischen Reaktionen. Viele Proteine in der Membran wirken als Enzyme, z. B. einige Enzyme der Zellatmung.

Lösung 14

Die Zellen können platzen, wenn sie durch Osmose zuviel Wasser aufnehmen. Starke osmotische Wasseraufnahme läuft ab, wenn die Salzkonzentration (Ionenkonzentration) des Zellplasmas viel höher ist als die des umgebenden Mediums. Nur so kann eine starke Diffusion von Wasser in die Zelle zustande kommen.

Die Zelle der menschlichen Mundschleimhaut platzt leicht. Dies geschieht, wenn sie in destilliertem Wasser liegt.

Eine Mundschleimhautzelle in physiologischer Kochsalzlösung liegt in einem Medium mit etwa der gleichen Salzkonzentration wie ihr Plasma. Der Ein- und Ausstrom von Wasser hält sich die Waage.

Die Rohrzuckerlösung hat eine höhere Teilchenkonzentration als das Zellplasma. Es wird daher Wasser aus der Zelle ausströmen, sie wird schrumpfen.

Pflanzenzellen, wie die der Zwiebelschuppenhaut, platzen weniger leicht. Zwar steigt auch bei ihnen der Innendruck (Turgor) durch die starke Wasseraufnahme, jedoch wirkt die feste Zellwand aus Zellulose dem Druck entgegen.

Aufgabe 15

In der Abbildung ist schematisch der Kernbereich einer Zelle in einer bestimmten Phase der Mitose dargestellt.

a. In welchem Abschnitt der Mitose befindet sich die Zelle?
b. Nennen Sie die mit Kennziffern versehenen Strukturen.
c. Woran ist zu erkennen, daß ein Stadium der Mitose dargestellt ist und nicht der Meiose?
d. Beschreiben Sie das Stadium, das dem in der Abbildung gezeigten vorausgeht.

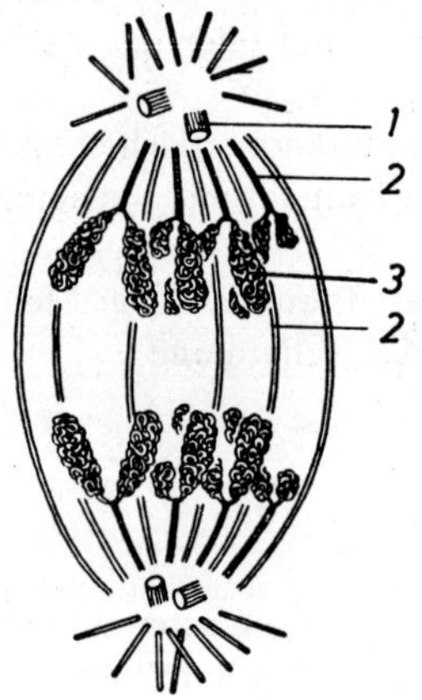

Aufgabe 16

In Südeuropa wird grüner Salat meistens erst bei Tisch mit Essig und Öl zubereitet. Der Salat ist dadurch frischer, als wenn man ihn schon längere Zeit vor dem Essen anrichtet.
Woran liegt das?

Aufgabe 17

Warum sind in Geweben, in denen sich gerade viele Zellen teilen, Zellen in Anaphase seltener zu finden als Zellen in Metaphase?

Lösung 15

a. Die Zelle befindet sich in der Anaphase der Mitose. Die Chromatiden jedes Chromosoms haben sich getrennt und weichen zu den Zellpolen hin auseinander.

b. 1 = Centriol (Zentralkörperchen)
2 = Spindelfasern
3 = Chromosomen (mit nur je einem Chromatid)

c. In jeder der beiden auseinanderweichenden Chromosomengruppen befinden sich Chromosomen, die sich in Form und Größe gleichen, also homologe Chromosomen. In der Meiose werden homologe Chromosomen voneinander getrennt. Wenn die Anaphase der ersten Reifeteilung dargestellt wäre, dürften in jeder Chromosomengruppe nur verschiedenförmige Chromosomen zu sehen sein.

d. Der Anaphase geht die Metaphase voraus. In der Metaphase haben sich die Chromosomen maximal zur Transportform spiralisiert (verkürzt und verdickt). Sie ordnen sich in der Äquatorialplatte an. Die Teilung jedes Chromosoms in zwei Chromatiden wird sichtbar. An das Centromer (Kinetochor) jedes Chromosoms setzen Spindelfasern an. Kernmembran und Nucleolus haben sich aufgelöst.

Lösung 16

Die Teilchenkonzentration im Essig ist höher als in der Zelle. Durch Osmose diffundiert daher Wasser aus den Vakuolen der Salatzellen durch den Tonoplasten, das Zellplasma, das Plasmalemma und die Zellwand hindurch nach außen. Das führt zur Abnahme des Drucks in der Vakuole; das Plasma wird weniger stark gegen die Zellwand gedrückt (Plasmolyse). Dadurch verlieren die Zellen ihre Spannung (Turgor). Der Turgorverlust macht das gesamte Pflanzengewebe schlaff. Der Salat ist nicht mehr frisch und knackig.

Lösung 17

Anaphasen laufen in viel kürzerer Zeit ab als Metaphasen. In einem Gewebe mit vielen Zellen in Mitose trifft man daher mit höherer Wahrscheinlichkeit Zellen an, die gerade die Metaphase durchmachen als solche in Anaphase.

Aufgabe 18

Die Zeichnung ist nach einem Foto angefertigt, das im Elektronenmikroskop bei 70000facher Vergrößerung aufgenommen wurde.

a. Aus welchem Bereich der Zelle stammt das Foto?
b. Nennen Sie die Fachbegriffe für die mit Ziffern gekennzeichneten Stellen.
c. Welche Prozesse laufen an der Stelle 2 ab?

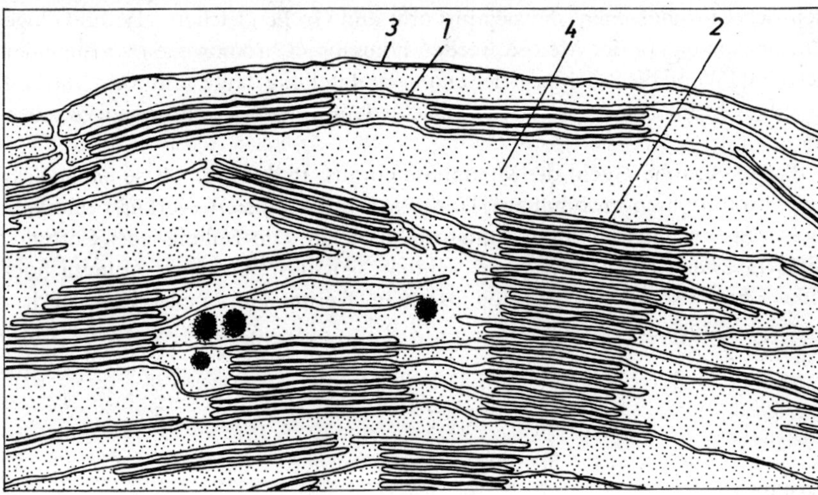

Spektrum der Wissenschaft, 12/1979

Aufgabe 19

In der Abbildung ist ein bestimmtes Zellorganell im räumlichen Modell dargestellt. Das Modell ist zum Teil aufgeschnitten.

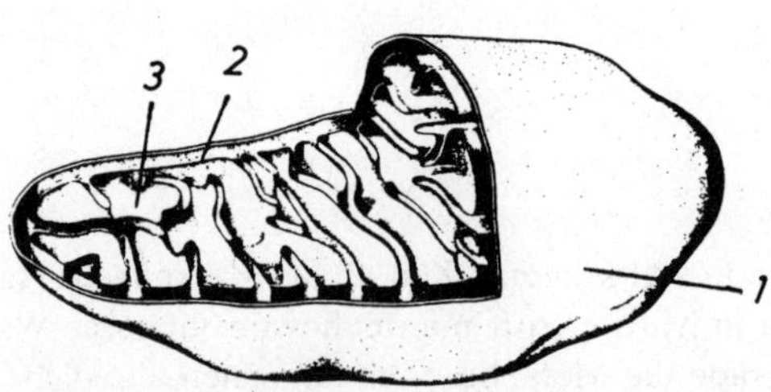

Lösung 18

a. Das Foto zeigt einen Ausschnitt aus dem Chloroplasten einer höheren Pflanze.

b. 1 = Stromathylakoid
2 = Grana
3 = Doppelmembran (Grenze des Chloroplasten)
4 = Stroma (Matrix)

c. Die Chloroplasten sind die Orte der Fotosynthese. Die Lichtreaktion läuft an den inneren Membranen ab, vor allem in den Grana, die Dunkelreaktion im Stroma.

Lösung 19

a. Abgebildet ist das Modell eines Mitochondriums.
1 = Äußere Membran
2 = Innere Membran
3 = Matrix

b. An der Inneren Membran laufen große Teile der Zellatmung ab (Zitronensäurezyklus und Endoxidation). Mitochondrien werden deshalb häufig als die „Kraftwerke der Zelle“ bezeichnet.

c. Mitochondrien findet man in allen Zellen außer in Bakterien (auch Pflanzenzellen betreiben Zellatmung, haben also Mitochondrien).

d. Mitochondrien vermehren sich durch Querteilung oder durch Abschnüren kleiner Teile. Sie steuern und betreiben einen Teil ihres Stoffwechsels und ihrer Vermehrung durch eigene Ribosomen und DNS.

e. Chloroplasten sind ähnlich wie Mitochondrien aufgebaut (Doppelmembran, Innere Membran stark eingestülpt, eigene DNS und Ribosomen, Fähigkeit zur eigenständigen Vermehrung).

a. Um welches Organell handelt es sich? Beschriften Sie die Abbildung.
b. Welche Vorgänge laufen in diesem Organell ab?
c. In welchen der folgenden Zelltypen sind solche oder ähnliche Organellen zu finden?
- Bakterien
- Pilz-Zellen
- tierische Zellen
- pflanzliche Zellen

d. Wie geschieht die Vermehrung dieses Organells?
e. Welches andere Organell hat einen im Prinzip ähnlichen Aufbau?

Aufgabe 20

In der Abbildung sind drei Pflanzenzellen in unterschiedlichem Zustand dargestellt.
Welche Zelle liegt
1. in einer hypotonischen Lösung?
2. in einer hypertonischen Lösung?
3. in einer isotonischen Lösung?

Erklären Sie kurz Ihre Antwort.

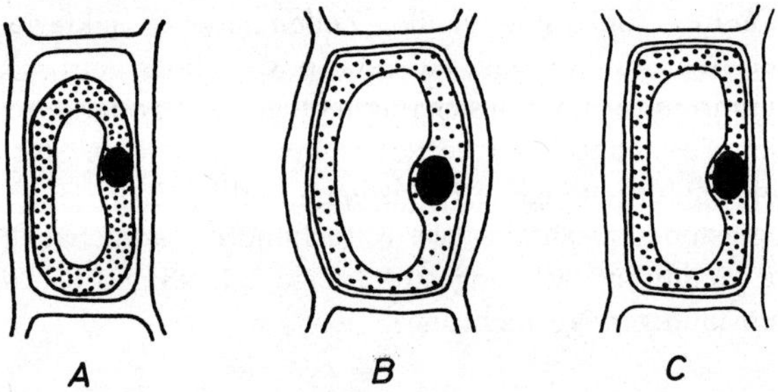

Lösung 20

Die Zelle „A“ liegt in einer hypertonischen Lösung. Die Teilchenkonzentration in der Lösung ist höher als in der Vakuole. Es tritt Plasmolyse ein. Wasser geht aus der Vakuole durch den Tonoplast (semipermeabel), das Cytoplasma, das Plasmalemma (semipermeabel) und die Zellwand in die Lösung über.

Die Zelle „B“ liegt in einer hypotonischen Lösung. Die Teilchenkonzentration in der umgebenden Lösung ist geringer als in der Vakuole. Wasserteilchen wandern aus der Lösung durch das Plasma in die Vakuole. Der Plasmaschlauch wird von der sich füllenden Vakuole an die Zellwand gedrückt. Die Zellwand gerät unter Spannung.

Die Zelle „C“ liegt in einer isotonischen Lösung. Die Teilchenkonzentration in der Vakuole ist genauso hoch wie die in der Lösung, die die Zelle umgibt. Die Zahl der Wasserteilchen, die in die Zelle einströmen, ist ebenso groß wie die der ausströmenden Wasserteilchen.

Aufgabe 21

Amoeben, das sind einzellige Tiere (tierische Protozoen), können durch Bewegung ihres Zellplasmas und der Zellgrenzmembran feste Partikel außerhalb der Zelle einschließen und so aufnehmen. Meistens handelt es sich dabei um Nahrungsteilchen, die nach der Aufnahme im Cytoplasma verdaut werden.

Wie die Aufnahme und Verdauung geschieht, zeigt das Schema.

a. Beschriften Sie das Schema.

b. Beschreiben Sie die dargestellten Vorgänge. Woher stammt die mit 4 bezeichnete Struktur?

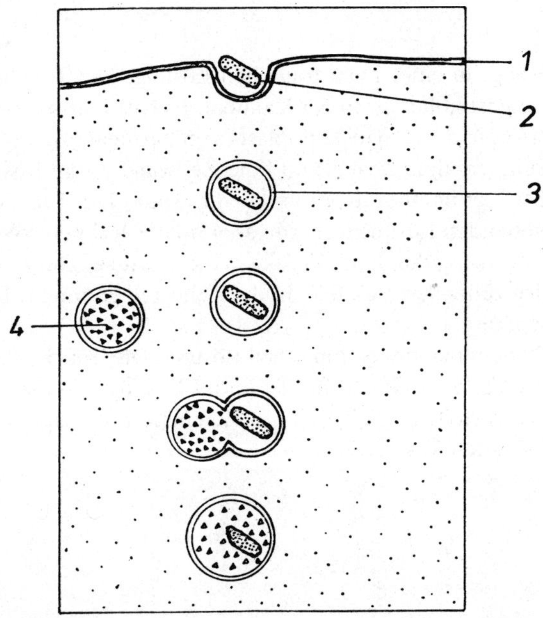

Lösung 21

a. 1 = Zellgrenzmembran
   2 = Membran des Bakteriums
   3 = Membran des Vesikels (ehemaliger Teil der Zellgrenzmembran)
   4 = Lysosom

b. Durch Bewegungen umschließt die Zellgrenzmembran das Bakterium und schnürt dabei ein Vesikel ab. Das Vesikel wandert in den Innenraum der Zelle und vereinigt sich mit einem Lysosom. Lysosomen enthalten Enzyme, die abbauende Vorgänge katalysieren (Lysozyme). Daher wird das Bakterium, sobald es mit dem Inhalt des Lysosoms in Kontakt gerät, abgebaut (verdaut).

Lysosomen bilden sich aus Bläschen, die sich von Dictyosomen (Golgi-Apparat) abgeschnürt haben. Die Enzyme in ihnen wurden an Ribosomen gebildet und in Dictyosomen chemisch verändert.

II. Nerven- und Sinnesphysiologie / Hormone

Zur Lösung der Aufgaben erforderliche Kenntnisse:

A. Bau und Funktion der Nervenzelle

Lichtmikroskopisches Bild der Nervenzelle
- Zellkörper
- Zellkern
- Dendrit
- Neurit (Axon)
- Axonhügel
- Schwannsche Zelle, Myelinscheide (Schwannsche Scheide)
- Nervenfaser (Axon u. Schwannsche Zelle)
- Ranvierscher Schnürring
- Endkölbchen
- Synapse
- motorische Endplatte
- synaptischer Spalt
- prä-, post-, subsynaptische Membran
- synaptische Bläschen
- Mitochondrien

Bau eines menschlichen Nerven
- graue Nervenfaser (marklose Faser)
- weiße Nervenfaser (markhaltige Faser)
- Blutgefäße
- Bindegewebe

Entstehung des Ruhepotentials
- Diffusion
- Osmose
- molekularer Bau und Eigenschaften der Elementarmembran
- Na-K-Pumpe
- Verteilung der Ionen an der Membran (Na^+, K^+, organische Anionen, Cl^-)
- Potentialdifferenz (Größenordnung)
- Diffusionsdruck
- Ladungsausgleich

Ablauf eines Aktionspotentials (AP)
- Generatorpotential
- Schwellenwert
- Alles-oder-Nichts-Geschehen

- Wanderung von Natrium- und Kaliumionen durch die Membran
- Depolarisation
- Repolarisation
- Refraktärzeit (absolute, relative)
- Schaubild eines Aktionspotentials bei intrazellulärer Ableitung (Spannungsänderung in Abhängigkeit von der Zeit)
- Na-K-Pumpe
- Energieverbrauch

Technik der Ableitung von Ruhe- und Aktionspotentialen
- Elektroden
- Verstärker
- Oscilloskop
- intra- und extrazelluläre Ableitung mit Schaubild

Fortleitung der Erregung auf der Nervenfaser
- Ausgleichsstrom
- Prinzip der Weiterleitung durch Wiederverstärkung
- Geschwindigkeit der Erregungsleitung in Abhängigkeit vom Bau der Nervenzelle
- saltatorische Erregungsleitung
- Bedeutung der Refraktärzeit
- Energieverbrauch
- Riesenaxone
- Abstand der Ranvierschen Schnürringe

Codierung
- Reizqualität
- Reizintensität
- Reizdauer
- Frequenzmodulation
- Versuch am Limulusauge
- Bedeutung der Refraktärzeit
- universale Gültigkeit des Codes
- Codierung an Synapsen (Umcodierung)

Ablauf der Erregungsübertragung an Synapsen
- an Synapsen beteiligte Zelltypen
- synaptische Bläschen
- Acetylcholin (Essigsäure, Cholin)
- Diffusion
- Rezeptormoleküle
- exzitatorisches (erregendes) postsynaptisches Potential (EPSP)
- inhibitorisches (hemmendes) postsynaptisches Potential (IPSP)

- Exocytose
- Transmitter

Synapsengifte und ihre Wirkungen
- Curare
- E-605
- Botulin
- Tetanustoxin
- Strychnin
- selektive Blockade der hemmenden Synapsen

Zeitliche und räumliche Summation (Bahnung)
- Art der Erregungsleitung im Dendrit und am Zellkörper
- Ruhepotential am Zellkörper, Dendrit und Axon im Vergleich
- Bedeutung der Lage der Synapsen für die Fortleitung der Erregung

Aufgabe 1

Welche verschiedenen Nervenfasern sind in der Zeichnung dargestellt? Beschriften Sie die mit Ziffern gekennzeichneten Strukturen.

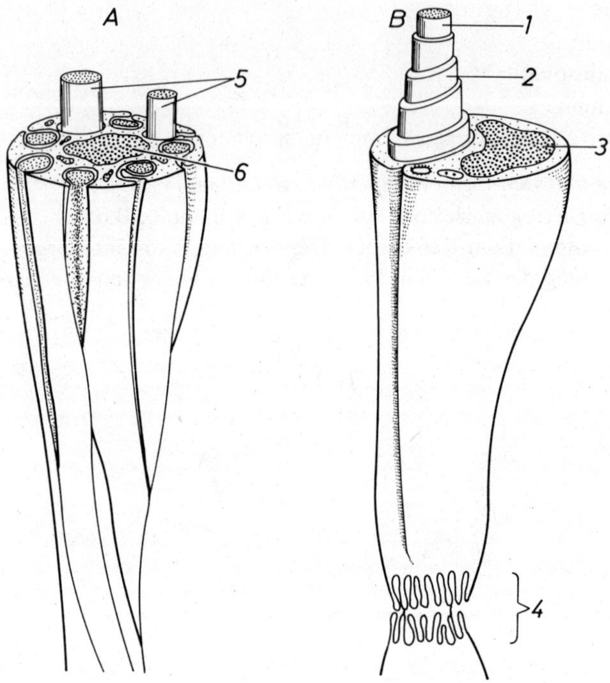

Verändert nach R. V. Krstic, Ultrastruktur der Säugetierzelle, 1976

Aufgabe 2

In der Tabelle ist die Verteilung der Ionen an der Membran des Axons für zwei Meßpunkte angegeben.
Die Werte stellen die Anzahl der Ionen pro $\frac{1}{1000}\ \mu m^3$ dar.

Meßpunkt A *innen*	Meßpunkt A *außen*	Meßpunkt B *innen*	Meßpunkt B *außen*
6 000 Na^+	94 000 Na^+	6 013 Na^+	93 987 Na^+
90 000 K^+	2 009 K^+	90 000 K^+	2 009 K^+
2 000 Cl^-	96 000 Cl^-	2 000 Cl^-	96 000 Cl^-
94 009 $Prot^-$	—	94 009 $Prot^-$	—

Lösung 1

A = marklose Nervenfaser
B = markhaltige Nervenfaser

1 = Axon (Neurit)
2 = Schwannsche Scheide (Myelinscheide)
3 = Zellkern der Schwannschen Zelle
4 = Ranvierscher Schnürring
5 = Axon (Neurit)
6 = Zellkern der Schwannschen Zelle

Lösung 2

Am Meßpunkt „B" sind im Vergleich zum Meßpunkt „A" im Inneren der Zelle 13 Natriumionen mehr und im Außenraum 13 Natriumionen weniger vorhanden.

Diese Verschiebung der Natriumionen tritt zu Beginn eines Aktionspotentials auf. Die Membran ist zu diesem Zeitpunkt für Natriumionen stärker permeabel. Dadurch strömt ein Teil der Natriumionen vom Ort der höheren Konzentration zum Ort der geringeren Konzentration, also von außen in das Innere der Zelle.

Die Erhöhung der Permeabilität für Kaliumionen gegen Ende des Aktionspotentials ist am Meßpunkt „B" noch nicht eingetreten. Daher liegen die Kaliumionen am Meßpunkt „B" in gleicher Konzentration vor wie am Meßpunkt „A".

Die Ionen sind am Meßpunkt „B“ anders verteilt als am Meßpunkt „A“. Wie kommt dieser Unterschied zustande?

B. Ronacher und H. Hemminger, Einführung in die Nerven- und Sinnesphysiologie, 1984

Aufgabe 3

Ein Axon kann sich verzweigen.

Unten ist ein verzweigtes Axon dargestellt. Es wird mit einem Reizgenerator an Stelle „1“ gereizt. Die Erregungsleitung erfolgt von „1“ nach „2“ und weiter nach „3“ und „4“. An den Meßpunkten „2“, „3“ und „4“ wird die Intensität der Erregung als Impulsfrequenz gemessen.

Vergleichen Sie die Impulsfrequenz:

a. am Meßpunkt „2“ mit derjenigen am Meßpunkt „3“,

b. am Meßpunkt „3“ mit derjenigen am Meßpunkt „4“.

Begründen Sie.

Schema der Versuchsanordnung:

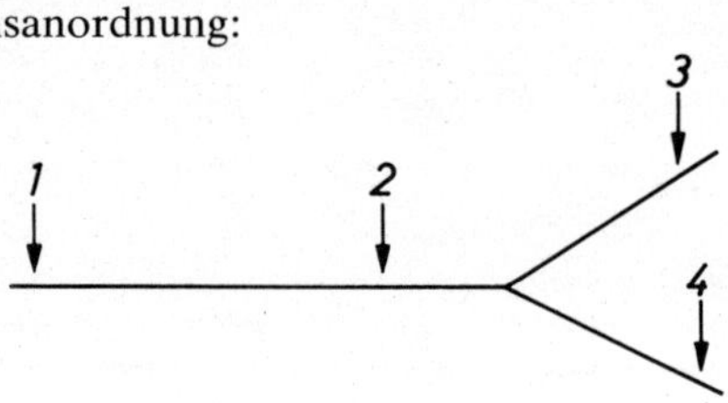

Aufgabe 4

Die Vorgänge während der Erregungsleitung in Nervenzellen können durch Behandlung mit bestimmten Giften gestört werden. So kann die Na-K-Pumpe durch Kaliumcyanid ausgeschaltet werden.

Das läßt sich in Versuchen nachweisen. Vier gleichartige Riesenaxone werden im folgenden Versuch verwendet:

Axon „A“ und Axon „B“ werden mit Kaliumcyanid behandelt;

Axon „C“ und Axon „D“ werden nicht mit Kaliumcyanid behandelt.

Alle vier Axone werden für einige Stunden in eine physiologische Kochsalzlösung mit radioaktiv markierten Natriumionen gelegt.

Die Axone „B“ und „D“ werden während dieser Zeit kräftig gereizt.

Die Axone „A“ und „C“ werden nicht gereizt.

Anschließend werden die vier Axone abgespült und in vier verschiedene Behälter mit frischer Kochsalzlösung gelegt, in der keine radioaktiv markierten Na-

Lösung 3

Die Impulsfrequenz ist an allen Meßpunkten gleich. Ein Aktionspotential, das an der Gabelung eintrifft, erzeugt in jedem Ast ein Aktionspotential. Die Erregungsleitung erfolgt also auch an einer Verzweigung nach dem Prinzip der Wiederverstärkung.

Lösung 4

Vorbemerkung: Wenn in der Lösung radioaktiv markierte Natriumionen vorhanden sind, können sie nur aus dem Inneren der Zelle des jeweiligen Axons stammen.

Axon A: In der Kochsalzlösung lassen sich keine radioaktiv markierten Natriumionen nachweisen.

Da die Na-K-Pumpe durch Kaliumcyanid blockiert ist, können keine Natriumionen aus dem Inneren der Zelle nach außen transportiert werden. Der Gehalt an radioaktiven Natriumionen im Inneren der Zelle ist außerdem sehr gering, da das Axon nicht gereizt wurde, und somit kein Einstrom von Natriumionen in größerer Menge möglich war.

Axon B: In der Kochsalzlösung sind keine radioaktiv markierten Natriumionen vorhanden.

triumionen vorhanden sind. Von dieser Lösung werden in regelmäßigen Zeitabständen Proben entnommen und auf das Vorhandensein an radioaktiv markierten Natriumionen geprüft.

Gesamter Versuch in der Übersicht

	Behandlung mit Kaliumcyanid	Einlegen in physiologische Kochsalzlösung mit radioaktiv markierten Natriumionen	Reizung	Einlegen in frische, nicht markierte Kochsalzlösung	Prüfung der frischen Lösung auf radioaktiv markierte Natriumionen
Axon A	+	+	–	+	+
Axon B	+	+	+	+	+
Axon C	–	+	–	+	+
Axon D	–	+	+	+	+

Beschreiben Sie die Ergebnisse dieser Prüfungen für die vier Axone.

Aufgabe 5

Die Vorgänge bei der Erregungsleitung laufen in Nervenzellen streng nach physikalischen Gesetzen ab, also nach Gesetzen, die für die unbelebte Natur gelten.

Dennoch erfolgt in Nervenzellen toter Organismen keine Erregungsleitung, auch wenn diese Nervenzellen vor bakterieller Zersetzung geschützt werden.

Aus einem lebenden Körper entnommene Nervenzellen können für kurze Zeit Erregung weiterleiten. Nach einigen tausend Aktionspotentialen stellen sie ihre Tätigkeit ein.

a. Warum kann in Nervenzellen toter Organismen keine Erregung geleitet werden?

b. Warum leiten Nervenzellen, die aus einem lebenden Körper entnommen sind, noch für kurze Zeit Erregung weiter?

Die beim Aufbau von Aktionspotentialen ins Zellinnere eingedrungenen Natriumionen können nicht nach außen gelangen, da die Na-K-Pumpe vergiftet ist.

Axon C: In der Kochsalzlösung lassen sich radioaktive Natriumionen nachweisen.

Es erfolgte keine Reizung. Daher blieb der Einstrom von Natriumionen gering. Die Na-K-Pumpe befördert Natriumionen aus der Zelle in die Kochsalzlösung. Darunter sind auch die wenigen vorher in die Zelle eingeströmten radioaktiven Natriumionen.

Axon D: In der Kochsalzlösung sind zahlreiche radioaktive Natriumionen enthalten. Durch die starke Reizung, d.h. durch das Auslösen zahlreicher Aktionspotentiale strömen viele Natriumionen in die Zelle. Diese Natriumionen werden durch die Na-K-Pumpe aus der Zelle in die Kochsalzlösung befördert.

Lösung 5

a. Tote Zellen können keinen Energiestoffwechsel betreiben. Dadurch hört mit dem Tod der Nachschub an ATP auf. Deshalb fällt die Na-K-Pumpe aus. Der Konzentrationsunterschied der Natrium- und Kaliumionen an der Membran der Nervenzellen kann nicht mehr aufrecht erhalten werden. Das Ruhepotential bricht zusammen. Aktionspotentiale können nicht mehr aufgebaut werden. Dadurch verlieren die Nervenzellen die Fähigkeit, Erregung weiterzuleiten.

b. Aus einem lebenden Körper entnommene Nervenzellen haben noch einen Vorrat an ATP in ihrem Plasma. Mit diesem Vorrat kann die Na-K-Pumpe noch kurze Zeit betrieben werden. In diesem Zeitraum bleibt das Ruhepotential erhalten. Die Axone können weiterhin Aktionspotentiale aufbauen. Daher kann in diesem Zeitraum Erregung geleitet werden.

Aufgabe 6

In einem Versuch wird die Wanderung der Natriumionen durch die Membran des Axons gemessen.

Zunächst werden im Inneren der Zelle eines Axons radioaktive Natriumionen angereichert. Anschließend wird die Zelle 250 Minuten lang beobachtet. Zwischen der 100. und der 200. Minute wird in die umgebende Lösung der Zelle das Gift DNP gegeben. DNP unterdrückt fast vollständig Prozesse, zu denen Energie verwendet wird. Nach der 200. Minute wird DNP durch Auswaschen entfernt.

a. Entwerfen Sie ein Schaubild, in dem die Wanderung der radioaktiven Natriumionen durch die Membran des Axons in Abhängigkeit von der Zeit aufgetragen ist.

b. Erläutern Sie das Schaubild. Berücksichtigen Sie dabei besonders die Zeit zwischen der 100. und der 200. Minute.

R. F. Schmidt (Hrsg.), Grundriß der Neurophysiologie, 1977

Lösung 6

a. Menge der durch die Membran des Axons nach außen tretenden Natriumionen:

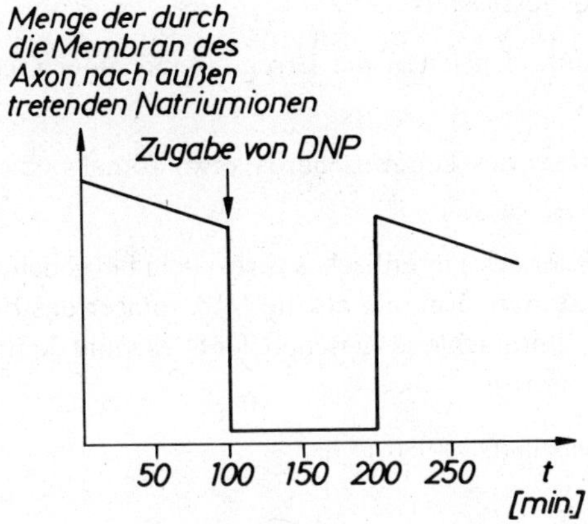

b. Der Transport von Natriumionen aus dem Inneren der Zelle in den Außenraum erfolgt durch die Membran nach außen gegen das Konzentrationsgefälle durch die Na-K-Pumpe. Die Na-K-Pumpe arbeitet unter Verbrauch von Energie (ATP), wird also durch DNP blockiert.

Bei Vergiftung der Na-K-Pumpe durch DNP erfolgt kein aktiver Transport von Natriumionen durch die Membran. Deshalb sinkt die Kurve im Schaubild zwischen der 100. und der 200. Minute sehr stark ab.

In der Zeit zwischen der 1. und der 100. und ab der 200. Minute sinkt die Menge der Natriumionen, die durch die Membran treten ebenfalls, aber sehr viel schwächer als nach Zugabe von DNP. Diese Verringerung kommt durch die fortschreitende Abnahme der Natriumionenkonzentration im Inneren der Zelle zustande.

Die Menge der durch die Membran tretenden Natriumionen ist in der 200. Minute größer als in der 100. Minute. In der Zeit zwischen der 100. und 200. Minute arbeitet die Na-K-Pumpe nicht. Daher werden in dieser Zeit keine Natriumionen von innen nach außen transportiert. Mit dem Konzentrationsgefälle strömen aber während dieser Zeit weiterhin geringe Menge an Natriumionen in die Zelle ein. Daher ist in der 200. Minute die Konzentration an Natriumionen im Inneren der Zelle höher als in der 100. Minute. Die Na-K-Pumpe kann daher in der 200. Minute mehr Natriumionen durch die Membran des Axons aus der Zelle befördern als in der 100. Minute.

Aufgabe 7

Bau und Leistung je einer Nervenfaser aus einem Frosch und einem Tintenfisch werden untersucht. Beim Vergleich der Untersuchungsergebnisse wird unter anderem folgendes festgestellt:

a. Beide Nervenfasern leiten die Erregung mit einer Geschwindigkeit von 25 m/sek.

b. Die Nervenfaser des Tintenfisches ist etwa 40mal so dick wie die Nervenfaser des Frosches.

c. Die Nervenfaser des Tintenfisches verbraucht bei gleicher Erregungsintensität etwa 5000mal mehr Energie als die Nervenfaser des Frosches.

Erklären Sie die Unterschiede zwischen der Dicke und dem Energieverbrauch in beiden Nervenfasern.

Spektrum der Wissenschaft, 7/1980

Aufgabe 8

Hexachlorophen ist ein keimtötendes Mittel. Es war früher in einigen Seifen, Sprays und Desinfektionsmitteln enthalten. Durch die Haut kann es in das Blut eindringen. Das Blut gibt es an das Nervengewebe ab. Dort zersetzt es die Myelinscheide.

Die Verwendung von Hexachlorophen ist seit einigen Jahren verboten. Warum ist dieses Verbot sinnvoll?

Lösung 7

Eine hohe Leitungsgeschwindigkeit in Nervenfasern kann durch einen großen Querschnitt des Axons oder durch eine Myelinscheide um die Nervenfaser erreicht werden.

Die Nervenfasern des Frosches sind von einer Myelinscheide umgeben. Diese ermöglicht eine hohe Leitungsgeschwindigkeit durch saltatorische Erregungsleitung.

Die Nervenfasern des Tintenfisches tragen keine Myelinscheide. Die hohe Leitungsgeschwindigkeit wird durch die starke Vergrößerung des Querschnitts erreicht. Solche Fasern heißen daher Riesenfasern.

Energie ist in Nervenfasern vor allem für die Arbeit der Na-K-Pumpe erforderlich. Die Na-K-Pumpe tritt an den Stellen der Membran in Funktion, an denen Natriumionen in die Zelle einströmen und Kaliumionen ausströmen. Das geschieht in starkem Maße während eines Aktionspotentials.

In den Nervenfasern des Frosches werden Aktionspotentiale nur an den myelinfreien Stellen der Faser, den Ranvierschen Schnürringen, aufgebaut. Nur hier strömen Natriumionen in die Nervenfaser hinein und Kaliumionen heraus. Die Na-K-Pumpe arbeitet nur an diesen Stellen.

Während der Erregungsleitung strömen in die Nervenfasern des Tintenfisches, da sie keine Myelinscheide besitzen, auf ganzer Länge der Axonmembran Natriumionen ein und Kaliumionen aus. Daher ist die Na-K-Pumpe an allen Stellen des Leitungsweges tätig. Der Energieverbrauch ist daher bei gleicher Leitungsgeschwindigkeit in den Riesenaxonen des Tintenfisches höher als in den Nervenfasern des Frosches.

Lösung 8

Das Verbot wurde ausgesprochen, weil die Zersetzung der Myelinscheiden schwerwiegende Folgen für die Erregungsleitung in den Nervenfasern besitzt.

In den Bereichen des Axons, die von einer Myelinscheide umgeben sind, können keine Aktionspotentiale aufgebaut werden. Frei von Myelin sind in einer gesunden Faser nur die Ranvierschen Schnürringe. Nur hier werden bei der Erregungsleitung Aktionspotentiale aufgebaut.

In einer durch Hexachlorophen geschädigten Nervenfaser werden bei der Erregungsleitung auch in den Abschnitten zwischen den Ranvierschen Schnürringen Aktionspotentiale aufgebaut, da die dort ehemals vorhandene Myelinscheide durch das Nervengift zersetzt wurde. In einer geschädigten Nervenfaser werden daher für die Erregungsleitung über eine bestimmte Strecke hinweg mehr Aktionspotentiale aufgebaut als in einer gesunden Nervenfaser.

Der Aufbau von Aktionspotentialen erfordert Zeit. Daher ist die Erregungs-

Aufgabe 9

Für die Messung der Aktionspotentiale in einer Nervenfaser muß eine Nervenfaser im Körper des Versuchstieres freigelegt werden. An diese Nervenfaser werden Elektroden angelegt. Dadurch können Aktionspotentiale, die in der Nervenfaser ablaufen, im Oszillographen sichtbar gemacht werden. Diese Aktionspotentiale sehen stark vereinfacht so aus:

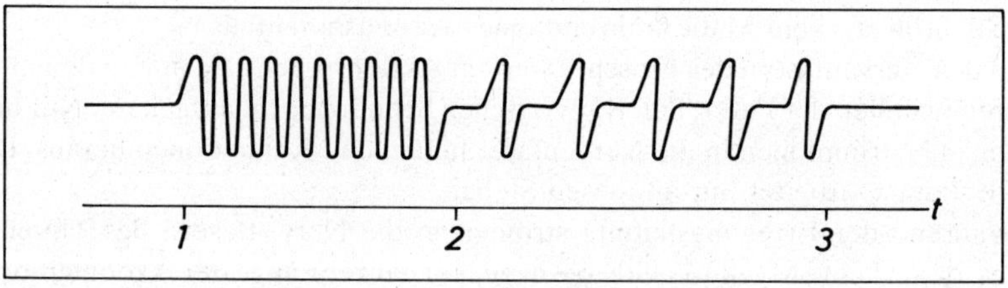

Welche der unten aufgeführten Aussagen lassen sich allein durch die Analyse des Oszillographenbildes ohne weitere Information über die Versuchsanordnung machen?

Begründen Sie Ihre Antwort.

a. Die Erregung breitet sich in der Zeit zwischen „1" und „2" unterschwellig und zwischen „2" und „3" überschwellig aus.

b. Die Reizintensität ist in der Zeit zwischen „1" und „2" höher als zwischen „2" und „3".

c. Die Amplitude ist trotz unterschiedlicher Reizintensitäten konstant.

d. Es handelt sich um Aktionspotentiale in einer Nervenfaser, die zu einem Muskel zieht.

e. Diese Aktionspotentiale laufen in einer Nervenfaser ab, die von einer Kältesinneszelle ausgehen.

f. Da ein Aktionspotential als Alles-oder-Nichts-Ergebnis abläuft, muß die Refraktärzeit zwischen „2" und „3" länger andauern als zwischen „1" und „2".

g. Es ist nicht zu erkennen, ob es sich um einen Temperaturreiz, Lichtreiz oder elektrischen Reiz handelt.

leitung unter Aufbau vieler Aktionspotentiale langsamer als die Erregungsleitung, zu der nur wenige Aktionspotentiale erforderlich sind.

Hexachlorophen verringert also die Leitungsgeschwindigkeit der Nervenfasern. Erregung, die über geschädigte Fasern läuft, trifft daher später ein als die, die in gesunden Fasern geleitet wird. Das kann unter anderem zu mangelhafter Koordination von Bewegungen und fehlerhaften Meldungen der Sinnesorgane an das Gehirn führen.

Lösung 9

Folgende Aussagen lassen sich machen:

Aussage „b"

Die Reizintensität wird bei der Erregungsleitung im Axon als Impulsfrequenz codiert. Die Impulsfrequenz zwischen „1" und „2" ist höher als die zwischen „2" und „3".

Aussage „c"

Die Reizintensitäten sind unterschiedlich (siehe „b"). Das Ausmaß der Potentialänderung ist aber bei jedem ausgelösten Aktionspotential gleich.

Aussage „g"

Die Amplitude und Dauer der Aktionspotentiale, die von Reizen unterschiedlicher Qualität zum Beispiel von Temperatur-, Licht-, oder elektrischen Reizen ausgelöst werden, ist gleich.

Aufgabe 10

Die Zeichnung wurde nach einem transmissionselektronenmikroskopischen Bild angefertigt. Beschriften Sie die mit Ziffern gekennzeichneten Strukturen:

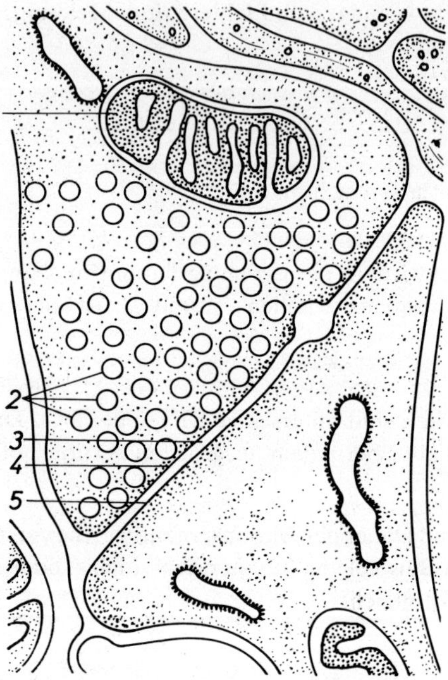

Verändert nach R. V. Krstic, Ultrastruktur der Säugetierzelle, 1976

Aufgabe 11

Die Indianer in Kolumbien und Panama verwenden als Gift für ihre Pfeile die Hautsekrete kleiner, buntfarbener Frösche. Eine bestimmte Art unter diesen Fröschen scheidet ein besonders stark wirkendes Gift aus. Es genügt, eine Pfeilspitze über den Rücken eines dieser Frösche zu reiben, um die Pfeilspitze tödlich giftig zu machen.

Neuere Untersuchungen (1980) ergaben, daß das Gift die Membran der Nervenzellen für Natriumionen stark permeabel (durchlässig) werden läßt.

Erläutern Sie die Folgen einer Vergiftung mit dem Hautsekret dieses Frosches.

Naturwissenschaftliche Rundschau 3/1980 und 6/1981

Lösung 10

1 = Mitochondrium
2 = synaptische Bläschen
3 = synaptischer Spalt
4 = praesynaptische Membran
5 = postsynaptische Membran (subsynaptische Membran)

Lösung 11

Das giftige Hautsekret stört die Konzentrationsunterschiede der Ionen an der Membran der Nervenzelle.

Da durch das Gift die Permeabilität der Membran für Natriumionen stark erhöht wird, strömen Natriumionen in großer Zahl in das Innere der Zelle ein. Dieser Vorgang dauert an, bis die Konzentration an Natriumionen in der Zelle so hoch ist wie außerhalb.

Aktionspotentiale werden in ungeschädigten Nervenzellen durch Diffusion von Natriumionen in das Innere der Zelle aufgebaut. Diese Diffusion kann jedoch nur in Bereichen mit unterschiedlicher Konzentration erfolgen. An der Membran einer Nervenzelle, die mit dem Hautsekret des Frosches vergiftet wurde, liegen für Natriumionen keine Konzentrationsunterschiede mehr vor.

Aufgabe 12

Bei der Erregungsleitung im Nervensystem kann räumliche Summation auftreten.

Entwerfen Sie einen Versuch, mit dem nachgewiesen werden kann, daß räumliche Summation möglich ist.

Fertigen Sie dazu eine Skizze an, und erläutern Sie die zu erwartenden Versuchsergebnisse.

Aktionspotentiale können daher nicht aufgebaut werden. Damit ist keine Erregungsleitung mehr möglich. Der Körper wird unfähig, die Muskeln zusammenzuziehen und Meldungen aus den Sinnesorganen an das Zentralnervensystem zu leiten. Der Tod tritt durch Lähmung der Atemmuskulatur ein.

Lösung 12

Der Versuch kann an einer Nervenzelle durchgeführt werden, die an ihrem Zellkörper oder an den Dendriten mindestens zwei Synapsen trägt. Günstige Versuchsobjekte sind Nervenzellen mit Riesenaxonen, z. B. die Nervenzellen eines Tintenfisches oder eines großen Krebses.

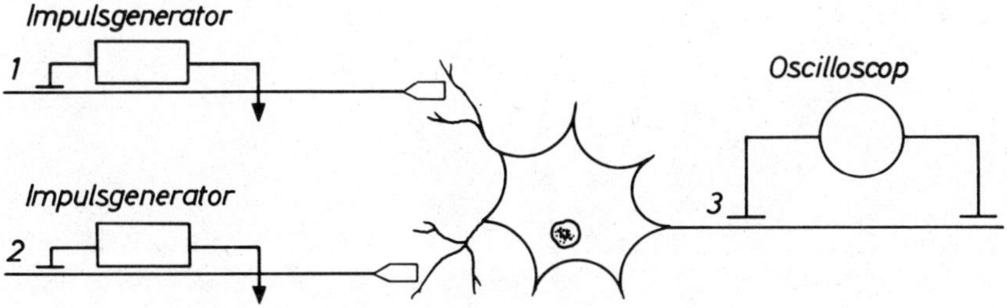

In der skizzierten Versuchsanordnung wird zunächst mit dem Impulsgenerator am Punkt „1“ so stark gereizt, daß am Punkt „3“ Aktionspotentiale auftreten. Danach wird die Reizintensität schrittweise verringert, bis am Punkt „3“ kein Aktionspotential mehr auftritt. Mit dieser Reizintensität soll später gearbeitet werden.

Dieser Vorgang wird für den Impulsgenerator am Punkt „2“ wiederholt.

Mit den in den ersten beiden Arbeitsgängen ermittelten Reizintensitäten werden nun die Punkte „1“ und „2“ gleichzeitig gereizt. Wenn sich daraufhin am Punkt „3“ Aktionspotentiale feststellen lassen, muß räumliche Summation stattgefunden haben.

B. Bau und Funktion der Nervensysteme

Zur Lösung der Aufgaben erforderliche Kenntnisse:

Nervensysteme der Wirbellosen

- Nervennetz (Bau, Funktion, Vorkommen)
- Strickleiternervensystem
  Evolutionstendenzen
  Konnektiv
  Kommissur
  Bauchmark
  Oberschlundganglion (Gehirn)
  Unterschlundganglion
- Bau der Nervenfasern

Nervensystem der Wirbeltiere – Rückenmark

- graue Substanz
- weiße Substanz
- Zentralkanal
- Hinterhorn/Vorderhorn
- Spinalnerv (vordere Wurzel, hintere Wurzel)
- Spinalganglion
- Kniesehnenreflex (mit Zwischennervenzellen, Interneuronen)
- sensorische, motorische (efferente, afferente) Fasern
- Muskelspindel
- motorische Endplatte
- Beuger- und Streckermuskel des Unterschenkels
- Eigenreflex
- Fremdreflex
- Beispiele für Reflexe beim Menschen
- Vorteile der Reflexe
- Pyramidenbahn
- extrapyramidale Bahn
- Aufgaben des Rückenmarks (Übersicht)
- zentrales/peripheres Nervensystem

Nervensysteme der Wirbeltiere – Gehirn (allgemein)

- Vorderhirn (Großhirn)
- Zwischenhirn
- Mittelhirn
- Kleinhirn
- Nachhirn (verlängertes Mark)
- Entstehung der paarigen Gehirnabschnitte als Ausstülpungen
- graue Substanz

- weiße Substanz
- Gehirnhäute
- Ventrikel
- Methoden der Gehirnforschung
  Ausfallerscheinungen
  künstliche Reizung
  mikroskopische Analyse
  Elektro-Enzephalogramm (EEG)
  Psychopharmaka

Nervensysteme der Wirbeltiere–Großhirn

- Furchung
- Projektionsfasern
- Assoziationsfasern
- Kommissurfasern
- Balken
- Projektionsfelder (sensorisch/motorisch)
- Assoziationsfelder (sensorisch/motorisch)
- Rindenblindheit (-taubheit)
- Seelenblindheit (-taubheit)
- unspezialisierte Felder
- Kreuzung der ein- und auslaufenden Bahnen des Großhirns
- Splitbrainversuche (Durchtrennung des Balkens)
  Versuchsaufbau und Ergebnisse (funktionelle Asymmetrie der Großhirnhälften)
- unterschiedliche Größe der funktionellen Großhirnfelder bei Säugetieren
- Limbisches System

Nervensysteme der Wirbeltiere – Zwischenhirn, Mittelhirn, Nachhirn

- Bestandteile des Zwischenhirns
  Thalamus, Hypothalamus, Hypophyse, Epiphyse
- Aufgaben des Thalamus
  Umschaltstation der sensorischen Fasern, die zur Großhirnrinde ziehen, emotionale Färbung der einlaufenden Erregung
- Aufgaben des Hypothalamus
  Steuerung der Hypophysentätigkeit, des „inneren Milieus“ des Körpers, des Sexualverhaltens, der Nahrungsaufnahme, des Schlafs
  „vegetatives Gehirn“ (dem Limbischen System untergeordnet)
- Aufgaben des Mittelhirns
  Steuerung der Bewußtseinslage (Formatio reticularis), Schaltstelle zwischen Sinnesorganen und Muskulatur (Reflexbögen)
- Aufgaben des Kleinhirns
  Bewegungskoordination

- Beziehungen zwischen relativer Größe des Kleinhirns und Lebensweise des betreffenden Tieres
- Aufgaben des Nachhirns
  Steuerung der Atembewegung, Herztätigkeit, Husten

Nervensysteme der Wirbeltiere – vegetatives Nervensystem
- Steuerung von Organen mit glatter Muskulatur, Drüsen, Herz, Blutgefäßen, Harnapparat, Geschlechtsapparat
- Einteilung in Sympathikus und Parasympathikus
- Sympathikus
  Grenzstrang, Sonnengeflecht, Adrenalin und Noradrenalin als postganglionäre Transmitter
- Parasympathikus
  Vagus, Kreuzbeinregion des Rückenmarks, Acetylcholin als postganglionärer Transmitter
- antagonistische Wirkung zwischen Sympathikus und Parasympathikus

Aufgabe 1

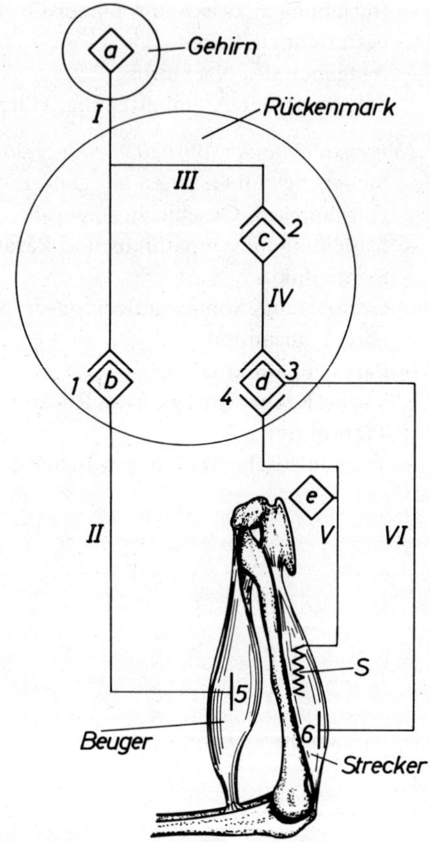

In der Abbildung ist die Schaltung, die für das willkürliche Anheben des Unterarms notwendig ist, stark schematisch dargestellt.

a. Beschreiben Sie die Vorgänge, die bei der Steuerung dieser Bewegungen im Nervensystem ablaufen.

b. Welche Auswirkungen hat eine Tetanusvergiftung auf das willkürliche Anheben des Unterarms? An welchen Synapsen greift das Tetanustoxin an?

Verändert nach H. Grünewald, Schaltplan des Geistes, 1971

Aufgabe 2

Im Experiment werden einer Katze alle hinteren Wurzeln der Spinalnerven durchgetrennt.

a. Welche Fähigkeiten gehen der Katze verloren?

b. Welche Fähigkeiten bleiben der Katze erhalten?

Lösung 1

a. Bei der willkürlichen Bewegung des Unterarms gehen die Impulse von der Gehirnzelle „a" aus und erregen im Rückenmark das Motoneuron „b". Über das Axon „II" wird die Erregung zur motorischen Endplatte „5" weitergeleitet, die den Beuger zur Kontraktion bringt. Gleichzeitig wird vom Gehirn über die Nervenfaser „III" das Interneuron „c" erregt. Über das Axon „IV" läuft die Erregung zur Synapse „3". Die Synapse „3" wirkt hemmend, sie vergrößert die Ruhepotentialdifferenz der Nervenzelle „d".

Durch die Kontraktion des Beugers wird der Strecker und damit auch seine Muskelspindel „S" gedehnt. Die dabei entstehende Erregung wird über die Faser „V" und die Synapse „4" aus dem Muskel zur Nervenzelle „d" geleitet. Die Ruhepotentialdifferenz der Nervenzelle „d" ist vergrößert (siehe oben), daher kann die über die Synapse „4" einlaufende Erregung in der Nervenzelle „d" kein Aktionspotential auslösen. Am Axonhügel der Nervenzelle „d" wird der erforderliche Schwellenwert nicht erreicht. Daher läuft auf dem Axon „VI" aus „d" keine Erregung zum Strecker. Die Dehnung der Muskelspindel „S" löst keine Kontraktion des Streckers aus.

b. Tetanustoxin blockiert nur hemmende Synapsen. Im Schaltschema wirkt die Synapse „3" hemmend, alle anderen erregend. Tetanustoxin blockiert daher nur die Synapse „3".

Eine Kontraktion des Beugers läßt, wie oben beschrieben, eine Erregung in die Nervenzelle „d" einlaufen. Da durch das Tetanustoxin die Wirkung der hemmenden Synapse „3" ausfällt, können jetzt am Axonhügel der Zelle „d" Aktionspotentiale entstehen. Die Erregung läuft über die Faser „VI" in die motorische Endplatte „6" ein. Diese Erregung löst die Kontraktion des Streckers aus. Tetanustoxin läßt also eine gleichzeitige Kontraktion von Beuger und Strekker zu. Diese gleichzeitige Kontraktion der Antagonisten äußert sich als Krampf.

Lösung 2

a. Die Katze verliert alle Reflexe, die über Nervenzellen des Rückenmarks gesteuert werden, da die Reflexbögen unterbrochen sind. Außerdem verliert sie die Fähigkeit, Reize wahrzunehmen, deren Meldungen über sensorische Bahnen des Rückenmarks ins Gehirn gelangen.

b. Die Katze behält die Fähigkeit, willkürliche Bewegungen auszuführen. Die Bewegungen sind jedoch in Intensität und Koordination gestört, da Meldungen aus den Muskelspindeln nicht mehr ins Zentralnervensystem gelangen.

Aufgabe 3

Spinale Kinderlähmung wird von Viren hervorgerufen, die die Zellkerne der motorischen Vorderhornzellen zerstören. Welche Fähigkeiten des Nervensystems fallen bei Kinderlähmung aus, welche bleiben erhalten?

K. H. Ahlheim (Hrsg.), Wie funktioniert das? Der Mensch und seine Krankheiten, 1973

Aufgabe 4

Bei Menschen, die im Sitzen schlafen, fällt zuweilen der Kopf nach vorne. Er wird dann, ohne daß der betreffende aufwacht, ruckartig wieder in die aufrechte Stellung gebracht.

Beschreiben Sie die nervöse Schaltung, die diesem Vorgang zugrunde liegt.

Aufgabe 5

In der Abbildung ist die Steuerung des Oberarmbeugers und des Oberarmstrekkers über Reflexbögen schematisch dargestellt.

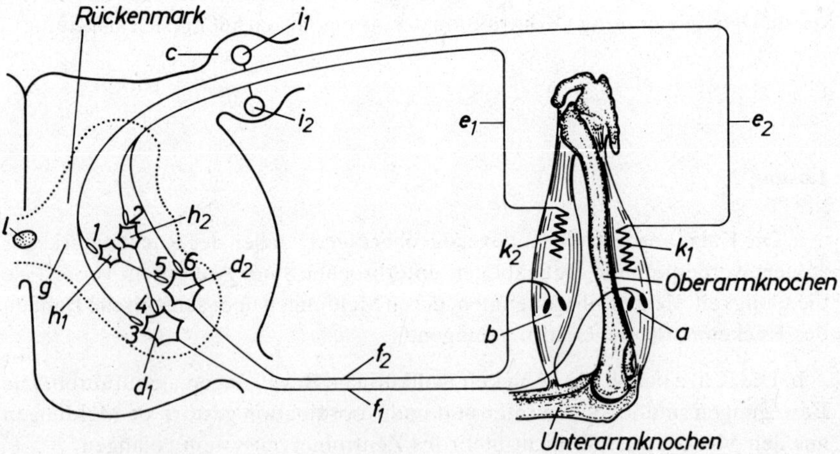

Lösung 3

Alle Leistungen der betroffenen motorischen Vorderhornzellen fallen aus. Es können daher willkürliche Bewegungen und Reflexe, die über diese Motoneurone laufen, nicht mehr ausgeführt werden, aber von den Sinnesorganen können weiterhin Meldungen einlaufen, da deren Erregungsleitung nicht über motorische Vorderhornzellen läuft.

So führt zum Beispiel die Zerstörung der motorischen Vorderhornzellen, deren Axone in ein Bein einlaufen, zur Lähmung des Beines. In dem gelähmten Bein können aber weiterhin Empfindungen wahrgenommen werden.

Lösung 4

Beim Nachvornefallen des Kopfes wird die Nackenmuskulatur gedehnt, dadurch erfolgt eine Reizung der Muskelspindeln in den Nackenmuskeln. Daraufhin werden die motorischen Vorderhornzellen der Nackenmuskulatur erregt. Von dort wird die Erregung über die Motoneurone an die Nackenmuskulatur weitergeleitet. Diese führt zur Kontraktion der Muskeln und damit zum Hochziehen des Kopfes.

Lösung 5

a.

a	= Strecker	g	= graue Substanz
b	= Beuger	$h_{1\ \text{und}\ 2}$	= Interneurone (Zwischennervenzellen)
c	= Spinalganglion	$i_{1\ \text{und}\ 2}$	= Zellkörper der sensorischen Fasern
$d_{1\ \text{und}\ 2}$	= motorische Vorderhornzellen	$k_{1\ \text{und}\ 2}$	= Muskelspindeln
$e_{1\ \text{und}\ 2}$	= sensorische Fasern	l	= Zentralkanal
$f_{1\ \text{und}\ 2}$	= motorische Fasern		

b.

Synapse:	1 = erregend	4 = hemmend
	2 = erregend	5 = hemmend
	3 = erregend	6 = erregend

c. Durch Belastung des Unterarms wird der Beuger gedehnt. Dadurch wird die Muskelspindel „k_2“ gereizt. Die entstehenden Aktionspotentiale werden über Axon „e_1“ fortgeleitet und erreichen die motorische Vorderhornzelle „d_2“ und das Interneuron „h_2“. Durch Erregung von „h_2“ wird das Motoneuron „d_1“ von der Synapse „4“ gehemmt.

a. Beschriften Sie das Schema.

b. Geben Sie die Wirkung jeder Synapse an.

c. Beschreiben Sie die Vorgänge, die ablaufen, wenn der angewinkelte Unterarm durch Belasten mit einem Gewicht nach unten gezogen wird (das Gewicht soll dabei reflektorisch gehalten werden).

Verändert nach R. F. Schmidt (Hrsg.), Grundriß der Neurophysiologie, 1977

Aufgabe 6

Ein ins Krankenhaus eingelieferter Patient klagte über Unruhe, Mattigkeit, Gliederzittern, Schlaflosigkeit und starke Schweißausbrüche. Anschließend kam es zum Krampf der Kaumuskulatur. Das Schlucken wurde schwierig, die Kiefer waren fest zusammengepreßt. Der Mund war durch einen Krampf der Gesichtsmuskulatur wie zum Grinsen verzogen. Schließlich wurde bei klarem Bewußtsein auch die Nacken- und Rückenmuskulatur von der äußerst schmerzhaften Muskelstarre ergriffen und der Körper bogenförmig gespannt. Jeder Sinnesreiz, wie helles Licht, Luftzug, Berührung oder Ansprechen löste einen lebensgefährlichen Schüttelkrampf aus. Auch die Atemmuskulatur wurde in die Krämpfe mit einbezogen, so daß der Patient schließlich erstickte.

Bei den Untersuchungen des Patienten wurde eine erhöhte Erregung der motorischen Neuronen des Rückenmarks festgestellt. Durch einen Test konnte Vergiftung mit E 605 ausgeschlossen werden.

Welche anderen Nervengifte können diese Krankheitserscheinungen auslösen?

Aufgabe 7

Leichtes Kitzeln oder Kratzen im Hals wird zwar wahrgenommen, führt aber nicht sofort, sondern erst, wenn es eine Weile andauert zum Husten (Reflex).

a. Geben Sie mit einem Fachausdruck an, welcher Vorgang dafür verantwortlich ist, daß der Husten erst ausgelöst wird, wenn das Kitzeln längere Zeit anhält.

b. Warum läuft dieser Vorgang nicht in den Sinneszellen ab?

R. F. Schmidt (Hrsg.), Grundriß der Neurophysiologie, 1977

Vom Motoneuron „d_2" laufen die Aktionspotentiale über das Axon „f_2" in die motorischen Endplatten des Beugers „b" und bringen diesen zur Kontraktion. Durch die Kontraktion des Beugers wird der Strecker „a" gedehnt. Die Muskelspindel des Streckers „k_1" wird gereizt. Die Fortleitung von Aktionspotentialen im Axon „e_2" führt jedoch zu keiner überschwelligen Erregung der motorischen Vorderhornzelle „d_1", da diese durch Synapse „4" gehemmt wird. Es kann also keine Kontraktion des Streckermuskels erfolgen. Beuger und Strecker können also nicht gleichzeitig kontrahieren.

Lösung 6

Die erhöhte Erregung der motorischen Neuronen kann durch Strychnin oder Tetanustoxin hervorgerufen werden. Beide Gifte vermindern die Wirkung hemmender Synapsen. Die daraufhin verstärkte Erregung der motorischen Neuronen kann nicht oder nur wenig gedämpft werden. Dies führt dann zur gleichzeitigen Kontraktion antagonistischer Muskeln, also zu Krämpfen, die schließlich den Erstickungstod auslösen.

Lösung 7

a. Die fortgesetzte Reizung der Sinneszellen im Hals, die schließlich zum Auslösen des Hustenreflexes führt, kann durch zeitliche Bahnung (Summation) erklärt werden.

b. Das Kitzeln kann nur wahrgenommen werden, wenn auf den Nervenbahnen, die von den Sinneszellen abgehen, Erregung läuft. Die zeitliche Bahnung kann also nicht an den Sinneszellen ablaufen, da das Kitzeln gleich von Beginn an wahrgenommen wird.

Die Motoneurone des Reflexbogens werden zunächst nicht erregt, d. h. die Depolarisation der Motoneurone (oder der vorgeschalteten Interneurone) ist zunächst nicht stark genug, um am Axonhügel Aktionspotentiale aufzubauen und damit den Husten auszulösen. Erst bei länger andauerndem Kitzeln, wenn also über längere Zeit hinweg Aktionspotentiale von den Sinnesorganen an den

Aufgabe 8

a. In der Diskussion um die Behandlung von Triebtätern taucht in der Presse immer wieder das Problem der Heilung durch einen chirurgischen Eingriff auf.

An welcher Stelle des Gehirns könnte ein solcher Eingriff erfolgen?

b. In der Presse sind immer wieder Berichte über Patienten zu lesen, die über lange Zeit hinweg ohne Bewußtsein in Krankenhäusern liegen.

Welcher Gehirnteil könnte bei diesen Patienten gestört sein?

c. Bei starker Konzentration ist es möglich, auch bei Musik aus dem Radio Hausaufgaben zu machen.

Welcher Bereich des Gehirns ist dafür verantwortlich, daß die Musik bei starker Konzentration nicht mehr wahrgenommen wird?

Beschreiben Sie die ablaufenden Prozesse.

d. Einem Patienten wird vor einer Operation ein Narkosemittel eingespritzt. Das Mittel soll eine Vollnarkose auslösen.

Welchen Gehirnteil wird das Medikament beeinflussen?

e. Der Neurophysiologe Anderson machte 1955 folgenden Versuch: Er ließ Ziegen so viel Wasser trinken, wie sie wollten. Als sie nicht mehr weitertranken, injizierte er eine Salzlösung in bestimmte Teile des Gehirns. Ein bis zwei Minuten nach der Injektion begannen die Tiere wieder zu trinken. Sie nahmen ungeheure Wassermengen auf, sogar Salzwasser und bittere Lösungen, wenn ihnen nichts anderes angeboten wurde.

In welchen Gehirnteil wurde die Salzlösung injiziert?

f. Im Labor ist es möglich, einem Tier kleine Heizdrähte in bestimmte Teile des Gehirns einzuführen. Erwärmt der Forscher durch die Heizdrähte diese Teile des Gehirns, so beginnt das Versuchstier zu schwitzen und zu hecheln.

Welcher Gehirnteil wird erwärmt?

g. Tiere, bei denen bestimmte Gehirnteile durch einen chirurgischen Eingriff zerstört werden, bleiben für den Rest des Lebens bewußtlos. Die Gehirnströme solcher Tiere lassen sich messen und aufzeichnen (EEG).

Zum Vergleich wird ein Tier der gleichen Art durch ein Medikament in Tiefschlaf gebracht. In diesem Zustand wird ein EEG abgeleitet.

Die beiden EEG sind sehr ähnlich.

Welcher Gehirnbereich wurde bei dem Eingriff zerstört?

Welche Aufgaben erfüllt dieser Gehirnbereich zusätzlich zu den oben beschriebenen Aufgaben?

Motoneuronen eintreffen, reagiert der Mensch mit Husten. Die zeitliche Bahnung (Summation) erfolgt also an den Interneuronen oder den Motoneuronen.

Lösung 8

a. Der Hypothalamus ist unter anderem das Steuerzentrum der Sexualität. Deshalb wird in der Presse immer wieder die Möglichkeit einer Heilung durch einen Eingriff am Hypothalamus diskutiert.

b. In der Formatio reticularis des Mittelhirns wird der Übergang vom Schlaf- zum Wachzustand und die Bewußtseinslage geregelt. Es ist deshalb anzunehmen, daß bei Bewußtlosigkeit über längere Zeit hinweg eine Störung im Mittelhirn vorliegt.

c. Der Thalamus ist die Hauptumschaltstelle für sensorische Axone, die aus dem Körper kommen, auf Großhirnbahnen. Umgekehrt werden hier auch Erregungen vom Großhirn auf motorische Axone übertragen, die sie in den Körper weiterleiten. Bei starker Konzentration werden von der Großhirnrinde Impulse an den Thalamus gesendet, die die Tätigkeit des Thalamus dämpfen. Dadurch wird die vom Ohr aufgenommene Musik nicht oder nur mit verminderter Intensität an das Großhirn weitergeleitet. Die Bearbeitung der Hausaufgaben wird somit bei Musik möglich.

d. Das Narkosemittel muß in dem Gehirnteil wirken, in dem die Bewußtseinslage geregelt wird, also im Mittelhirn (Formatio reticularis). Vergleiche auch Teilaufgabe b.

e. Der Hypothalamus ist unter anderem das Regulationszentrum für den Wasser- und Mineralstoffhaushalt, die Körpertemperatur, die Nahrungs- und Flüssigkeitsaufnahme. Es ist deshalb anzunehmen, daß Anderson das Salzwasser in den Hypothalamus injizierte.

f. Der Hypothalamus wird erwärmt (siehe Teilaufgabe e).

g. Neben den in Teilaufgabe b beschriebenen Funktionen liegen im Mittelhirn zahlreiche Schaltstellen für Reflexbögen, wie Lidschluß, Husten, Niesen, Schlucken oder das Saugen beim Säugling.

h. Die Elektroden werden dem Affen in den Hypothalamus eingesetzt. Dieser Teil des Zwischenhirns steuert die Nahrungsaufnahme.

h. Einem Affen werden Elektroden zur elektrischen Reizung bestimmter Bereiche in sein Gehirn eingesetzt. Er bekommt dann eine Banane gereicht. Der Affe nimmt die Banane, schält sie und beginnt sofort, gierig zu essen. Nachdem der Affe einige Bissen genommen hat, wird sein Gehirn durch die eingeführten Elektroden gereizt. Der Affe verliert sofort jegliches Interesse an der Banane, wirft sie weg und spuckt alles aus, was er im Mund hat. Nach Beendigung der Reizung wendet er sich der Banane wieder zu, nimmt sie auf und ißt weiter.

Welcher Gehirnteil wird gereizt?

A. Manning, Verhaltensforschung, 1979

Aufgabe 9

In der Abbildung sind die Gehirne von fünf Wirbeltieren in der Aufsicht schematisch dargestellt. Zum besseren Vergleich sind alle Gehirne in gleicher Größe abgebildet.

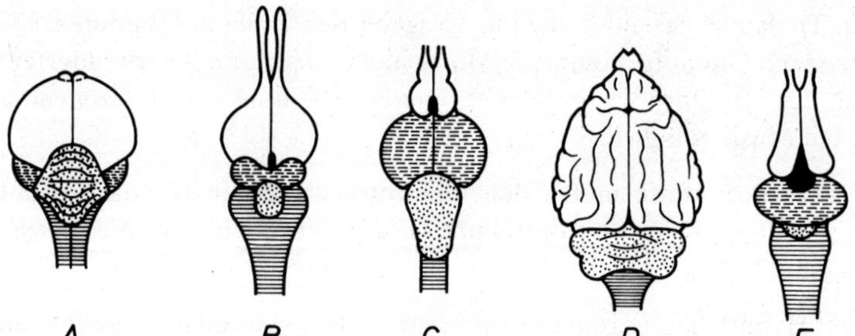

a. Benennen Sie die einzelnen Gehirnteile.

b. Welcher Zusammenhang besteht zwischen der Größe des Kleinhirns und der Lebensweise der Tiere?

c. Welches Gehirn stammt von einem

1. Knochenfisch
2. Lurch
3. Kriechtier (Krokodil)
4. Vogel
5. Säugetier (Hund)?

Verändert nach H. Linder, Biologie, 1980

Lösung 9

a. In der Abbildung sind die verschiedenen Gehirnteile folgendermaßen gekennzeichnet:

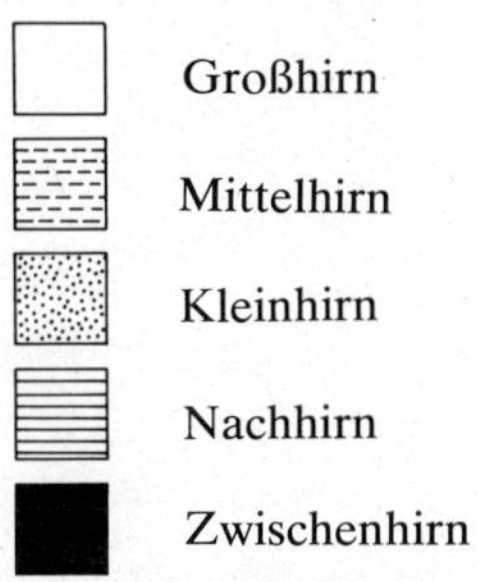

b. Das Kleinhirn koordiniert die Bewegungen. Tiere mit einer instabilen Körperlage müssen ihre Bewegungen besonders gut steuern können. Deshalb haben Fische und Vögel ein im Verhältnis zum gesamten Gehirn großes Kleinhirn. Bei Tieren mit stabiler Körperlage, wie Lurchen, Reptilien und Säugetieren, ist der Anteil des Kleinhirns am gesamten Gehirn geringer.

c. Die Zuordnung ist durch Vergleich von Kleinhirn und Großhirn möglich. Bei allen Tieren nimmt mit zunehmender Entwicklungshöhe der Anteil des Großhirns und auch die Furchung des Großhirns zu. In Abbildung „C" ist das Gehirn eines Knochenfisches dargestellt, in Abbildung „A" das eines Vogels. Beide Tierarten haben ein großes Kleinhirn. Bei dem Vogel ist der Anteil des Großhirns am gesamten Gehirn größer als beim Fisch.

In Abbildung „B" ist das Gehirn eines Krokodils dargestellt, in Abbildung „E" das eines Lurchs. Bei beiden sind die Anteile des Kleinhirns etwa gleich, jedoch besitzt das höher entwickelte Krokodil ein größeres Großhirn als der Lurch. Das Gehirn mit dem gefurchten Großhirn stammt vom Hund (Abbildung D).

Aufgabe 10

Um die Funktionen der einzelnen Gehirnteile zu untersuchen, hat ein Forscher Hunden Gehirnteile operativ entfernt. Dem ersten Hund wurde das Großhirn herausgenommen, dem zweiten Hund das Kleinhirn und dem dritten Hund der Hypothalamus.

Welcher der drei Hunde hat die geringste Chance zu überleben?

Aufgabe 11

Menschen, die in den ersten beiden Lebensjahren zu wenig Eiweiß erhalten, leiden später häufig unter einer Störung ihrer Körperbewegungen.

Erklären Sie den Zusammenhang zwischen Eiweißmangel in der frühen Kindheit und dieser Störung.

Aufgabe 12

Beim Lernen schwieriger Tanzschritte können wir mit unserem Partner nur schwer ein Gespräch führen. Sobald wir aber die Schritte mehrmals geübt haben, können wir uns beim Tanzen mit unserem Partner unterhalten.

Womit mag dies zusammenhängen?

Aufgabe 13

Ein Patient schildert beim Augenarzt diese Beschwerden: Er kann Gegenstände sehen, sie aber nicht beim Namen nennen. Er kann genau mit dem Finger zeigen, wo sich ein Gegenstand befindet, kann ihn aber erst benennen, wenn er ihn abgetastet hat.

a. Welcher Bereich des Gehirns ist bei diesem Patienten gestört?

b. Weshalb kann der Patient nach Betasten die Gegenstände benennen?

Lösung 10

Die kleinste Überlebenschance hat der dritte Hund. Der Hypothalamus steuert unter anderem die chemische Zusammensetzung des „inneren Milieus". Von dem inneren Milieu hängen zahlreiche Stoffwechselvorgänge ab. Eine Störung des inneren Milieus zieht also eine Störung dieser Stoffwechselvorgänge nach sich. Durch das Entfernen des Hypothalamus können das innere Milieu und damit die Stoffwechselvorgänge nicht mehr gesteuert werden.

Lösung 11

In den ersten beiden Lebensjahren wachsen die Dendriten sehr stark. Dadurch werden die Nervenzellen vielfach miteinander verschaltet. Zum Wachstum der Nervenzellen ist Eiweiß erforderlich. Daher bilden Gehirnzellen bei Eiweißmangel, besonders bei Mangel an essentiellen Aminosäuren, weniger Dendriten. Ihre Verschaltung untereinander ist geringer.

Dieser Mangel betrifft unter anderem auch das Kleinhirn. Dort können bei Eiweißmangel nicht alle zur Bewegungskoordination erforderlichen Schaltungen ausgebildet werden. Dies führt später zu Störungen in den Bewegungen.

Lösung 12

Die Tanzschritte werden über das Großhirn gelernt. Sprechen wird ebenfalls über das Großhirn gesteuert. Bei gleichzeitiger Steuerung von Tanzen und Sprechen kommt es zu einer Überlastung des Großhirns.

Nachdem die Tanzschritte gelernt sind, erfolgt die Steuerung über ein Programm, das im Kleinhirn gespeichert ist. Jetzt können wir uns, ohne das Programm der Tanzschritte zu stören, beim Tanzen unterhalten.

Lösung 13

a. Das Assoziationsfeld, das für das Sehen zuständig ist, ist bei diesem Patienten gestört. Diese Krankheit wird als Seelenblindheit bezeichnet. Der Patient kann alles sehen, aber das Gesehene nicht mit schon früher einmal Gesehenem vergleichen und somit wiedererkennen.

b. Das Assoziationsfeld für die Berührung ist nicht gestört. Der Patient kann den Berührungsreiz mit der Erinnerung an frühere Berührungsreize vergleichen.

Aufgabe 14

Bei einem Hörtest werden einem Patienten über Kopfhörer zunächst einzelne Töne der Melodie „Alle meine Entchen" vorgespielt. Der Patient gibt durch Zeichen zu verstehen, daß er die Töne hören und unterscheiden kann. Danach wird ihm das Lied „Alle meine Entchen" im Zusammenhang vorgespielt. Der Patient gibt wiederum durch Nicken zu verstehen, daß er die Melodie hört. Er kann jedoch nicht angeben, welche Melodie er hört. Auf die Frage, ob er das Lied „Alle meine Entchen" kenne, antwortet er mit „ja".

Erklären Sie die Ursachen dieser Krankheitserscheinung.

Aufgabe 15

Patienten, die an einer besonders schweren Form der Epilepsie litten, wurde früher durch eine Gehirnoperation geholfen. Ihnen wurde die Verbindung zwischen den beiden Großhirnhälften, der Balken, durchgetrennt. Danach mußten die beiden Großhirnhälften unabhängig voneinander arbeiten.

Dadurch entstehen Ausfallerscheinungen, die nur unter bestimmten Versuchsbedingungen zu beobachten sind. Der Gehirnforscher R. Sperry untersuchte diese Ausfallerscheinungen, um Auskunft über die Leistungen der getrennt arbeitenden Großhirnhälften zu erhalten.

Unter diesen Versuchsbedingungen muß sichergestellt sein, daß:

1. Bilder, die die Versuchsperson mit dem rechten Auge sieht, nur in die linke Großhirnhälfte gelangen;
2. die Versuchsperson ihre Hände nicht sehen kann.

Um diesen Versuch zu verstehen, und die Fragen beantworten zu können, sind diese Kenntnisse über den Verlauf einer Nervenbahn im menschlichen Körper notwendig:

Die vom rechten Ohr abgehenden Nerven ziehen zu jeder der beiden Großhirnhälften; das gleiche gilt für das linke Ohr.

Die Bahnen, die von Tastsinneszellen der linken und rechten Körperhälfte ausgehen, kreuzen sich in ihrem Verlauf; die Tastsinneszellen der rechten Körperhälfte leiten ihre Erregung in Felder der linken Großhirnhälfte und umgekehrt.

Versuch:

Projiziert wird das Wort ›ERICH‹; und zwar so, daß die Buchstaben ›ER‹ ins linke, ›ICH‹ ins rechte Auge fallen.

Die Versuchsperson sitzt an einem Tisch, auf dem für sie nicht sichtbar plastisch geformte Buchstaben liegen.

Lösung 14

Das Assoziationsfeld für das Hören ist bei diesem Patienten funktionsuntüchtig. Diese Krankheit wird als Seelentaubheit bezeichnet. Im Assoziationsfeld des Hörens werden Tonfolgen, zum Beispiel Melodien, gespeichert. Seelentaube Menschen können Tonfolgen, die sie hören, nicht mit schon früher einmal gehörten Tonfolgen vergleichen und wiedererkennen.

Lösung 15

Die Ausfallerscheinungen lassen sich nur nachweisen, wenn eine Information nur in eine Großhirnhälfte einläuft, die andere Großhirnhälfte jedoch nicht informiert wird.

a. Die Versuchsperson ertastet die Buchstaben ›ER‹.

Die linke Hand wird motorisch von der rechten Großhirnhälfte gesteuert; in die rechte Großhirnhälfte gelangt nur die Information ›ER‹ nicht ›ICH‹.

b. Die Antwort lautet ›ICH‹.

Zur Fähigkeit, sich sprachlich über einen Vorgang oder Zustand äußern zu können, ist das Bewußtsein (Sprachzentrum) erforderlich. Bewußtsein ist nur durch die Tätigkeit der linken Großhirnhälft herzustellen. Daher kann nur die Information, die der linken Großhirnhälfte gemeldet wird, bewußt werden, das heißt, nur über diese Information kann sprachlich Auskunft gegeben werden. In die linke Großhirnhälfte gelangt im Versuch nur die Information ›ICH‹.

c. Ertastet werden die Buchstaben ›ERICH‹.

Die Hörbahnen ziehen von jedem Ohr in beide Großhirnhälften. Daher gelangt die Information ›ERICH‹, wenn sie akustisch gegeben wird, in beide Großhirnhälften. Damit kommt sie auch vollständig in das Sprachzentrum in der linken Großhirnhälfte.

a. Die Versuchsperson bekommt über den Lautsprecher folgenden Auftrag: „Suchen Sie durch Ertasten mit der linken Hand die Buchstaben des gelesenen Wortes."

Welche Buchstaben ertastet die Versuchsperson, und legt sie als Wort hintereinander?

Begründen Sie Ihre Antwort.

b. Welche Antwort gibt die Versuchsperson auf die Frage, was sie gelesen habe?

Begründen Sie Ihre Antwort.

c. Als zweites bekommt die Versuchsperson über den Lautsprecher folgende Aufgabe:

„Suchen Sie durch Ertasten mit der rechten Hand die Buchstaben des Wortes ›ERICH‹".

Welche Buchstaben ertastet die Versuchsperson, und in welche Reihenfolge legt die Versuchsperson diese?

Begründen Sie Ihre Antwort.

Aufgabe 16

Ein langsamer, allmählich auftretender Ausfall des Kleinhirns kann ohne äußerlich sichtbare Störungen des Verhaltens bleiben.

Wie ist das zu erklären?

Aufgabe 17

Es ist Forschern gelungen, einigen Rindenfeldern im Großhirn bestimmte Funktionen zuzuordnen. Diese Rindenfelder mit ihren Funktionen haben die Forscher in Gehirnkarten festgehalten. Außer für den Menschen konnten ebenso für zahlreiche Säugetiere solche Gehirnkarten aufgestellt werden.

Werden diese Gehirnkarten alle auf dieselbe Größe gebracht und mit der des Menschen verglichen, so ergeben sich Unterschiede.

Woran ist die menschliche Gehirnkarte zu erkennen?

Aufgabe 18

Das Gehirn einer Katze wird im Ursprungsgebiet des Nervus vagus durch eine dort hinein eingeführte Elektrode elektrisch gereizt.

Welche Folgen hat diese Reizung für das Verhalten der Katze?

Lösung 16

Die Funktion des Kleinhirns kann von anderen Gehirnteilen übernommen werden.

Lösung 17

Das menschliche Gehirn hat sehr viel größere unspezialisierte Felder als z. B. das Gehirn eines Hundes oder eines Schimpansen.

Lösung 18

Der Nervus vagus ist der Hauptbestandteil des parasympathischen Nervensystems. Durch die elektrische Reizung wird die Aktivität des Nervus vagus gesteigert. Dieses löst eine Verringerung der allgemeinen Aktivität der Katze aus. Außerdem ist die Aufmerksamkeit und Reizbarkeit der Katze herabgesetzt. Vermutlich wird die Katze eine ruhende Körperhaltung einnehmen.

Aufgabe 19

Atropin, das Gift der Tollkirsche, wirkt hemmend auf die Aktivität eines bestimmten Teils des Nervensystems. Atropin wird deswegen in Medikamenten verwendet, durch die eine zu starke Kontraktion der Magen- und Darmmuskulatur vermindert werden soll.

a. Welcher Teil des Nervensystems wird durch Atropin beeinflußt?

b. Beschreiben Sie weitere Wirkungen des Atropins.

K. D. Mörike, Betz, E. und W. Mergenthaler, Biologie des Menschen, 1981

Aufgabe 20

In einem Bericht der Zeitschrift „Der Spiegel" vom 17.11.80 heißt es zum Problem der Schichtarbeiter aus Anlaß des Streiks von Angestellten der Bundespost:

„Der Organismus des Nachtarbeiters befindet sich stets im Konflikt zwischen Leistungsbereitschaft und Erholung. Er muß arbeiten, wenn er auf Ruhe eingestellt ist; er soll sich ausruhen, wenn Aktivität und Leistung angebracht sind.

Weder das eine noch das andere gelingt richtig.

Ein Gruppenleiter der Düsseldorfer Polizei sagt, daß viele nachts verfaßte Protokolle von Fehlern wimmeln, weil viele Beamte nach zwei Uhr nachts kaum die Augen offen halten können...

Die meisten biologischen Funktionen – etwa die Körpertemperatur, Magentätigkeit oder Pulsfrequenz – unterliegen einem ca. 24-Stunden-Rhythmus. Während der Organismus am Tage auf Aktivität eingestellt ist, schaltet er während der Nacht auf Ruhe und Erholung um."

Die unterschiedliche Leistungsfähigkeit der Menschen bei Tag und Nacht läßt sich auf bestimmte, unterschiedliche Aktivitäten des Nervensystems zurückführen.

Erläutern Sie diese Unterschiede.

Aufgabe 21

Ergotoxin ist das Gift im Mutterkornpilz. Es löst, wenn es in größerer Menge aufgenommen wird, eine krampfhafte Verengung der Blutgefäße in der Skelettmuskulatur aus. Dies kommt durch eine Blockade bestimmter Synapsen bei der Erregungsübertragung zustande.

Welcher Teil des menschlichen Nervensystems wird vom Ergotoxin beeinflußt?

Lösung 19

a. Durch Atropin wird die Tätigkeit des Parasympathikus gehemmt.

b. Der Parasympathikus wirkt antagonistisch zum Sympathikus. Durch die Hemmung des Parasympathikus treten die Wirkungen des Sympathikus deutlicher hervor. Diese sind unter anderem:
Erhöhung der Herzschlagfrequenz
Erweiterung der Pupillen
Verringerung der Tätigkeit der Verdauungsdrüsen
Erweiterung der Bronchien

Lösung 20

Die Leistungsbereitschaft und die Erholung des Körpers wird über das vegetative Nervensystem gesteuert. Durch die Tätigkeit des Parasympathikus werden allgemein Vorgänge im Körper gefördert, die zur Erholung dienen; durch die Tätigkeit des Sympathikus werden dagegen Vorgänge gefördert, die die Leistungsbereitschaft des Körpers erhöhen.

Bedingt durch den 24-Stunden-Rhythmus dominiert bei den Nachtarbeitern in ihrer Arbeitsphase die Tätigkeit des Parasympathikus, also des „Erholers", über die Tätigkeit des Sympathikus. Damit ist die große Müdigkeit der Nachtarbeiter bei der Arbeit zu erklären.

Lösung 21

Das Gift Ergotoxin blockiert die Synapsen des Sympathikus. Der Sympathikus ist für die Erweiterung der Blutgefäße verantwortlich. Der Sympathikus wirkt antagonistisch zum Parasympathikus.

Werden die Synapsen des Sympathikus blockiert, so kann die Wirkung des Parasympathikus nicht mehr abgeschwächt werden. Daraufhin verengt der Parasympathikus die Blutgefäße krampfartig.

Aufgabe 22

Der Gesichtsausdruck eines Hundes ändert sich, wenn er:

A. gespannt auf etwas sieht;
B. die Bereitschaft zum Angriff erkennen läßt;
C. angreift oder sehr kurz vor dem Angriff steht.

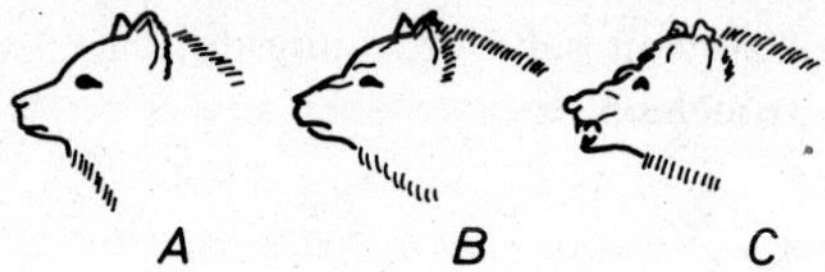

a. Welcher Teil des Nervensystems des Hundes arbeitet bei C mit erhöhter Intensität?

b. Nennen Sie mehrere Vorgänge im Körper des Hundes, die im Zusammenhang mit dem Angriff gleichzeitig gefördert werden.

Verändert nach I. Eibl-Eibesfeld, Grundriß der vergleichenden Verhaltensforschung, 1978

Aufgabe 23

Wie könnte man mit Adrenalin überprüfen, ob ein frisches Stück Muskulatur aus dem Herzen oder aus der Darmwand stammt?

Lösung 22

a. Das sympathische Nervensystem des Hundes arbeitet mit erhöhter Intensität. Dadurch wird der Organismus des Hundes auf Angriff eingestellt.

b. Durch die erhöhte Tätigkeit des Sympathikus werden unter anderem folgende Vorgänge gefördert:
Durchblutung der Skelettmuskulatur
Durchblutung des Herzens (Herzkranzgefäße)
Öffnungsweite der Bronchien
Öffnungsweite der Pupillen
Schlagfrequenz des Herzens

Lösung 23

Dazu muß das Muskelstück mit Adrenalin beträufelt werden. Bei Kontraktion liegt ein Muskelstück aus dem Herzen vor. Adrenalin ist ein Transmitter im sympathischen Nervensystem. Der Sympathikus steigert die Schlagfreqzenz des Herzens.

C. Sinnesorgane

Zur Lösung der Aufgaben erforderliche Kenntnisse:

Auge allgemein

- physikalische Eigenschaften des Lichts
  Spektrum, Wellen- und Teilchencharakter, Photon
- Hautlichtsinn (Hell-Dunkelsehen)
- Flachauge (Hell-Dunkelsehen)
- Becherauge (Bewegungssehen)
- Grubenauge (einfaches Formensehen, lichtschwach, unscharf)
- Linsenauge (scharfes, lichtstarkes Formensehen)
- Strahlengang im Linsenauge
- Linsenformel
  Brennpunkt, Dioptrien
- Akkommodationsmechanismen
  Verschiebung der Linse, Verformung des Augapfels, Brechkraftveränderung

Menschliches Auge

- Bau
  Hornhaut, Augenkammern, Iris, Linse, Linsenbänder, Ciliarmuskel, harte Augenhaut, Gefäßhaut, Netzhaut
  Glaskörper, gelber Fleck, blinder Fleck, Sehnerv
- Augenkrankheiten
  grauer Star, Weitsichtigkeit, Kurzsichtigkeit, Alterssichtigkeit
- Akkommodationsmechanismus
- Pupillenreaktion
- Aufbau der Netzhaut
  Stäbchen, Zapfen, Schaltzellen (bipolare Zellen), Ganglienzellen, amakrine Zellen, Lage der Stäbchen und Zapfen
- schematischer Aufbau eines Stäbchens
  Zellkern, Mitochondrien, Membraneinstülpungen, synaptische Bläschen
- Entstehung der Erregung in Stäbchen bei Lichteintritt
  Rhodopsin, Retinal, Vitamin A, Carotin
- Adaption
  Pupille, Veränderung der Konzentration an Sehfarbstoff, Auftauchen der Sinneszellen aus der Pigmentschicht
- zeitliches Auflösungsvermögen
- räumliches Auflösungsvermögen
- Nahpunkt
- Verteilung der Stäbchen und Zapfen in der Netzhaut
- negative Nachbilder

- positive Nachbilder
- Fixieren (Blicksprünge)
- laterale Hemmung
- Farbensehen

  Dreikomponententheorie, additive Farbmischung, Komplementärfarben, Grundfarben, Farbkreisel
- Nachweise der Farbtüchtigkeit bei Tieren
- farbige Nachbilder
- Dämmerungssehen
- Tiefenwahrnehmung (räumliches Sehen)

  korrespondierende und disparate Netzhautbereiche, Doppelbilder, Stellung der Augenachsen, Akkommodationsstärke, unterschiedliche Bilder im rechten und linken Auge, Erfahrung

Komplexauge (Facettenauge)

- Ommatidien

  Cornea (Chitinlinse), Kristallkegel, Sehstab (Rhabdom)
  Pigmentzellen
- Vergleich: Linsenauge – Facettenauge

  räumliches Auflösungsvermögen, zeitliches Auflösungsvermögen, Akkommodation (Superpositionsauge, Appositionsauge), Farbensehen (Versuche von v. Frisch), Bildentstehung, Ommatidienwinkel

Schweresinn

- Aufbau des Schweresinnesorgans bei Wirbellosen

  Statocyste, Statolith, Sinneszelle
- Aufbau des Schweresinnesorgans bei Wirbeltieren

  Labyrinth, Sacculus, Utriculus, Bogengänge, Schnecke, Kalkkörperchen, Gallertmasse, Sinneshaare, Sinneszelle
- Erregung durch Abbiegen der Sinneshaare
- Zusammenspiel der rechten und linken Schweresinnesorgane
- Ruheaktivität, Erhöhung und Verringerung der Impulsfrequenz beim Abbiegen der Sinneshaare in verschiedene Richtungen
- Beteiligung an der Steuerung der Körperhaltung (Muskelspindel)

Drehsinn

- Aufbau des Drehsinnesorgans

  Anordnung der Bogengänge, Ampullen, Cupula, Endolymphe, Sinneszellen
- Tätigkeit der Endolymphe
- Sinnestäuschungen
- Drehschemelversuche
- Beschleunigung

Muskelsinn

- Aufbau einer Muskelspindel
  Skelettmuskelfaser, Spindelmuskelfaser, Dehnungsrezeptor, Bindegewebshülle
- Muskelspindelregelkreis (α-Motoneuronen, γ-Motoneuronen, pyramidale und extrapyramidale Bahnen)
- Steuerungsvorgänge beim Verändern oder Erhalten der Muskellänge
- Sehnenorgane als Überlastungsschutz
- Beteiligung des Muskelsinns an der Steuerung der Körperhaltung

Aufgabe 1

Nautilus ist ein ursprünglicher Tintenfisch. Im Unterschied zu allen übrigen Tintenfischen besitzt er noch eine äußere Schale, ein linsenloses Auge und viele weitere ursprüngliche Merkmale. Obwohl das Auge keine Linse enthält, kann das Tier dennoch Formen wahrnehmen.

a. Zeichnen Sie dieses Auge im Längsschnitt, und geben Sie die Bezeichung für diesen Augentyp an.

b. Zwischen dem Nautilusauge und dem Auge der übrigen Tintenfische bestehen Unterschiede in der Sehleistung.
Geben Sie die Unterschiede in Bau und Sehleistung an.

Aufgabe 2

a. Beschriften Sie den unten abgebildeten, stark schematisierten Ausschnitt aus der Netzhaut des menschlichen Auges.

b. Aus welcher Richtung fällt im Auge das Licht auf die Netzhaut?

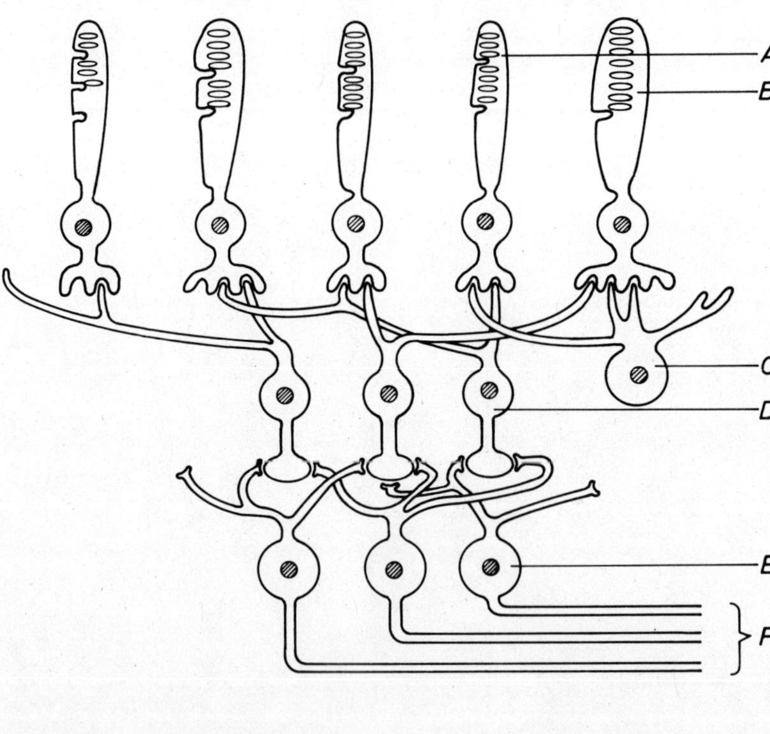

Lösung 1

a. Nautilus besitzt ein Grubenauge.
Längsschnitt durch das Grubenauge:

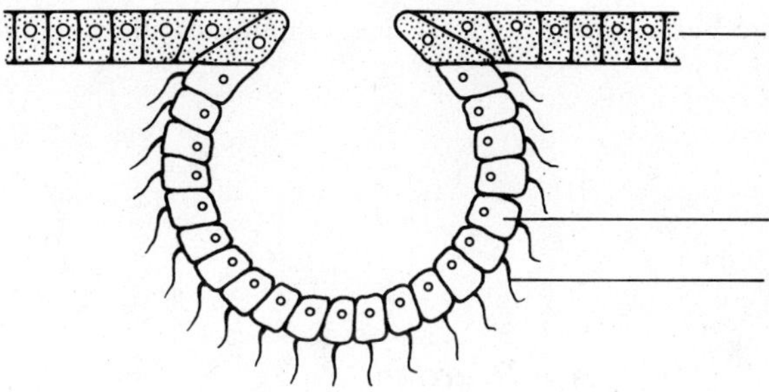

Die Pigmentzellen sind in der Zeichnung nicht berücksichtigt.

b. Die übrigen Tintenfische besitzen ein Linsenauge. Es liefert ein schärferes Bild und ist lichtstärker. Diese Tintenfische können also Formen und Einzelheiten besser erkennen als Nautilus. Außerdem können sie auch bei weniger Licht noch besser sehen als Nautilus. Ihre Augen sind also der Dämmerung angepaßt.

Lösung 2

a.

A = Stäbchen
B = Zapfen
C = querverschaltende Nervenzelle
D = bipolare Nervenzelle
E = Ganglienzelle
F = Sehnerv

b. Im Auge liegt die Netzhaut direkt hinter dem Glaskörper. Die Lichtsinneszellen liegen in der Netzhaut auf der dem Glaskörper abgewandten Seite. Die Schaltzellen und die abführenden Nervenfasern liegen dagegen auf der dem Glaskörper zugewandten Seite. Das in das Auge einfallende Licht muß also zuerst den Bereich der abführenden Nervenfasern und der Schaltzellen passieren, bevor es zu den Lichtsinneszellen gelangt.

Aufgabe 3

a. Erklären Sie den Begriff Nahpunkt, und beschreiben Sie einen einfachen Versuch, mit dem der Nahpunkt im menschlichen Auge festgestellt werden kann.

b. Beschreiben Sie die Veränderung der Lage des Nahpunktes mit zunehmendem Lebensalter.

Aufgabe 4

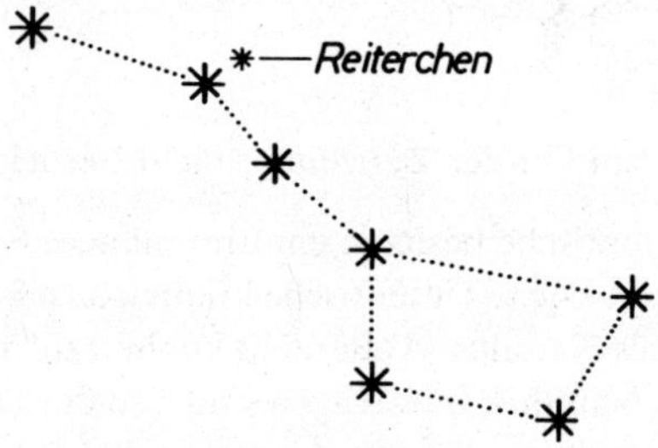

Im Sternbild des Großen Bären oder Großen Wagen steht über dem zweiten Stern der Deichsel ein sehr lichtschwacher Stern, das „Reiterchen". Diesen kleinen Stern können die meisten Menschen nur erkennen, wenn sie an ihm vorbeisehen; beim genauen Hinsehen oder Fixieren verschwindet er dagegen.

Erklären Sie dieses Phänomen.

Aufgabe 5

Nachtblindheit kann genetisch bedingt sein oder durch Vitaminmangel entstehen. Die durch Vitaminmangel verursachte Nachtblindheit kann durch Vitamin A geheilt werden.

Erläutern Sie, warum diese Form der Nachtblindheit durch Gaben von Vitamin A behandelt werden kann.

Lösung 3

a. Der kleinste Abstand vom Auge, bei dem gerade noch scharf gesehen werden kann, heißt Nahpunkt. Es genügt, z. B. ein beschriebenes Blatt dem Auge so weit zu nähern, bis die Buchstaben gerade noch scharf gesehen werden können. Der so bestimmte Abstand zwischen Auge und Papier ist der Nahpunkt.

b. Da mit zunehmendem Alter die Elastizität der Linse abnimmt, kann sie nicht mehr so stark die einfallenden Lichtstrahlen brechen. Der Nahpunkt entfernt sich deshalb mit zunehmendem Alter vom Auge.

Lösung 4

Beim Fixieren fällt das Bild des Reiterchens auf den gelben Fleck. Im gelben Fleck liegen nur Zapfen. Die Zapfen sind weniger lichtempfindlich als die Stäbchen und können von den Lichtstrahlen des Reiterchens nicht erregt werden. Beim „Vorbeisehen" fallen die Lichtstrahlen dagegen auf Stellen außerhalb des gelben Flecks. Sie gelangen in Bereiche , in denen der Anteil der lichtempfindlichen Stäbchen größer ist. Die Lichtintensität der Strahlen reicht hier aus, um die Stäbchen zu erregen. Daher kann das Reiterchen durch „Vorbeisehen" wahrgenommen werden.

Lösung 5

Die Nachtblindheit, die durch Vitamin A geheilt werden kann, beruht auf einem Mangel an Rhodopsin in den Stäbchen. Rhodopsin ist der lichtempfindliche Farbstoff der für das Dämmerungssehen verantwortlichen Stäbchen.

Das Rhodopsin zerfällt schon unter schwacher Lichteinwirkung in Retinal (Aldehyd des Vitamin A) und Opsin (Protein) und erzeugt dabei ein Rezeptorpotential. Umgekehrt wird Rhodopsin aus Opsin und Retinal gebildet. Bei Vitamin A-Mangel fehlt Retinal für diesen Prozeß.

Durch Gaben von Vitamin A kann diese Form der Nachtblindheit behoben werden.

Aufgabe 6

Welche physiologischen Grundlagen stecken hinter der Redensart: „Nachts sind alle Katzen grau“?

Aufgabe 7

Beschreiben Sie einen einfachen Versuch, mit dem Sie die Farbenblindheit der äußeren Netzhautbereiche nachweisen können.

Aufgabe 8

Die Lichtempfindlichkeit ist in der Netzhaut nicht überall gleich stark. Das läßt sich mit diesem Versuch beweisen:

In einem verdunkelten Zimmer werden drei Glühbirnen mit geringer Lichtstärke im Abstand von 10 cm in einer Linie aufgestellt. Alle drei Birnen glühen gleich stark. Eine Versuchsperson fixiert mit einem Auge im verdunkelten Raum die mittlere Birne. Der Abstand des Auges von der Birne ist so zu wählen, daß die Birnen rechts und links noch gesehen werden.

Wie sieht die Versuchsperson die beiden äußeren Birnen?

a. Heller als die mittlere Birne?
b. So hell wie die mittlere Birne?
c. Dunkler als die mittlere Birne?

Aufgabe 9

Welche Farbe hat der unten dargestellte Kreisel, wenn er sich dreht?

a. Bei einer Umdrehung pro Sekunde?

b. Bei 100 Umdrehungen pro Sekunde?

Begründen Sie Ihre Antwort.

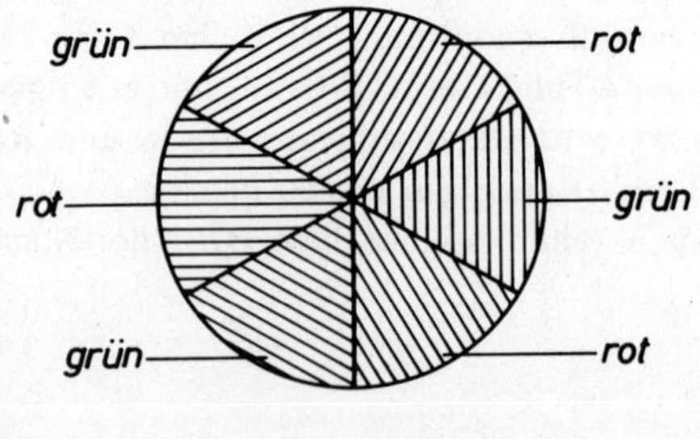

Lösung 6

Stäbchen und Zapfen sind die Lichtsinneszellen im menschlichen Auge. Mit den Zapfen sehen wir Farben.

Die Stäbchen dienen dem Schwarzweißsehen vor allem in der Dämmerung, da sie lichtempfindlicher als die Zapfen sind. Bei schwachem Licht in der Nacht werden nur die Stäbchen erregt. Daher sind in der Nacht alle Katzen grau.

Lösung 7

Dazu werden farbige Figuren von außen her in das Blickfeld eines Auges geschoben. Die Bilder der sich seitlich nähernden Figuren fallen zuerst auf die äußeren Netzhautbereiche. Zunächst sieht der Betrachter nur die Form der Figur. Erst bei weiterem Einrücken, wenn die Bilder in die Nähe des gelben Flecks gelangen, erkennt der Betrachter auch Farben. Diese Beobachtung beweist die Farbenblindheit der äußeren Netzhautbereiche.

Lösung 8

Für die Versuchsperson scheinen die beiden äußeren Birnen heller zu leuchten als die mittlere Birne.

Aus folgendem Grund: Im äußeren Bereich der Netzhaut liegen vorwiegend stark lichtempfindliche Stäbchen. Im gelben Fleck gibt es nur die weniger lichtempfindlichen Zapfen.

Wird die mittlere Birne fixiert, so werden die äußeren Birnen auf den äußeren Netzhautbereichen abgebildet. Für die Versuchsperson leuchten diese Birnen wegen der höheren Lichtempfindlichkeit der Stäbchen heller als die im gelben Fleck abgebildete mittlere Birne.

Lösung 9

a. Bei einer Umdrehung pro Sekunde sehen wir flimmernde rote und grüne Bilder.

b. Bei 100 Umdrehungen pro Sekunde erscheint der Kreisel gelb. Die zeitliche Auflösung des menschlichen Auges ist bei 100 Umdrehungen pro Sekunde weit überschritten; daher werden die für Rot empfindlichen Zapfen und die für Grün empfindlichen Zapfen gleichzeitig gereizt. Nach der „Verrechnung“ im Gehirn entsteht der Farbeindruck Gelb.

Aufgabe 10

Eine Stricknadel, die mit einem Ende fest eingeklemmt ist, erscheint als Fächer, wenn man sie in Schwingung versetzt.

Wie kommt es zu dieser Erscheinung?

Aufgabe 11

Können einäugige Menschen feststellen, wie weit ein Gegenstand von ihrem Auge entfernt ist?

Begründen Sie Ihre Antwort.

Aufgabe 12

Das Chamäleon kann seine Zunge sehr weit und sehr schnell vorstrecken und mit dem klebrigen vorderen Teil Insekten fangen. Seine Augen kann das Chamäleon unabhängig voneinander in verschiedene Richtungen bewegen. Sobald ein Beutetier erspäht ist und gefangen werden soll, richtet das Chamäleon beide Augen auf die Beute.

Aus welchem Grund fixiert das Chamäleon die Beute mit beiden Augen?

Lösung 10

Das geringe zeitliche Auflösungsvermögen des menschlichen Auges ermöglicht nicht, jede Stellung der Stricknadel als getrenntes Bild wahrzunehmen. Die Bilder überlagern sich zeitlich. Die in Schwingung versetzte Stricknadel erscheint deshalb als eine Summe von gleichzeitig aufgenommenen Bildern in verschiedenen Stellungen. Diese Einzelbilder sehen wir als Fächer.

Lösung 11

Die Augen liefern zur Feststellung der Entfernung eines Gegenstandes mehrere verschiedene Meßwerte.

Das linke Auge bildet den Gegenstand etwas anders ab als das rechte Auge. Dieser Unterschied ist je nach der Entfernung verschieden groß. Je nach Entfernung des Gegenstandes stehen auch die Augenachsen in verschiedenem Winkel zueinander. Aus diesen beiden Werten wird im Gehirn die Entfernung des Gegenstandes ermittelt.

Einäugigen Menschen stehen diese Meßwerte nicht zur Verfügung. Sie können nur noch in begrenztem Umfang Entfernungen feststellen. Im Nahbereich benutzen sie Meldungen über den Kontraktionszustand des Ziliarmuskels zur Entfernungsmessung. Damit messen sie die Akkommodationsstärke. Im Fernbereich sind sie auf den Vergleich des Gesehenen mit der gespeicherten Erinnerung angewiesen. Aus dem Größenvergleich, dem Schattenwert, der Lufttrübung u. ä. gewinnen sie so eine Vorstellung über die Entfernung.

Wer nur mit einem Auge sieht, erkennt die Entfernung eines Gegenstandes daher ungenauer als Menschen mit zwei gesunden Augen.

Lösung 12

Zum Fang der Beute muß das Chamäleon die Entfernung bestimmen. Das geschieht am genauesten, wenn das Chamäleon die Beute mit beiden Augen betrachtet, da dann Informationen über die Stellung der Augenachsen zueinander und über die Rechts-Linksverschiedenheit der Bilder gewonnen werden. Aus diesen Informationen kann die Entfernung des Beutetieres genau ermittelt werden. Es ist daher günstiger, wenn vor dem Fang die Beute in den Sehbereich beider Augen gebracht wird.

Aufgabe 13

Beschriften Sie diesen Ausschnitt aus dem Komplexauge eines Insekts:

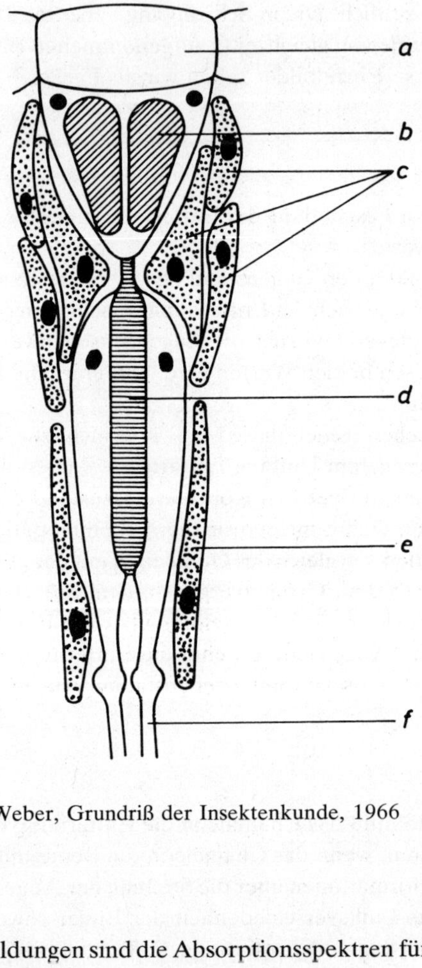

Verändert nach H. Weber, Grundriß der Insektenkunde, 1966

Aufgabe 14

In den beiden Abbildungen sind die Absorptionsspektren für die Lichtsinneszellen des Menschen und der Honigbiene dargestellt.

Im menschlichen Auge gibt es drei verschiedene Arten von Zapfen. Sie unterscheiden sich in ihrer Farbempfindlichkeit. Jede der Kurven zeigt die Empfindlichkeit für eine Zapfenart.

Im Bienenauge haben die Lichtsinneszellen in den Einzelaugen ebenfalls nicht dieselbe Empfindlichkeit für Farben. Auch in den Komplexaugen der Honigbiene gibt es drei in ihrer Empfindlichkeit unterschiedliche Lichtsinneszellen.

Lösung 13

a. Chitinlinse (Cornea)
b. Kristallkegel
c. Pigmentzellen
d. Sehstab (Rhabdom)
e. Pigmentzellen
f. ableitende Nervenfaser

Lösung 14

In Abbildung B sind die Absorptionsspektren für drei Lichtsinneszellen aus dem Auge einer Honigbiene dargestellt. Das für die Honigbiene sichtbare Licht reicht weiter in den kurzwelligen Bereich als beim Menschen (Abb. A). Die Biene kann ultraviolettes Licht wahrnehmen, rotes Licht aber nicht. In Abbildung „A" sind die Absorptionsspektren für die drei Zapfenarten im Auge des Menschen dargestellt.

Verändert nach H. Bäßler, Sinnesorgane und Nervensystem, 1977

Welche Darstellung zeigt die Verhältnisse beim Menschen, welche bei der Honigbiene?

Begründen Sie Ihre Antwort.

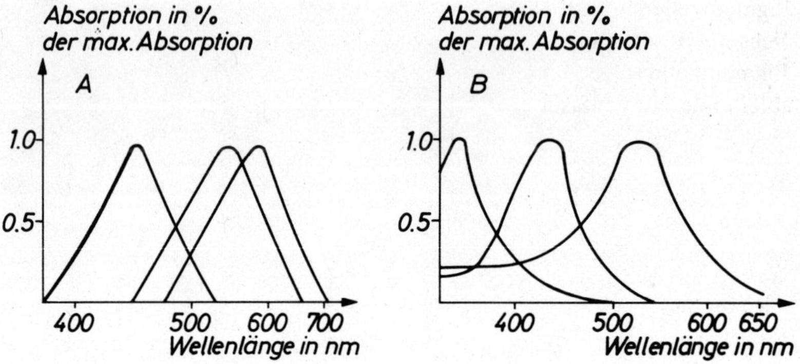

Aufgabe 15

In einem Versuch sollen die von dem Drehsinnesorgan ausgehenden Impulse abgeleitet und ihre Frequenz gemessen werden. Das Versuchstier ist ein Hund. Er sitzt während des Versuchs auf einer drehbaren Scheibe.

Beschreiben Sie die Impulsfrequenzen, die Sie messen können, wenn:

a. das Tier nicht gedreht wird;
b. Sie plötzlich beginnen, das Tier zu drehen;
c. die Drehung längere Zeit andauert;
d. die Drehung plötzlich gestoppt wird.

Lösung 15

Das Drehsinnesorgan ist aus drei senkrecht zueinander stehenden Bogengängen aufgebaut, die mit Endolymphe gefüllt sind. Die Bogengänge besitzen an einer Stelle eine Erweiterung, in die eine gallertige Fahne ragt, die Cupula. In der Cupula liegen Härchen, deren Bewegung Impulse auslösen, die zum Gehirn gemeldet werden.

Bei einer Drehung des Kopfes macht die Endolymphe wegen ihrer Trägheit die Bewegung zunächst nicht mit. Die Cupula wird dagegen bei einer Drehung mitgeführt. Dadurch kommt es zu einer Ablenkung der Cupula, die zu einer Erregung in den Rezeptoren führt. Das Ablenken der Cupula zur einen Seite löst eine Erhöhung der Impulsfrequenz, die Ablenkung zur anderen Seite eine Verminderung der Impulsfrequenz aus. Wird der Kopf nicht gedreht, wird auch die Cupula nicht abgelenkt, und die Rezeptoren senden eine konstante Impulsfrequenz aus.

a. Da keine Drehung stattfindet, wird eine konstante Impulsfrequenz ausgesendet.

b. Je nach Drehrichtung wird die Impulsfrequenz erhöht oder erniedrigt.

c. Da die Bewegung schon längere Zeit andauert, bewegt sich die Endolymphe mit der gleichen Geschwindigkeit wie die Cupula. Eine Ablenkung der Cupula findet nicht statt, also wird wie in „a" eine konstante Impulsfreqzenz ausgesendet.

d. Durch das Abstoppen der Drehung wird die Cupula in die entgegengesetzte Richtung abgelenkt, und die Impulsfrequenz ändert sich entgegengesetzt zu der in „b".

Aufgabe 16

Eine der geplanten Weltraumstationen, die später einmal die Erde umkreisen soll, sieht aus wie ein riesiges Rad. Die Räume, in denen sich Menschen aufhalten und bewegen können, sollen außen im „Reifen" des Rades liegen. Das Rad wird sich so schnell drehen, daß dadurch eine starke Zentrifugalkraft entsteht.

Womit läßt sich erklären, daß die Menschen in diesen Räumen auf der Außenwand als Fußboden laufen werden? Sie wenden dabei ihren Kopf dem Zentrum des Rades zu.

Aufgabe 17

Seekrankheit wird durch das starke Schaukeln eines Schiffes verursacht. Sie äußert sich in Unwohlsein und auch in Erbrechen.

Wodurch wird die Seekrankheit im Körper ausgelöst?

Aufgabe 18

In dieser Abbildung sind vier verschiedene Kopfhaltungen eines Menschen dargestellt.

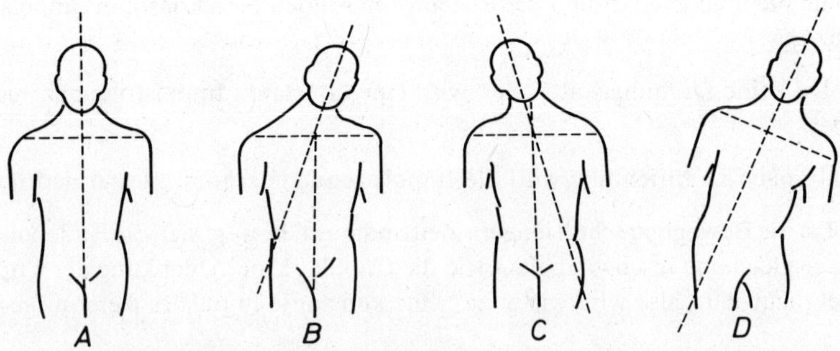

a. Können wir mit geschlossenen Augen unterscheiden, ob wir unseren Kopf nach links (B) oder rechts (C) neigen?

Lösung 16

In dieser Weltraumstation ersetzt die Zentrifugalkraft die im Weltraum fehlende Schwerkraft.

Das Schweresinnesorgan erzeugt die Impulsfrequenz Ruheaktivität, wenn der Kopf so gehalten wird, daß die Zentrifugalkraft auf das Schweresinnesorgan in gleicher Richtung einwirkt wie auf der Erde die Schwerkraft, d. h. wenn die Gallertmassen von Sacculus und Utriculus mit den eingelagerten Kalkkörperchen in der Kopflängsachse nach unten gezogen werden.

Das ist der Fall, wenn die Menschen in der Weltraumstation auf den Außenwänden laufen. Ein Mensch in einer solchen Station wird den Eindruck haben, die Außenwand sei ein „normaler" Fußboden.

Lösung 17

Das Gleichgewichtsorgan (Schwere- und Drehsinnesorgan) ist nervös mit dem Hypothalamus verbunden. Der Hypothalamus stellt das Zentrum des vegetativen Nervensystems dar. Ein schaukelndes Schiff erregt das Schweresinnesorgan in ungewöhnlicher Weise. Diese ungewöhnliche Information gelangt in den Hypothalamus. Dadurch kommt es zu fehlerhaften Meldungen im vegetativen Nervensystem. Das kann zu einer besonderen Erregung der Magenmuskulatur und damit zum Erbrechen führen.

Lösung 18

Die Kopf- und Körperhaltungen werden durch Meldungen aus dem Schweresinnesorgan und aus den Muskelspindeln voneinander unterschieden.

a. Diese Kopfhaltungen können wir mit geschlossenen Augen unterscheiden. Das Schweresinnesorgan meldet bei aufrechter Kopfhaltung eine „Ruhefrequenz". Wird der Kopf in eine Richtung geneigt, so werden die Sinneshärchen im Schweresinnesorgan abgebogen, und die Impulsfrequenz erhöht. Wird der Kopf in die entgegengesetzte Richtung geneigt, dann werden die Sinneshärchen in die entgegengesetzte Richtung abgebogen. Dadurch wird die Impulsfrequenz auf dem ableitenden Nerv erniedrigt.

Außerdem unterscheiden sich die Meldungen aus den Muskelspindeln der Halsmuskulatur, wenn wir den Kopf wie in „B" oder „C" zur Seite beugen.

b. Die Kopf- und Körperhaltungen in „B" und „D" können wir mit geschlossenen Augen unterscheiden. Die Meldungen aus dem Schweresinnesorgan für die Kopfhaltungen sind zwar gleich (gleiche Neigung des Kopfes), aber die eben-

b. Können wir mit geschlossenen Augen unterscheiden, ob wir nur unseren Kopf nach links neigen (B), oder ob nur der Körper nach links geneigt wird, die Lage des Kopfes zum Körper aber unverändert bleibt (D)?

Verändert nach R. F. Schmidt (Hrsg.), Grundriß der Neurophysiologie, 1977

Aufgabe 19

An einer Versuchsperson soll der Einfluß einer Drehbewegung auf den Nystagmus, das ist eine ruckhafte Augenbewegung, untersucht werden. Dazu wird die Versuchsperson längere Zeit auf einem Drehstuhl mit konstanter Geschwindigkeit gedreht und dann plötzlich angehalten. Sofort nach der Drehung werden die Augen der Versuchsperson beobachtet, genauso zu Beginn der Drehbewegung.

In welche Richtung erfolgt die ruckhafte Augenbewegung zu Beginn der Drehbewegung und in welche Richtung unmittelbar nach dem Abstoppen?

Womit läßt sich diese Beobachtung erklären?

Aufgabe 20

Flugzeuge können bei ungünstigem Wetter in sogenannten „Luftlöchern" plötzlich absacken.

Nehmen Menschen in den Flugzeugen dieses Absacken wahr?

Aufgabe 21

Wenn ein aufrecht stehender Mensch seinen Körper zu weit vornüber neigt, macht er einen Schritt nach vorn. Beugt er jedoch nur seinen Kopf gleichweit vor, so wird dieser Schritt nicht ausgelöst.

falls im Gehirn einlaufenden Meldungen aus den Muskelspindeln der Halsmuskulatur unterscheiden sich voneinander.

Bei der Kopfhaltung „B" erfolgt die Meldung, daß keine Änderung des Kontraktionszustandes der Halsmuskulatur vorliegt, da der Kopf gegenüber dem Hals seine Lage nicht verändert hat. Im Gehirn werden die Meldungen aus dem Schweresinnesorgan mit denen aus den Muskelspindeln verrechnet, und uns wird daraufhin unsere Kopf- und Körperhaltung bewußt.

Lösung 19

Die Bogengänge sind durch Nervenfasern über das Gehirn mit den Augenmuskeln verbunden. Auf diesem Weg können Meldungen aus den Bogengängen zu den Augen geleitet werden. Dies geschieht am Beginn einer Drehbewegung, weil dann die Cupula abgelenkt wird. Die Augen reagieren darauf mit einer ruckhaften Bewegung.

Die ruckartige Augenbewegung, der Nystagmus, erfolgt zu Beginn der Drehbewegung entgegengesetzt zur Drehrichtung. Kurz nach dem Abstoppen machen die Augen eine ruckhafte Bewegung in die entgegengesetzte Richtung. Die entgegengesetzte Richtung des Nystagmus beruht darauf, daß die Cupula im Bogengang durch die Trägheit der Endolymphe nach dem plötzlichen Anhalten in die entgegengesetzte Richtung als zum Beginn der Drehbewegung abgelenkt wird. Dies kommt daher, weil die Endolymphe sich noch weiterbewegt, während die Wand des Bogenganges stehen bleibt.

Lösung 20

Das Absacken der Flugzeuge in „Luftlöchern" stellt eine lineare Beschleunigung dar. Dadurch wird das Schweresinnesorgan (Sacculus und Utriculus) erregt; die Gallertmassen mit den eingelagerten Kalkkörperchen werden gegen die Sinneshaare verschoben.

Die Bogengänge melden dagegen keine Veränderung, da sie nur durch Drehbeschleunigung erregt werden.

Die Menschen in den Flugzeugen bemerken also das Absacken.

Lösung 21

Bei einer Kopfneigung ohne Körperneigung werden nur Meldungen aus den Muskelspindeln der Nackenmuskulatur mit den Meldungen aus dem Gleichgewichtsorgan verrechnet. Die erhöhte Impulsfrequenz, die von den Muskelspin-

Warum wird beim Vorbeugen des Kopfes kein Ausfallschritt ausgelöst?

H. Mommsen (Hrsg.), Der Gesundheitsbrockhaus, 1966

Aufgabe 22

Beim Gewichtheben kann ein Sportler ein einmal hochgehobenes Gewicht längere Zeit halten, ohne die Stellung des Gewichts mit den Augen zu kontrollieren.

Beschreiben Sie die Vorgänge und nervösen Schaltungen, die das Hochhalten ohne Kontrolle mit den Augen steuern.

Aufgabe 23

Ein Gewichtheber soll ein schweres Gewicht vom Boden hochheben und über dem Kopf hochhalten. Ein Scherzbold hat ihm jedoch ein täuschend ähnliches, aber sehr leichtes Gewicht aus Styropor hingelegt. Der Sportler hält es für ein Metallgewicht.

Der Versuch, das Styroporgewicht in der gewohnten Weise zu heben und über den Kopf zu halten, mißlingt. Der Sportler, der ein schweres Gewicht erwartet, reißt das Styroporgewicht mit solcher Kraft hoch, daß es nach oben fliegt. Der Sportler verliert das Gleichgewicht und fällt hin.

Wie ist zu erklären, daß der Sportler das Styroporgewicht nicht wie ein Metallgewicht heben kann?

H. de Marees, Medizin von Heute, Bd. 10, Sportphysiologie, 1974

Aufgabe 24

Beim Fingerhakeln versuchen die Gegner mit gekrümmtem Zeigefinger die Hand des Kontrahenten langsam zu sich heranzuziehen.

Nach einiger Zeit streckt einer der Kontrahenten plötzlich, völlig unerwartet seinen Zeigefinger. Er kann dieses plötzliche Strecken des Zeigefingers nicht verhindern.

Weshalb nicht?

deln der Nackenmuskulatur durch die Dehnung der Nackenmuskeln ausgeht, führt nach Verrechnung mit den Meldungen aus dem Gleichgewichtsorgan zu einem Ergebnis, das keinen Ausfallschritt auslöst.

Lösung 22

Das Gewicht kann nur dann längere Zeit hochgehalten werden, wenn währenddessen die Länge der Muskeln konstant gehalten wird.

Das Konstanthalten der Muskeln erfolgt in einem Regelkreis. Dabei läuft bei hochgehaltenem Gewicht eine konstante Impulsfrequenz über die extrapyramidalen Fasern zu γ-Motoneuronen im Rückenmark; dadurch werden die Muskeln in einem bestimmten Kontraktionszustand gehalten. Die Dehnung der Muskeln durch das Gewicht löst eine Dehnung der mittleren Bereiche der Spindelmuskelfasern aus. Dadurch wird die Erregung der α-Motoneuronen erhöht; diese Erregung löst wiederum eine stärkere Kontraktion der Muskeln aus. Dieser Vorgang dauert an, bis der ursprüngliche Wert der Kontraktion wieder erreicht ist.

Lösung 23

Der Gewichtheber kennt aus Erfahrung die Schwere des Gewichts. Sein Gehirn sendet eine bestimmte, auf die Schwere des Gewichts abgestimmte Impulsfrequenz aus. Diese Impulsfrequenz gelangt über extrapyramidale Fasern zur Muskulatur, die an der Bewegung des Hochhebens beteiligt ist. Die Muskeln kontrahieren der Stärke der Impulsfrequenz entsprechend. In diesem Fall wird durch die Impulsfrequenz, die auf ein schweres Gewicht abgestimmt ist, eine wesentlich stärkere Kontraktion der Muskeln ausgelöst, als erforderlich ist, um das Styroporgewicht zu heben. Diese falsche Einschätzung des Gewichts führt zum Hochfliegen des Styroporgewichts und zum Verlust des Gleichgewichts.

Lösung 24

Beim Fingerhakeln wird der Zeigefinger gebeugt. Dies wird durch die Kontraktion des Zeigefingerbeugers erreicht. Das Ziehen des Gegners am Zeigefinger dehnt die Sehne des Zeigefingerbeugers. Mit stärker werdendem Zug erzeugt die Sehnenspindel des Beugers vermehrt Impulse, die über die ableitenden Axone erregend auf die α-Motoneuronen des Streckers wirken. Dies führt schließlich von einer bestimmten Intensität an zur Kontraktion des Zeigefingerstreckers. Über die hemmenden Synapsen wird gleichzeitig die Erregung an den α-Motoneuronen des Beugers verringert. Dadurch wird die Kontraktion des Beugers beendet, und der Zeigefinger streckt sich plötzlich.

D. Hormone

Zur Lösung der Aufgaben erforderliche Kenntnisse:

Hormonforschung allgemein
- Methoden der Hormonforschung (Entfernen, bzw. Einpflanzen von Drüsen, Injektion von Extrakten, Synthese, chemische Analyse)
- Wirkungsweise einiger Hormone
- Peptidhormone, Steroidhormone
- Halbwertszeit
- Drüsenhormone
- Gewebshormone
- Merkmale eines Drüsenhormons
- Artspezifität
- Wirkungsspezifität
- Hormone der Hypophyse
- Hormone des Hypothalamus

Weibliche Geschlechtshormone
- primäre und sekundäre Geeschlechtsmerkmale der Frau
- Eierstock (Follikel, Gelbkörper)
- follikelstimulierendes Hormon (FSH)
- luteinisierendes Hormon (LH)
- luteotropes Hormon (LTH)
- Gestagene
- Wirkung der Östrogene
- Wirkung des Progesteron
- Proliferationsphase
- Sekretionsphase
- Menstruation
- Reifung der Follikel
- Eisprung
- Temperatursprung
- hormonelle Empfängnisverhütung
- Hormone während der Schwangerschaft (HCG)
- Regelung des Hormonhaushalts im weiblichen Organismus (Regelkreis)
- Pubertät
- Hypophyse
- Hypothalamus

Männliche Geschlechtshormone
- primäre und sekundäre Geschlechtsmerkmale des Mannes
- Testosteron

- follikelstimulierendes Hormon (FSH)
- interstitielle Zellen stimulierendes Hormon (ICSH)
- Leydigsche Zwischenzellen
- Hypophyse
- Hypothalamus
- Hoden
- Pubertät
- Anabolika

Hormone der Bauchspeicheldrüse
- Energiedepots im Körper der Säugetiere
- Insulin (Eiweiß-Hormon)
- Wirkungsstellen des Insulins (Leber, Muskel)
- Wirkungsweise des Insulins (Glukoseabbau, Glykogenaufbau, Eiweiß- und Fettabbau, Umbau von Glukose in Fett und Eiweiß)
- Antagonisten des Insulins (Glukagon, Kortikoide, Thyroxin)
- Bauchspeicheldrüse (Bau, Funktion)
- Langerhanssche Inseln
- Nebenniere (Mark, Rinde)
- Einfluß des vegetativen Nervensystems auf die Blutzuckerregulation
- Hypoglykämie
- Hyperglykämie
- Jugenddiabetes
- Altersdiabetes
- Regelkreis der Blutzuckerregulation
- Diabetes-Therapie (belasteter/unbelasteter Organismus)

Hormone der Schilddrüse
- Thyroxin
- Wirkungsweise auf Metamorphose, Grundumsatz, Wachstum, Psyche
- Krankheitsbilder wie Myxödem, Basedowsche Krankheit, Kretinismus, Zwergwuchs
- Regelung des Thyroxinspiegels
- thyreotropes Hormon (TSH)
- releasing factor (RF)
- Therapie und Prophylaxe von Schilddrüsenerkrankungen

Streß
- Definition Streß
- Auswirkung des Streß (körperlich, psychisch)
- Streßmessung
  Elektroencephalogramm (EEG)
  Elektrokardiogramm (EKG)

Hautwiderstand, Adrenalinkonzentration
- Streßhormone wie Adrenalin, Noradrenalin, Kortikoide, Thyroxin
- Aufbau der Nebenniere
- Fight-and-Flight-Syndrom
- Dauer der Wirkung der Streßhormone
- Stressor
- Distreß, Eustreß
- schnelle Anpassung
- langsame Anpassung
- Einfluß des vegetativen Nervensystems

Aufgabe 1

In der Abbildung sind einige Organe des Meerschweinchens mit Buchstaben versehen.

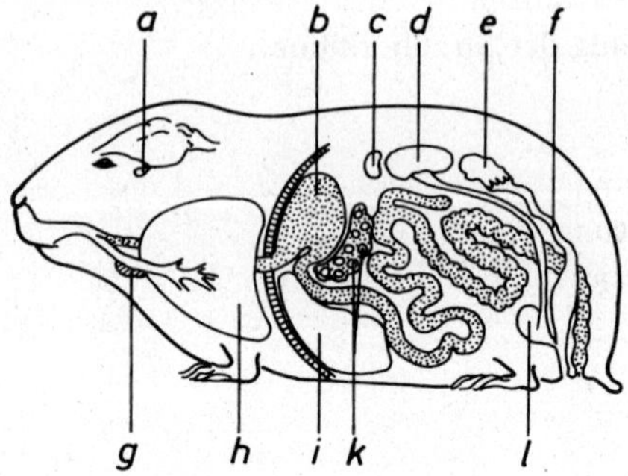

Welche Buchstaben weisen auf Hormondrüsen hin, und wie heißen diese Hormondrüsen?

Verändert nach P. Raths und G. A. Biewald, Tiere im Experiment, 1971

Aufgabe 2

In der Abbildung ist der Gehalt an vier verschiedenen Hormonen im Blut einer Frau dargestellt. Diese vier Hormone sind an der Regelung des weiblichen Zy-

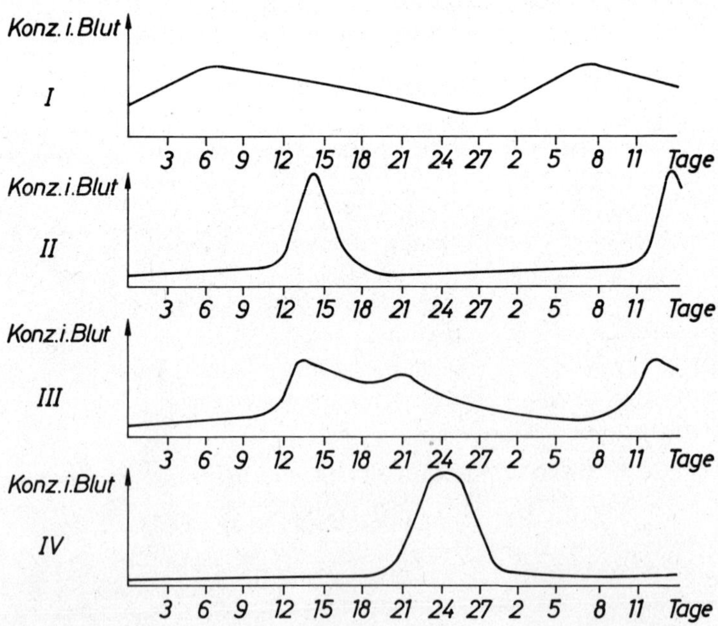

Lösung 1

Folgende Buchstaben weisen auf Hormondrüsen hin:
a. Hypophyse
c. Nebennierenmark und Nebennierenrinde
e. Eierstock
g. Schilddrüse
k. Langerhanssche Inseln in der Bauchspeicheldrüse

Die übrigen bezeichneten Teile sind:
b. Magen
d. Niere
f. Eileiter
h. Lunge
i. Leber
l. Harnblase

Lösung 2

Die in den vier Schaubildern dargestellten Hormone sind:
I. FSH (follikelstimulierendes Hormon)
II. LH (luteinisierendes Hormon)
III. Östrogene
IV. Progesteron (Gestagene)

FSH und LH werden in der Hypophyse gebildet, Östrogene im Follikel und Progesteron im Gelbkörper.

klus beteiligt. Dargestellt ist die Phase, während der eine Befruchtung möglich ist, die aber in diesem Beispiel nicht eintritt. Die Hormone „I“ und „II“ werden an der gleichen Stelle im Körper gebildet.

Um welche vier Hormone handelt es sich?

Wo werden sie im Körper gebildet?

Verändert nach W. D. Keidel, Kurzgefaßtes Lehrbuch der Physiologie, 1975

Aufgabe 3

Die Männchen (Erpel) und Weibchen der Stockenten unterscheiden sich in ihrem Gefieder. Das Gefieder der Männchen ist mehrfarbig, das der Weibchen einfarbig, bräunlich und unscheinbar.

In der Abbildung sind unter „A“ das Männchen und unter „B“ das Weibchen dargestellt. „C“ zeigt ein kastriertes Männchen, „D“ ein kastriertes Weibchen.

a. Wodurch wird bei Stockenten die Ausfärbung des Gefieders gesteuert?

b. Entwerfen Sie einen Versuch, mit dem Sie diese Frage überprüfen können.

Nach P. Raths und G. A. Biewald, Tiere im Experiment, 1971

Lösung 3

Die Ausfärbung des Federkleides wird von weiblichen Sexualhormonen gesteuert.

a. Unter dem Einfluß der Östrogene bildet sich das unscheinbare Gefieder der Weibchen aus. Fehlen im weiblichen Körper die Östrogene, bildet sich das männliche Gefieder aus. Männliche Sexualhormone haben keinen Einfluß auf die Art des Gefieders.

b. Um den Einfluß der Östrogene auf das Federkleid nachzuweisen, wird ein Erpel in der Zeit vor der Mauser mit Östrogenen behandelt. Daraufhin bildet dieser Erpel in der Mauser das unscheinbare Gefieder der Weibchen.

Dieselbe Wirkung kann erreicht werden, indem einem Erpel Eierstöcke eingepflanzt werden, die dann die für die weibliche Ausfärbung des Gefieders erforderlichen Östrogene bilden.

Aufgabe 4

In dem Schema ist die hormonelle Steuerung eines weiblichen Zyklus dargestellt. In dem beobachteten Zeitraum ist eine Befruchtung eingetreten.

Die beteiligten Hormone sind mit Ziffern bezeichnet. An einigen Stellen ist durch Pfeile die Wirkung der Hormone dargestellt.

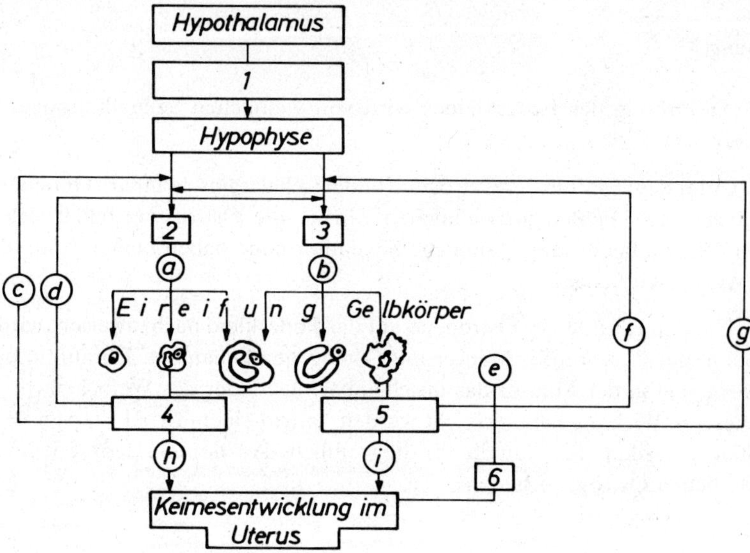

Tragen Sie zu jeder Ziffer die Bezeichung des Hormons ein.

Geben Sie zu jedem Buchstaben an, ob das jeweilige Hormon in Richtung des Pfeiles fördernd (+) oder hemmend (–) wirkt.

Aufgabe 5

Dem Männchen des Wasserfrosches wächst zur Laichzeit an jedem Daumen eine Verdickung, die Daumenschwiele. Die beiden Daumenschwielen erleichtern dem Frosch, das Weibchen bei der Paarung zu umklammern.

Entwerfen Sie ein Versuchsprogramm, mit dem überprüft werden kann, ob die Ausbildung der Daumenschwielen hormonell gesteuert wird, und falls das zutrifft, ob vielleicht die männlichen Sexualhormone dafür verantwortlich sind.

H. Giersberg und P. Rietschel, Vergleichende Anatomie der Wirbeltiere, 1968

Lösung 4

Die Ziffern kennzeichnen folgende Hormone:
1 = releasing factors (RF)
2 = follikelstimulierendes Hormon (FSH)
3 = luteinisierendes Hormon (LH)
4 = Östrogene
5 = Progesteron

Die Wirkungen der jeweiligen Hormone sind bei:

a = +	f = −
b = +	g = −
c = −	h = +
d = +	i = +
e = +	

FSH wirkt fördernd auf die Follikelbildung. Im reifenden Follikel werden daraufhin vermehrt Östrogene produziert, die auf die FSH-Bildung der Hypophyse hemmend und auf die LH-Bildung der Hypophyse fördernd einwirken. LH wiederum stimuliert den Gelbkörper zur Bildung von Progesteron. Progesteron unterdrückt die Ausschüttung von FSH und LH. Durch das Fehlen dieser beiden Hormone würde der Gelbkörper absterben und die Produktion von Progesteron und Östrogenen aufhören, wenn nicht durch die eingetretene Befruchtung in der Keimhülle das HCG (Human Chorion Gonadotropin) gebildet wird. Das HCG regt den Gelbkörper an, Progesteron und Östrogene zu bilden. Progesteron und Östrogene wirken beide fördernd auf die Keimesentwicklung.

Lösung 5

Beim männlichen Frosch werden nur zur Laichzeit männliche Sexualhormone ausgeschüttet. Es darf daher vermutet werden, daß die Ausbildung der Daumenschwielen von den männlichen Sexualhormonen gesteuert wird.

Diese Vermutung kann so bestätigt werden: Einem Frosch werden die Hoden herausgenommen. Dieser Frosch bildet daraufhin während der Laichzeit keine Daumenschwielen aus.

Wird diesem kastrierten Frosch männliches Sexualhormon eingespritzt, dann bildet er Daumenschwielen aus.

Wenn einem nicht kastrierten Frosch außerhalb der Laichzeit männliches Sexualhormon eingespritzt wird, bildet er daraufhin ebenfalls Daumenschwielen aus.

Aufgabe 6

Ißt ein gesunder Mensch Speisen, die viel Glukose enthalten, so verändert sich sein Blutzuckerspiegel. Nach einem anfänglichen Anstieg sinkt der Blutzuckerspiegel wenig später unter den Ausgangswert ab. Der genaue Verlauf des Blutzuckergehaltes im Blut ist für eineinhalb Stunden nach Verzehr von 50 g Glukose in diesem Diagramm festgehalten:

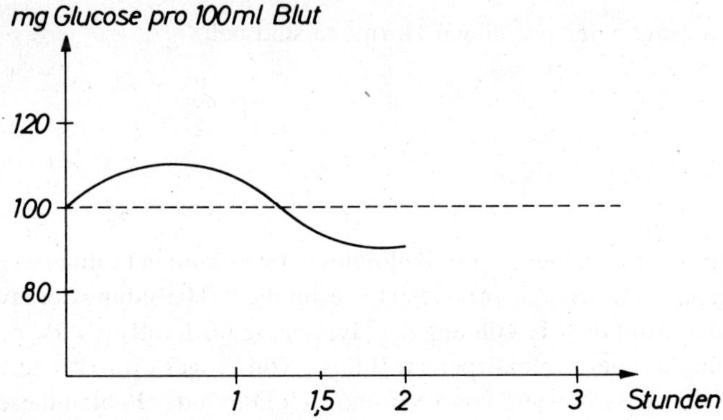

a. Begründen Sie den Verlauf unter besonderer Berücksichtigung der hormonellen Steuerung des Blutzuckerspiegels.

b. Wie würde die Kurve für einen Menschen verlaufen, der an Diabetes mellitus erkrankt ist?

c. Einem gesunden Menschen, von dem dieses Diagramm stammt, werden eineinhalb Stunden nach der ersten Glukosegabe erneut 50 g Glukose verabreicht. Welchen Verlauf nimmt die Kurve nach der zweiten Glukosegabe?

Wie verändert sich der Blutzuckerspiegel bei einem an Diabetes mellitus erkrankten Menschen, wenn er nach eineinhalb Stunden erneut 50 g Glukose erhält?

M. Schneider, Rein-Schneider, Einführung in die Physiologie des Menschen, 1973

Aufgabe 7

Menschen, die an Basedowscher Krankheit leiden, haben einen erhöhten Grundumsatz, der durch einen zu hohen Thyroxinspiegel verursacht wird.

Amerikanische Forscher konnten im Blut der Basedow-Patienten Antikörper nachweisen, die die Rezeptoren für Thyreotropin (TSH) in der Schilddrüse besetzen und dadurch die Schilddrüse aktivieren, vermehrt Thyroxin zu bilden.

Lösung 6

a. Der Blutzuckerspiegel steigt nach der Aufnahme von Glukose an. Die Abnahme des Blutzuckerspiegels nach ca. 45 Minuten wird durch die Erhöhung des Insulingehaltes im Blut ausgelöst. Die Bildung von Insulin wird vorher durch den erhöhten Blutzuckerspiegel gesteigert. Durch das Insulin wird der Blutzuckerspiegel gesenkt, damit wird der Auslöser für eine erhöhte Insulinausschüttung beseitigt.

b. Der an Diabetes mellitus erkrankte Mensch kann nicht genügend Insulin bilden. Dadurch steigt nach der Glukoseaufnahme der Blutzuckerspiegel auf einen höheren Wert als beim gesunden Menschen. Der Abbau des Blutzuckerspiegels kann, da weniger Insulin als im Körper eines gesunden Menschen gebildet wird, nicht so schnell erfolgen.

c. Eineinhalb Stunden nach der ersten Glukoseaufnahme ist der Insulingehalt im Blut höher als zu Beginn des Versuchs. Dieser erhöhte Insulingehalt kann sofort die Beseitigung der neu hinzugekommenen Glukose aus dem Blut einleiten.

Daher steigt der Blutzuckerspiegel geringer als nach der ersten Glukosegabe an.

d. Die zweite Glukosegabe erhöht bei dem an Diabetes mellitus erkrankten Menschen den Blutzuckerspiegel noch weiter. Die geringe Menge Insulin reicht nicht aus, um den Blutzuckergehalt zu senken.

Lösung 7

Im gesunden Organismus wird die Produktion von Thyroxin über das Thyreotropin gesteuert. Das Thyreotropin wird in der Hypophyse gebildet. Ein hoher Thyroxingehalt im Blut löst eine geringere Ausschüttung von Thyreotropin in der Hypophyse aus. Dadurch wird wiederum die Produktion von Thyroxin in der Schilddrüse verringert. Eine solche Steuerung wird als negative Rückkopplung bezeichnet.

Der Bildungsort der Antikörper ist noch nicht bekannt, vermutlich liegt er auch in der Schilddrüse.

Beschreiben Sie die Regulation des Thyroxingehaltes im Blut in Gegenwart der Antikörper.

Spektrum der Wissenschaft, 5, 1980

Aufgabe 8

Das Hormon Sekretin wird von Zellen in der Wand des Zwölffingerdarms gebildet. Die Zellen geben das Hormon an das Blut ab, sobald sich der pH-Wert des Darminhalts von neutral nach sauer verschiebt. Diese pH-Verschiebung geschieht immer, sobald eine Portion saurer Speisebrei aus dem Magen in den Dünndarm geschoben wird.
Das Sekretin regt andere Zellen in der Dünndarmwand und die Bauchspeicheldrüse zur Abgabe eines schwach alkalischen Sekrets an. Dieses alkalische Sekret neutralisiert den Inhalt des Dünndarms.

a. Entwerfen Sie ein möglichst einfaches Experiment, mit dem Sie nachweisen können, daß die Zellen in der Dünndarmwand und die Bauchspeicheldrüse durch das Hormon Sekretin zur Ausschüttung des alkalischen Sekrets angeregt werden.

b. Stellen Sie die oben dargestellten Vorgänge in einem Regelkreisschema dar.

B. Hassenstein, Biologische Kybernetik, 1977

Aufgabe 9

„Mißmutig stapfte die Kette der Jäger und Treiber über den regennassen Acker. Plötzlich blieb ein Schütze wie angewurzelt stehen. Keine drei Meter vor ihm lag ein Hase in seiner Sasse, jener kleinen Schlafmulde, und starrte ihn mit weit aufgerissenen Augen an, rührte sich aber nicht von der Stelle.

Wenn die Rezeptoren der Schilddrüse für Thyreotropin durch die beschriebenen Antikörper besetzt sind, kann Thyreotropin nicht auf die Schilddrüse wirken. Der Thyroxingehalt im Blut steigt daraufhin und vermindert die Ausschüttung von Thyreotropin. Die niedrigere Thyreotropinbildung kann keine Senkung der Thyroxinbildung bewirken. Die negative Rückkopplung erfolgt nicht. Die hohe Produktion an Thyroxin kann nicht mehr rückgängig gemacht werden, weil die Rezeptoren für Thyreotropin besetzt sind.

Lösung 8

a. Die Aktivierung der Dünndarmdrüsen und der Bauchspeicheldrüse durch Sekretin kann durch Transplantationsversuche nachgewiesen werden. Kleine Teile des Dünndarms und der Bauchspeicheldrüse werden dazu herausgenommen und an entlegener Stelle wieder in den Körper eingepflanzt. Dadurch ist sichergestellt, daß keine nervöse Verbindung zwischen dem Zwölffingerdarm und den beiden Drüsen vorhanden ist. Die verpflanzten Drüsen werden jedoch mit Blut versorgt. Daraufhin scheiden die verpflanzten Teile des Dünndarms und der Bauchspeicheldrüse ihr alkalisches Sekret aus. Damit ist durch diesen Versuch die Steuerung der Drüsen in der Dünndarmwand durch Sekretin bewiesen.

b. *Regelkreisschema:*

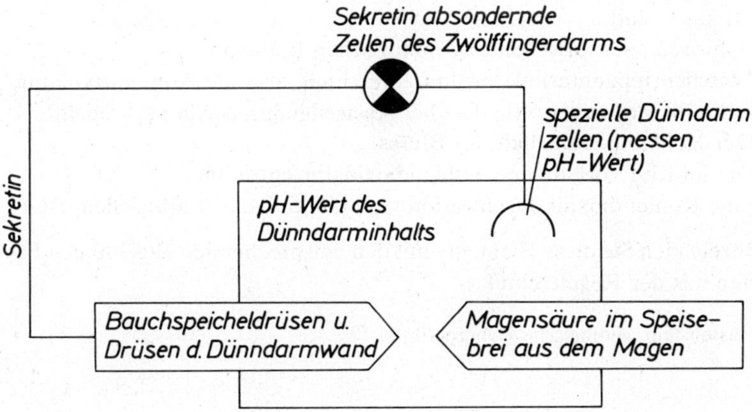

Lösung 9

Der in seiner Sasse liegende Hase sieht sich plötzlich einer Situation ausgesetzt, in der sein Leben bedroht ist. Der Hase gerät dadurch in eine Streßsituation. Nur durch eine sehr schnelle Anpassung des Körpers an diese Situation ist es für den

Vorsichtig machte der Jäger noch einen Schritt auf den Hasen zu. Da katapultierte sich der Mümmelmann einen Meter hoch in die Luft, als wäre unter ihm eine Mine explodiert, und raste mit einem Tempo von siebzig Stundenkilometer davon."

Aus V. Dröscher, Überlebensformeln, 1979

Beschreiben Sie die im Körper des Hasen ablaufenden Prozesse, die diese explosionsartige Flucht ermöglichen. Erwartet werden von Ihnen Aussagen über die Reizleitung, über die Hormonausschüttung und die Auswirkung auf die ausführenden Organe.

Aufgabe 10

Im menschlichen Körper wird der Kohlendioxidgehalt des Blutes über einen Regelkreis gesteuert. Bei zu hohem Kohlendioxidgehalt erhöhen sich die Atemfrequenz und die Atemtiefe. Der günstigste Wert liegt bei 450–500 cm^3 CO_2/l arteriellem Blut.

An dem Regelkreis sind diese Elemente beteiligt:

a. Nervenenden in den Gefäßwänden, die für die Kohlendioxidkonzentration empfindlich sind.
b. Gehirn mit sensorischen und motorischen Bahnen.
c. Zwischenrippenmuskulatur und Zwerchfell, also die Atemmuskulatur.
d. Ein höherer Sauerstoffbedarf bei Anstrengung oder in verbrauchter Luft.
e. Der Kohlendioxidgehalt des Blutes.
f. Die im Blut vorhandene Kohlendioxidkonzentration.
g. Eine Kohlendioxidkonzentration von 450–500 cm^3/l arteriellem Blut.

Bezeichnen Sie diese Elemente mit den entsprechenden allgemeinen Fachbegriffen aus der Regeltechnik.

B. Hassenstein, Biologische Kybernetik, 1977

Hasen möglich, dem Jäger zu entkommen. Diese Anpassung wird durch die schnelle Bereitstellung von Energie erreicht.

Die Reize, die von dem Stressor Mensch ausgehen, gelangen im Hasen als Erregung vom Großhirn über den Hypothalamus zum Sympathikus. Der Sympathikus regt das Nebennierenmark zur Ausschüttung von Adrenalin an. Adrenalin steigert die Leistungsfähigkeit des Körpers durch:
Beschleunigung des Herzschlages
Steigerung des Grundumsatzes
Erhöhung des Blutzuckerspiegels
Erweiterung der Gefäße in der Muskulatur
Verengung der Gefäße in der Haut
Erhöhung der Bewußtseinslage

Lösung 10

Für die aufgeführten Elemente des Regelkreises werden in der Regeltechnik folgende Begriffe verwendet:
a. Fühler
b. Regler
c. Stellglied
d. Störgröße
e. Regelgröße
f. Istwert
g. Sollwert

III. Energiestoffwechsel

A. Allgemeine Grundlagen, Enzymologie

Zur Lösung der Aufgaben erforderliche Kenntnisse:

Chemische Grundlagen

- Kohlenhydrate, Kennen der Strukturformeln von Glukose, Fruktose, Ribose, Maltose, Cellobiose
  Saccharose, Amylose, Cellulose
- glykosidische Bindung
- Nachweisreaktionen (Fehling, Jod-Jodkali)
- Grundbauplan der Aminosäuren
- Peptidbindung
- Peptide, Proteine, Proteide
- Proteinstrukturen, primär, sekundär, tertiär, quartär
- Wasserstoffbrücken
- Funktionen der Proteine in der Zelle
- Denaturierung von Proteinen
- Bausteine von Fetten
- Kennen der Strukturformeln von Glycerin und Fettsäuren
- Funktionen der Fette

Enzyme

- Ablauf chemischer Reaktionen
  Aktivierungsenergie
  Reaktionsenergie
  endergonisch-exergonisch
  Reaktionsgeschwindigkeit
  RGT-Regel
- Aufbau von Enzymen
  Holo-, Apo-, Co-Enzym
  prosthetische Gruppe
  aktives Zentrum
  Ablauf einer enzymatisch katalysierten Reaktion
  Enzym-Substratkomplex
  Substratspezifität
  Wirkungsspezifität
- Abhängigkeit der Enzymwirkung vom pH-Wert
- Abhängigkeit der Reaktionsgeschwindigkeit von der Enzymkonzentration
  Substratkonzentration
- Michaeliskonstante
- allosterische und kompetitive Hemmung
- Enzymgifte

Aufgabe 1

Nennen Sie die Bezeichnungen für diese Verbindungen:

1

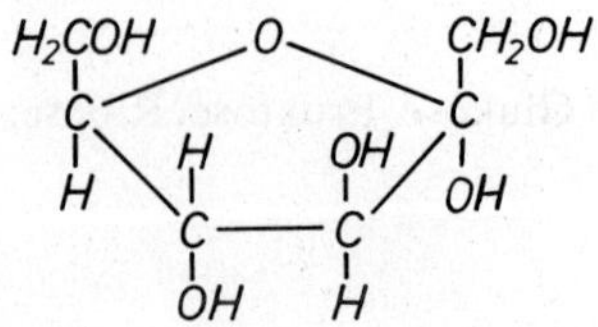

6

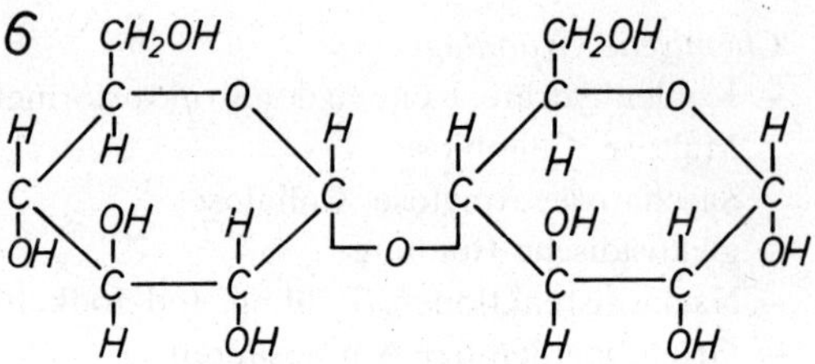

2

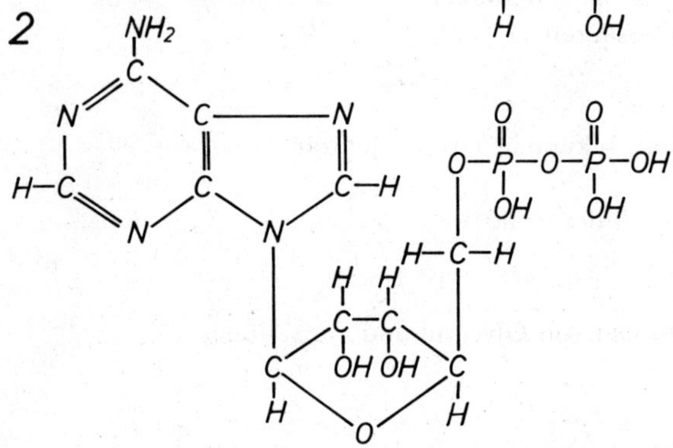

7

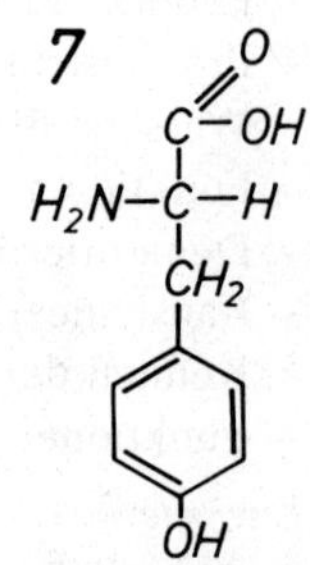

3

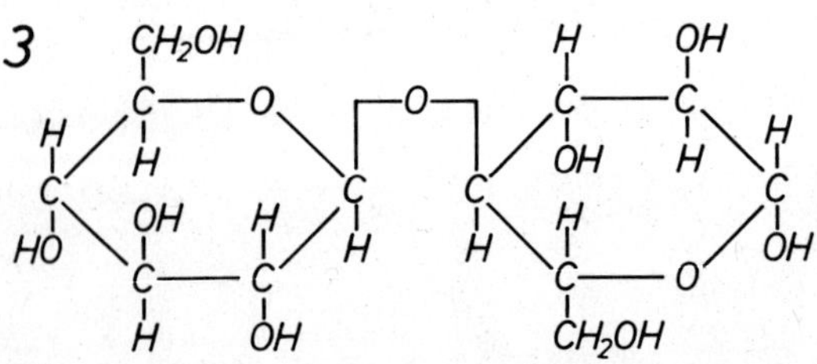

8

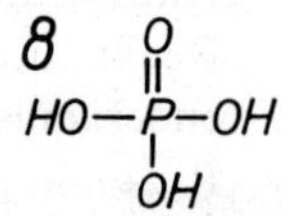

9

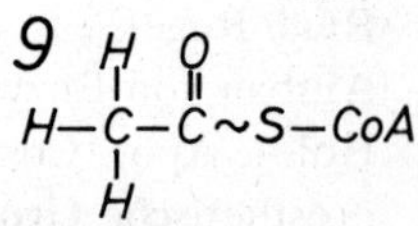

4

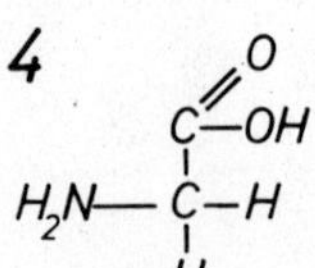

10

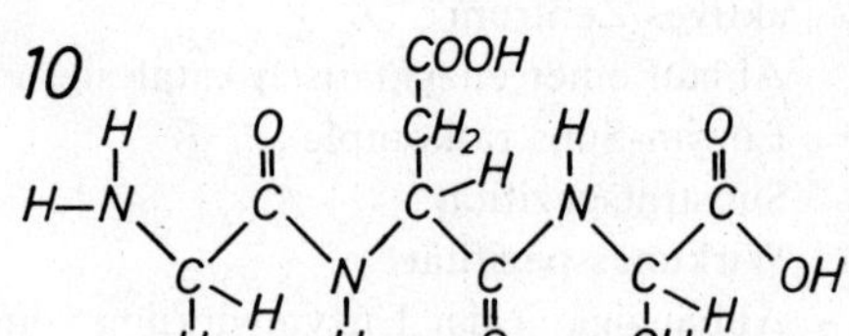

5

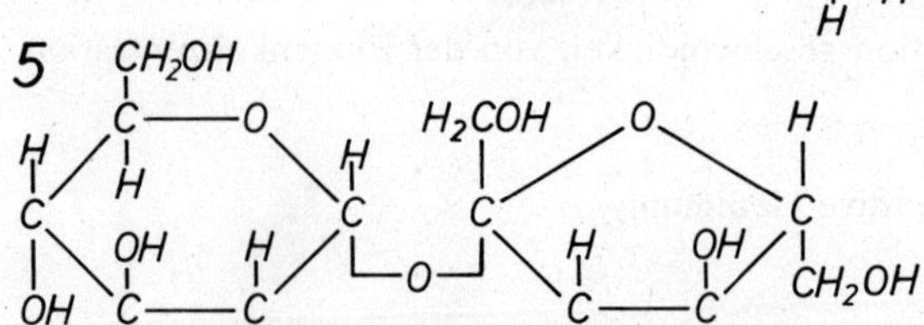

Lösung 1

Es sind die Strukturformeln folgender Verbindungen dargestellt:

1. Fruktose
2. ADP (Adenosindiphosphat)
3. Cellobiose
4. Aminosäure
5. Saccharose
6. Maltose
7. Aminosäure
8. Phosphorsäure
9. Acetyl-Coenzym A
10. Tripeptid

Aufgabe 2

Dies ist ein kleiner Ausschnitt aus einem größeren Molekül:

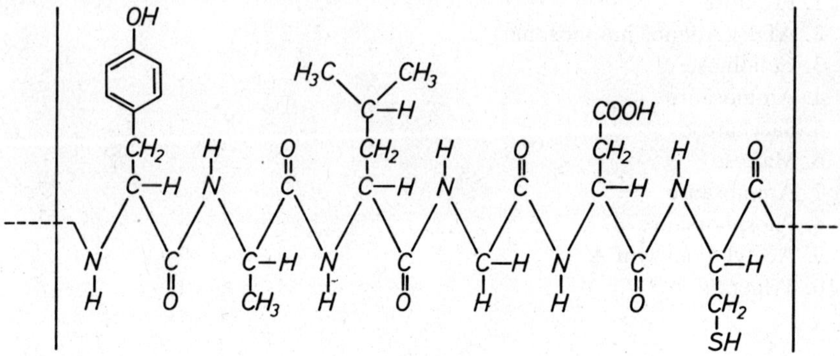

a. Aus welchem Molekül stammt der Ausschnitt?

b. Durch welche Bindungsart sind die Bausteine des Moleküls miteinander verbunden?

c. Aus wievielen Bausteinen ist dieser Abschnitt aufgebaut?

d. Zeichnen Sie den vierten Baustein des Molekülausschnitts (von links gezählt).

W. Nultsch, Allgemeine Botanik. 1968

Aufgabe 3

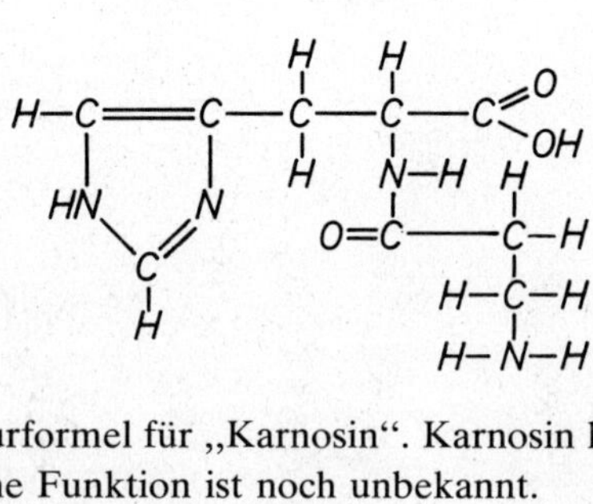

Dies ist die Strukturformel für „Karnosin". Karnosin kommt im Fleisch von Säugetieren vor. Seine Funktion ist noch unbekannt.

a. Zu welcher Stoffklasse gehört Karnosin?

b. Durch ein Enzym läßt sich Karnosin in seine Bausteine spalten.

Lösung 2

a. Der Ausschnitt stammt aus einem Peptid oder, wenn das Molekül aus mehr als 100 Bausteinen besteht, aus einem Protein.

b. Die Bausteine sind Aminosäuren. Sie sind durch Peptidbindung miteinander verbunden. Dazu verbindet sich die COOH-Gruppe einer Aminosäure mit der NH_2-Gruppe einer weiteren Aminosäure unter Wasseraustritt.

c. Der Ausschnitt ist aus sechs Aminosäuren aufgebaut.

d. Die Strukturformel der an vierter Stelle im Molekül stehenden Aminosäure lautet:

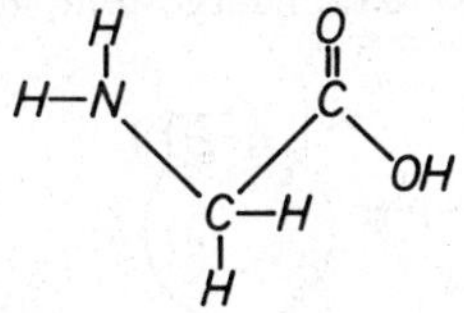

Lösung 3

a. Karnosin ist eine Eiweißverbindung. Das Molekül besteht aus zwei Aminosäuren. Solche Moleküle heißen Dipeptide.

b.

1. Die Bausteine sind Aminosäuren.
2. Die Strukturformeln der beiden Aminosäuren sind:

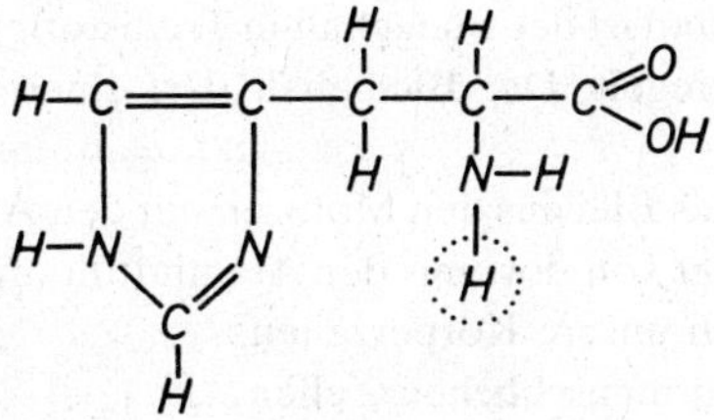

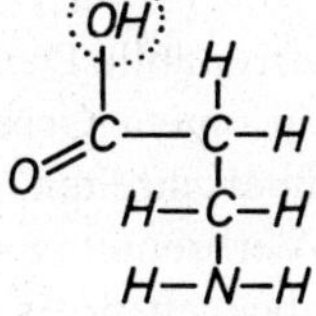

1. Wie heißen die Bausteine, in die Karnosin durch das Enzym aufgespalten wird?
2. Schreiben Sie die Strukturformeln der Bausteine auf, so wie sie nach der Spaltung vorliegen.
3. Welche Veränderungen treten an den Bausteinen durch die Spaltung auf?

E. Buddecke, Grundriß der Biochemie, 1971

Aufgabe 4

In dieser Abbildung ist eine Reaktion dargestellt, an der ein Enzym beteiligt ist:

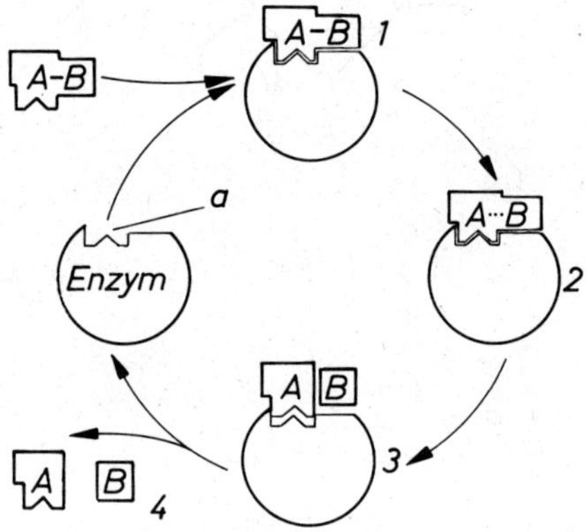

a. Nennen Sie bitte die Fachbezeichnungen für: „A–B" und „a".

b. Welche Funktion hat die Stelle „a"?

c. Beschreiben Sie die Vorgänge, die unter 1 bis 4 ablaufen.

Aufgabe 5

In der Bundesrepublik Deutschland ist der Bleigehalt in Treibstoffen von Kraftfahrzeugen in einem Gesetz geregelt. Der Bleigehalt darf einen bestimmten Wert nicht überschreiten.

Nach der Verbrennung wird das Blei aus den Motoren mit den Auspuffgasen in die Luft abgegeben. Es gelangt von dort mit der Atemluft in unsere Lunge, weiter ins Blut und schließlich in unsere Körperzellen.

Welche Wirkungen hat Blei in menschlichen Zellen?

3. Die links gezeichnete Aminosäure nimmt ein H^+-Ion auf. Es entsteht eine Aminogruppe (NH_2). Die rechts gezeichnete Aminosäure nimmt ein OH^--Ion auf. Es entsteht eine Carboxylgruppe (COOH). Diese Spaltung, bei der Wasser verbraucht wird, heißt in der Chemie Hydrolyse.

Lösung 4

a. Mit „A–B“ ist das Substratmolekül bezeichnet; „a“ gibt das aktive Zentrum an.

b. Das aktive Zentrum im Enzym hat die Aufgabe, das richtige Substratmolekül zu „erkennen“ und zu binden.

c. Unter 1 bis 4 sind folgende Vorgänge dargestellt:

1. Substratmolekül und Enzym verbinden sich für kurze Zeit. Es entsteht ein Enzym-Substrat-Komplex.
2. Die chemische Reaktion läuft ab; hier in unserem Beispiel wird das Substratmolekül gespalten.
3. Die Reaktionsprodukte lösen sich vom Enzym.
4. Die Reaktionsprodukte entfernen sich durch Diffusion vom Enzym. Damit wird die Fähigkeit des Enzyms, Substratmoleküle zu binden, wiederhergestellt.

Lösung 5

Blei wirkt wie viele andere Schwermetalle als Enzymgift. Es lagert sich an viele Enzyme außerhalb des aktiven Zentrums an. Die Aktivität der betroffenen Enzyme wird dadurch stark vermindert. Viele enzymatisch katalysierte Prozesse im Stoffwechsel der Zellen laufen dann nur noch in geringem Ausmaß oder gar nicht mehr ab.

Aufgabe 6

In den Abbildungen I und II sind wichtige Eigenschaften der Wirkungsweise von Enzymen dargestellt.

Um welche Eigenschaften handelt es sich?

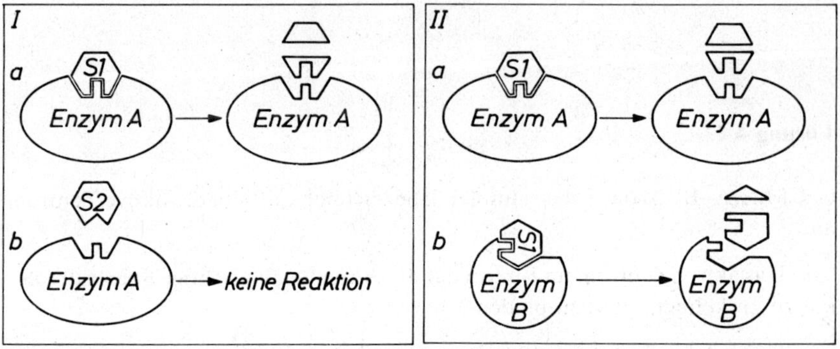

Aufgabe 7

Unser Magensaft wird von der Magenschleimhaut gebildet. Neben anderen Verdauungsenzymen enthält er „Pepsin". Pepsin arbeitet als Protease, baut also Eiweiß ab.

Glas Nr.:	Wasser	Pepsin	Salz-säure	Natron-lauge	$CuSO_4$	$HgCl_2$	Temp. 37° C	Temp. 6° C
1	+						+	
2	+		+				+	
3	+	+					+	
4	+	+	+				+	
5	+	+		+			+	
6	+	+	+					+
7	+	+	+				+ (Flüssigkeit mit Pepsin kurz aufgekocht)	
8	+	+	+		+		+	
9	+	+	+			+	+	

(+ bedeutet: die in der Spalte angegebene Substanz oder Bedingung ist vorhanden)

Lösung 6

In der Abbildung I ist die Substratspezifität der Enzyme dargestellt. Ein Enzym kann nur mit bestimmten Substraten (hier S_1) einen Enzym-Substrat-Komplex bilden. Das Enzym A kann das Substrat S_1 spalten, wie in a dargestellt, nicht aber das Substrat S_2, wie in b dargestellt.

In der Abbildung II ist die Wirkungsspezifität der Enzyme dargestellt. Ein bestimmtes Enzym kann nur eine ganz bestimmte Reaktion katalysieren. Das Enzym A spaltet das Substrat S_1 in zwei Teile, wie in a dargestellt; das Enzym B spaltet das gleiche Substrat in zwei andere Teile, wie in b dargestellt.

Lösung 7

a. Der Abbau von Eiweiß erfolgt am schnellsten im Glas „4". Der pH-Wert und die Temperatur entsprechen den natürlichen Bedingungen.

b. Kein Abbau des Eiweißes erfolgt im:
Glas „1", da das Enzym fehlt;
Glas „2", da das Enzym fehlt;
Glas „5", da der pH-Wert basisch statt sauer ist;
Glas „7", da das Enzym durch Kochen denaturiert ist;
Glas „8", da das Enzym durch $CuSO_4$ (Kupfersulfat) vergiftet ist;
Glas „9", da das Enzym durch $HgCl_2$ (Quecksilberchlorid) vergiftet ist.

Nur sehr langsam wird das Eiweiß abgebaut im:
Glas „3", da der pH-Wert ungünstig ist;
Glas „6", da die Temperatur niedrig ist. Die Reaktionsgeschwindigkeit ist aber abhängig von der Temperatur.

Die Zellen der Magenschleimhaut scheiden außer diesem Verdauungsenzym auch Salzsäure in den Magen ab. Sie macht den Magensaft sauer.

In der Tabelle sind neun Versuche zum Eiweißabbau mit Pepsin dargestellt. Als Eiweiß dient fein zerschnittenes, hart gekochtes Hühnereiweiß. Der Abbau wird durch „Verschwinden" der feinen Eiweißstückchen im Reagenzglas festgestellt.

a. In welchem Reagenzglas erfolgt der Eiweißabbau am schnellsten?

b. In welchem (welchen) Reagenzglas (Reagenzgläsern) erfolgt kein oder nur ein sehr langsamer Abbau des Eiweißes.

Begründen Sie Ihre Antwort.

J. Reiß, Experimentelle Einführung in die Pflanzencytologie und Enzymologie, 1977

B. Atmung, Gärung

Zur Lösung der Aufgaben erforderliche Kenntnisse:

Atmung

- Grobgliederung der Zellatmung
- Phosphorylierung
- Glykolyse
  Glukose, Fruktosediphosphat, Aufspaltung in 2 C_3-Körper, Brenztraubensäure, Energiebilanz, Ort des Ablaufs in der Zelle, Voraussetzungen für den Ablauf im zellfreien System
- ADP, NAD^+, $NADP^+$
  Aufbau, Bestandteile, Strukturformeln, Funktionen, Bedeutung für die Energieübertragung
- oxidative Dekarboxilierung
  Brenztraubensäure (Pyruvat)
  Acetyl-Coenzym A (aktivierte Essigsäure)
  Kohlenstoffdioxidentzug
  Wasserstoffentzug
  Ort des Ablaufs in der Zelle
- Zitronensäurezyklus
  Acetylrest (Essigsäurerest)
  Oxalessigsäure
  Zitronensäure
  Abspaltung von Wasser, vollständiger Abbau des Acetylrestes
  Einlagerung von Wasser
  Energiebilanz
  zyklischer Ablauf der Reaktionen
  Bedeutung für den Baustoffwechsel
  Ort des Ablaufs in der Zelle
- Endoxidation (Atmungskette)
  Redoxpotential
  Prinzip der Redoxsysteme
  Vereinigung von e^- und H^+, Herkunft von e^- und H^+
  Bildung von H_2O
  Energiebilanz
  Wirkungsgrad
  Ort des Ablaufs in der Zelle
  schrittweises Freisetzen der Energie
- Berechnung der Energiebilanz der gesamten Zellatmung
- Berechnung des Wirkungsgrades der Zellatmung
- Bruttogleichung der Zellatmung

Gärungen

- Arten der Dissimilation
- aerobe und anaerobe Energiegewinnung
- Milchsäuregärung, alkoholische Gärung, Essigsäuregärung
  Ausgangsprodukt
  Endprodukt
  Energiebilanz
  Wasserstoffakzeptor
  Vorkommen
  Ort des Ablaufs in der Zelle
  wirtschaftliche Nutzung
  Vergleich mit der Zellatmung
  Vergleich der Gärungsarten

Aufgabe 1

In diesem Diagramm ist die Konzentration an Fruktosediphosphat und ATP nach Zugabe von Glukose zu einer Hefeaufschwemmung eingetragen.

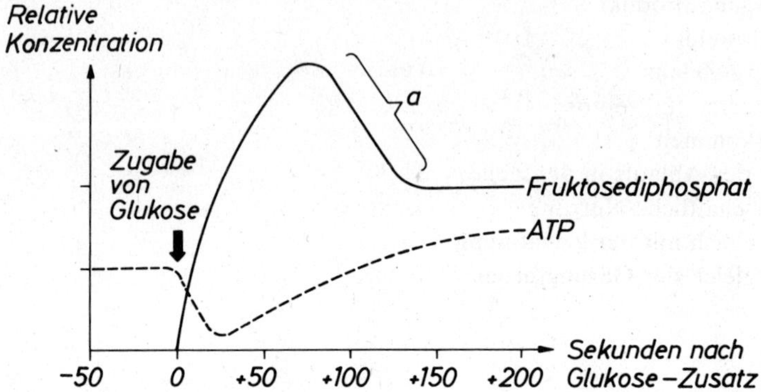

a. Welche Aussagen lassen sich über den Ablauf der Bildung von Fruktosediphosphat aus dem Diagramm entnehmen?

b. Wo wird in der Zelle Fruktosediphosphat gebildet?

c. Womit ist der Verlauf der Kurve im Abschnitt „a" zu erklären?

Verändert nach G. Vogel und H. Angermann, dtv-Atlas zur Biologie, 1976

Aufgabe 2

Aus einem Gramm Fett (z. B. Palmitinsäure $C_{51}H_{99}O_6$) können die Zellen in unserem Körper mehr Energie gewinnen als aus einem Gramm Glukose.

Erläutern Sie die Ursachen hierfür.

Beachten Sie dabei: Das Endprodukt aus dem ersten Abbauschritt eines Fettes ist Acetyl-Coenzym A.

D. Todt (Hrsg.), Funkkolleg Biologie, 1976

Aufgabe 3

Viele Coenzyme sind Abkömmlinge von Vitaminen. Beispielsweise enthält das Coenzym A ein Vitamin der B-Gruppe, die Pantothensäure.

Wie wirkt sich ein Mangel an Pantothensäure in der Zelle auf die Zellatmung aus?

W. D. Keidel, Kurzgefaßtes Lehrbuch der Physiologie, 1975

Lösung 1

a. Glukose wird in Fruktosediphosphat umgewandelt, dazu wird ATP verbraucht, weil sofort nach Zugabe der Glukose die Konzentration an Fruktosediphosphat steigt. Die ATP-Menge sinkt dagegen zunächst ab. Sie erreicht 30 Sekunden nach der Glukosegabe einen Tiefstwert und steigt danach wieder an.

Die ATP-Konzentration steigt von etwa der 30. Sekunde an, weil durch die Zugabe der Glukose die Glykolyse eingeleitet wird. In ihrem Verlauf wird ATP gewonnen.

b. Fruktosediphosphat wird im Cytoplasma gebildet.

c. Die Konzentration an Fruktosediphosphat sinkt, weil diese Verbindung bei der Glykolyse verbraucht wird.

Lösung 2

Die gleiche Menge Fett enthält etwa doppelt so viele H-Atome wie die gleiche Menge Glukose. Daher können beim Abbau des Fettes doppelt so viele Moleküle $NADH+H^+$ gewonnen werden.

$NADH+H^+$ liefert die H-Atome für die Endoxidation. Da aus Fett mehr $NADH+H^+$ als aus Glukose gewonnen wird, wird die Endoxidation gesteigert. Es wird mehr ATP gebildet. Aus ATP wird in unsern Körperzellen Energie gewonnen.

Lösung 3

Wenn Pantothensäure in den Zellen fehlt, kann kein Coenzym A gebildet werden. Coenzym A ist in der Zellatmung am Umbau der Brenztraubensäure (Pyruvat) zu Acetyl-Coenzym A beteiligt. Wenn Coenzym A fehlt, wird Glukose nur bis zur Brenztraubensäure abgebaut. Die daran anschließende oxydative Dekarboxilierung kann nicht ablaufen.

Aufgabe 4

Cyanide, wie Cyankali, hemmen bereits in sehr geringer Konzentration vollständig die Übertragung der Elektronen in der Atmungskette vom letzten Cytochromsystem auf Sauerstoff.

Erläutern Sie die tödliche Wirkung von Cyaniden.

A. L. Lehninger, Bioenergetik, 1974

Aufgabe 5

Nach dem zweiten Weltkrieg erkrankten in einigen Gebieten Norddeutschlands Menschen an Pellagra.

Diese Krankheit äußert sich in einer Verfärbung und Verdickung der Hautbereiche, die dem Sonnenlicht ausgesetzt sind, in allgemeiner Schwäche, in zentralnervösen Störungen, wie Krämpfen, Lähmungen, Depressionen und in schweren Fällen auch als unheilbare seelische Krankheiten.

Nachforschungen ergaben, daß sich alle diese in Norddeutschland an Pellagra erkrankten Menschen fast ausschließlich von getrockneten Erbsen ernährten. Getrocknete Erbsen enthalten nur sehr wenig Nikotinsäure, eine Vorstufe des Nikotinsäureamids.

Erläutern Sie die Folgen einer fast ausschließlichen Ernährung mit getrockneten Erbsen für den Stoffwechsel der Zellen.

K. D. Mörike, E. Betz und W. Mergenthaler, Biologie des Menschen, 1981

Aufgabe 6

Zellen, die mit CCCP (Carbonyl-cyanid-m-chlorphenyl-hydrazon) behandelt werden, verlieren die Fähigkeit, in der Atmungskette ATP zu bilden. Die übrigen Reaktionen der Atmungskette laufen jedoch ab.

a. Wie wirkt sich die Unfähigkeit, ATP in der Atmungskette zu bilden, auf die Zellen aus?

b. Steht den Zellen bei Vergiftung mit CCCP noch ATP zur Verfügung?

J. Heinzler, Grundriß der physiologischen Chemie, 1976

Lösung 4

Da Cyanide die Übertragung von Elektronen auf Sauerstoff verhindern, wird die gesamte Atmungskette blockiert. Dadurch verlieren die Zellen fast vollständig die Fähigkeit, ATP zu gewinnen.

Neben der Atmungskette sind auch die Glykolyse und der Zitronensäurezyklus von der Cyanidvergiftung betroffen. Diese Prozesse können nur ablaufen, wenn NAD^+ vorhanden ist. Zum überwiegenden Teil wird jedoch NAD^+ in der Atmungskette aus $NADH+H^+$ gewonnen. Bei Blockade der Atmungskette fällt auch die Umbildung von $NADH+H^+$ aus.

Es bleibt der Zelle dann zwar noch die Möglichkeit, ATP in der Milchsäuregärung aufzubauen. Nur reicht die dabei anfallende Menge an ATP nicht für alle energieverbrauchenden Prozesse aus.

Nach der Blockade würden die Zellen durch den Mangel an Energie absterben. Doch vorher tritt schon der Tod durch Ersticken ein.

Lösung 5

Bei fast ausschließlicher Ernährung mit getrockneten Erbsen erhalten die Zellen zu wenig Nikotinsäure. Sie können daher nicht genügend Nikotinsäureamid aufbauen. Nikotinsäureamid ist ein Bestandteil des NAD^+.

NAD^+ wird an sehr vielen Stellen im Stoffwechsel für die Übertragung von Wasserstoff verwendet. Unter anderem ist NAD^+ erforderlich, um Wasserstoff, der in der Glykolyse und im Zitronensäurezyklus abgespalten wird, aufzunehmen und für die Oxidation in der Atmungskette bereitzustellen. Wenn nur wenig NAD^+ in der Zelle vorhanden ist, kann die Zellatmung nur schwach ablaufen. Die Zelle kann nur wenig ATP aufbauen; sie leidet unter Energiemangel.

Lösung 6

a. Der Mangel an ATP läßt energieverbrauchende Prozesse in den Zellen nur noch schwach ablaufen. CCCP erhöht in den Zellen die Temperatur.

In unbehandelten Zellen wird in der Atmungskette Energie als Wärme und als ATP freigesetzt. Nach der Behandlung mit CCCP tritt auch die Energie, die in unbehandelten Zellen in ATP festgelegt wird, als Wärme auf.

b. Außer in der Atmungskette wird ATP auch in der Glykolyse gebildet. Allerdings ist die Ausbeute an ATP sehr viel geringer.

Aufgabe 7

Natriumsulfit stört den Energiestoffwechsel von Hefe. Zur Klärung der Frage, wo im Energiestoffwechsel Natriumsulfit eingreift, werden folgende Versuche durchgeführt:

Vier Erlenmeyer-Kolben werden jeweils gefüllt mit
20 g Hefe
200 ml Wasser
20 g Glukose

Kolben „A" wird luftdicht verschlossen.
Kolben „B" wird luftdicht verschlossen, nachdem vorher eine geringe Menge Natriumsulfit zugegeben wurde.
Kolben „C" wird mit einer Aquarienpumpe durchlüftet.
Kolben „D" wird mit einer Aquarienpumpe durchlüftet, nachdem vorher eine geringe Menge Natriumsulfit zugegeben wurde.

Nach einigen Stunden werden die Kolben auf ausströmendes Kohlenstoffdioxid überprüft. Dabei wird festgestellt:
Im Kolben „A" wird von den Hefezellen Kohlenstoffdioxid abgegeben.
Im Kolben „B" wird von den Hefezellen kein Kohlenstoffdioxid abgegeben.
Im Kolben „C" wird von den Hefezellen Kohlenstoffdioxid abgegeben.
Im Kolben „D" wird von den Hefezellen Kohlenstoffdioxid abgegeben.

An welcher Stelle greift Natriumsulfit hemmend in den Energiestoffwechsel der Hefezellen ein?

Begründen Sie ihre Antwort.

Lösung 7

Hefe gewinnt, wenn Sauerstoff zur Verfügung steht, Energie durch die Zellatmung. Wenn Sauerstoff fehlt, läuft in den Hefezellen die alkoholische Gärung ab. Im Verlauf beider Prozesse wird Kohlenstoffdioxid freigesetzt.

In den Kolben „C“ und „D“ erfolgt die Zellatmung, da Sauerstoff vorhanden ist, zugleich wird Kohlenstoffdioxid abgegeben. Im Kolben „A“ läuft die alkoholische Gärung ab, da Sauerstoff fehlt. Kohlenstoffdioxid wird abgegeben.

Die Hefezellen im Kolben „B“ geben kein Kohlenstoffdioxid ab. Daraus darf geschlossen werden, daß in diesem Kolben weder die Zellatmung noch die alkoholische Gärung erfolgen. Es könnte auch nur die alkoholische Gärung stattfinden, da Sauerstoff fehlt. Aber das Natriumsulfit hemmt die alkoholische Gärung in der Kulturflüssigkeit.

Natriumsulfit kann daher nur an den Stellen in den Energiestoffwechsel eingreifen, die Atmung und Gärung nicht gemeinsam durchlaufen. Es sind dies die Reaktionen beim Umbau von Brenztraubensäure zu Äthylalkohol.

Aufgabe 8

In diesem Schema sind die Zellatmung und einige andere Vorgänge des Stoffwechsels in menschlichen Körperzellen zusammengestellt.

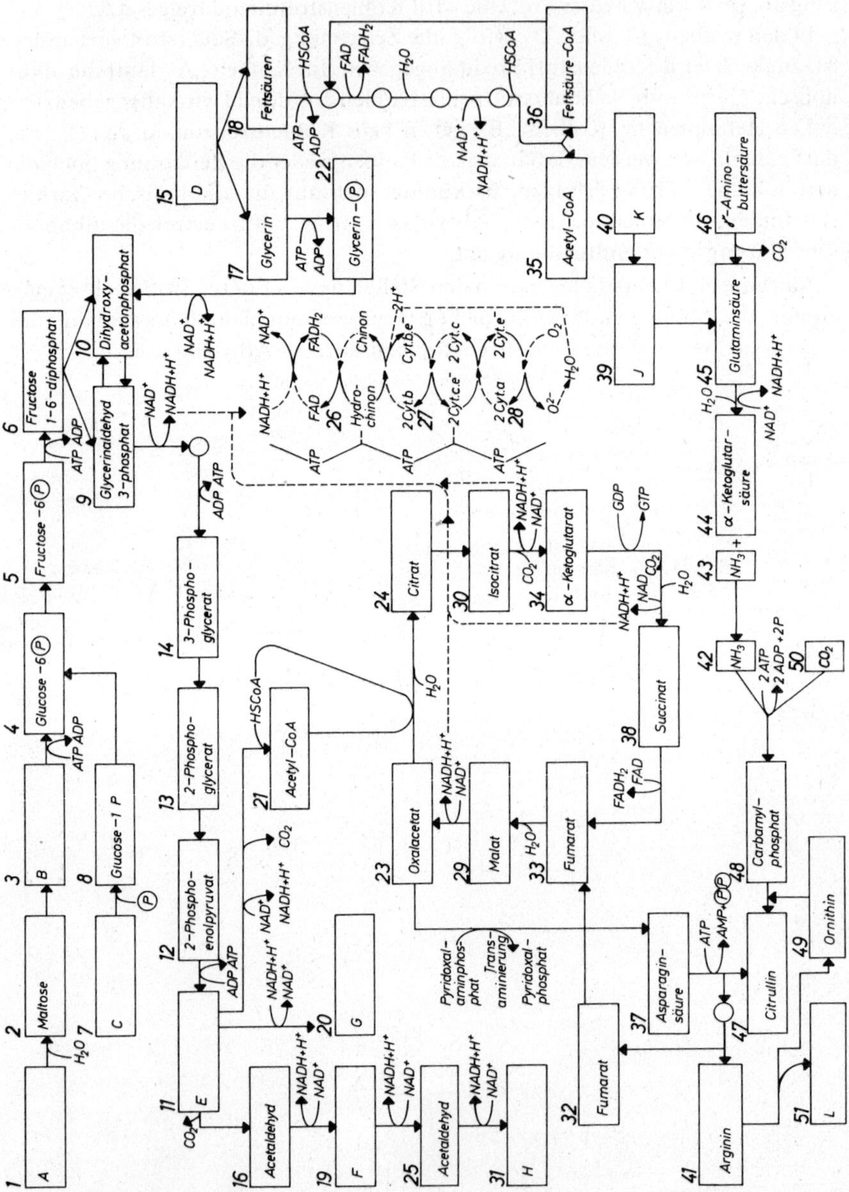

Lösung 8

Abschnitte der Zellatmung sind:
1. Abschnitt: Glykolyse 1–14
2. Abschnitt: oxidative Decarboxilierung 21
3. Abschnitt: Zitronensäurezyklus 24; 30; 34; 38; 33; 29; 23
4. Abschnitt: Endoxidation in der Atmungskette 26; 27; 28

Nennen Sie die vier Abschnitte der Zellatmung und die Ziffern, mit denen sie in dem Schema gekennzeichnet sind.

Aufgabe 9

Das Schneeglöckchen überwintert als Zwiebel. Im zeitigen Frühjahr nutzt die Pflanze den in der Zwiebel enthaltenen Vorrat an Nährstoffen zum Austreiben. Dabei schmilzt sich das Schneeglöckchen den Weg durch den Schnee frei.

Erläutern Sie die biochemischen Ursachen dafür, daß das Schneeglöckchen Schnee zum Schmelzen bringen kann.

H. Linder, Biologie, 1980

Aufgabe 10

Mit folgendem Versuch läßt sich der Energiestoffwechsel in Hefezellen untersuchen:

Zwei Thermosflaschen werden mit den gleichen Mengen zehnprozentiger Glukoselösung gefüllt. In beide Flaschen kommen die gleichen Hefemengen.

Die Flasche „A“ wird luftdicht verschlossen.
Die Flasche „B“ wird ständig mit einer Aquarienpumpe belüftet.

Beide Flaschen bleiben etwa 24 Stunden bei Zimmertemperatur stehen. Danach werden in beiden Flaschen drei Messungen vorgenommen. Gemessen wird:
1. die Temperatur
2. evtl. ausströmendes Gas auf seinen Kohlenstoffdioxidgehalt
3. der Glukosegehalt in der Lösung

Machen Sie Aussagen mit Begründung über:

a. Die Temperatur in beiden Flaschen; kein Vergleich zwischen den Temperaturen in beiden Flaschen, keine quantitativen Angaben.

b. Den Kohlenstoffdioxidgehalt im evtl. ausströmenden Gas; keine quantitativen Angaben.

c. Den Glukosegehalt nach etwa 12 Stunden in beiden Flaschen; Vergleich der beiden Flaschen, keine quantitativen Angaben.

Lösung 9

Im zeitigen Frühjahr teilen und vergrößern sich die Zellen des Schneeglöckchens. Dadurch treibt es aus. Der Aufbau des Zellplasmas in den sich teilenden und vergrößernden Zellen erfordert Energie. Das Schneeglöckchen gewinnt diese Energie aus dem Abbau der in der Zwiebel gespeicherten Nährstoffe. Dieser Abbau geschieht über die Zellatmung.

Ein Teil der bei der Zellatmung frei werdenden Energie wird als Wärme nach außen abgegeben. Diese Wärme schmilzt den Schnee.

Lösung 10

In der Flasche „A" läuft die alkoholische Gärung ab, da kein Sauerstoff zur Verfügung steht; in der Flasche „B" erfolgt die Atmung, da Sauerstoff vorhanden ist.

a. In der Flasche „A" ist die Temperatur höher als die Umgebungstemperatur. Bei der alkoholischen Gärung wird nur ein kleiner Teil der frei werdenden Energie in Form von ATP gebunden, der größere Teil der Energie wird als Wärme frei. Aus einem Mol Glukose werden 234 KJ Energie freigesetzt, davon 59 KJ als ATP.

Auch in der Flasche „B" ist die Temperatur höher als die Umgebungstemperatur, da die bei der Zellatmung freigesetzte Energie ebenfalls zum Teil als Wärme auftritt. Es werden 2874 KJ Energie/Mol Glukose freigesetzt, davon werden 1044 KJ in ATP festgelegt.

b. Die Hefezellen in der Flasche „A" geben Kohlenstoffdioxid ab. Das Kohlenstoffdioxid wird bei der Umwandlung von Brenztraubensäure (Pyruvat) in Acetaldehyd freigesetzt. Auch in der Flasche „B" produzieren die Hefezellen Kohlenstoffdioxid. Das Kohlenstoffdioxid wird hier in der oxidativen Dekarboxilierung und im Zitronensäurezyklus freigesetzt.

c. In der Flasche „B" ist der Glukosegehalt nach 12 Stunden weniger gesunken, da bei der Zellatmung im gleichen Zeitraum weniger Glukose abgebaut wird als bei der alkoholischen Gärung.

Aufgabe 11

Frische Milch wird sauer, wenn sie einige Tage bei Zimmertemperatur in einem offenen Gefäß steht. Im offenen Gefäß im Kühlschrank tritt der saure Geschmack dagegen erst mehrere Tage später auf.

a. Wodurch wird Milch sauer?

b. Warum wird die Milch im Kühlschrank langsamer sauer?

Aufgabe 12

1
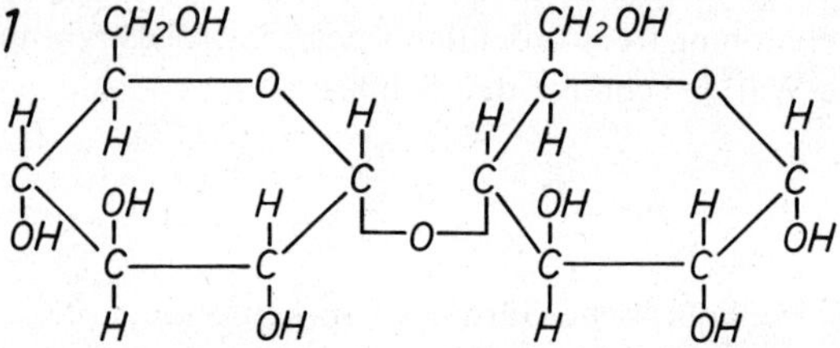

6
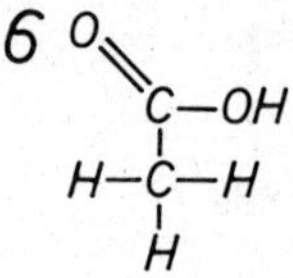

2
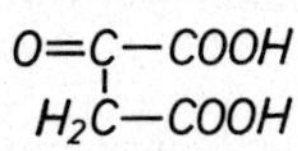

7
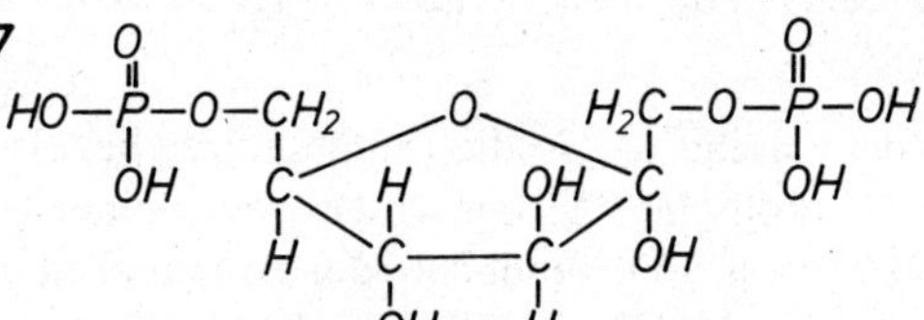

3
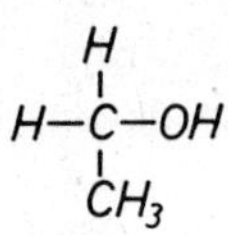

4
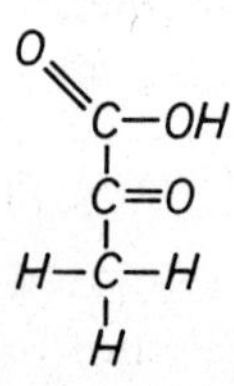

8
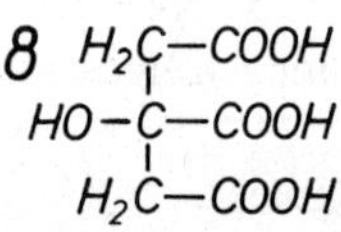

9
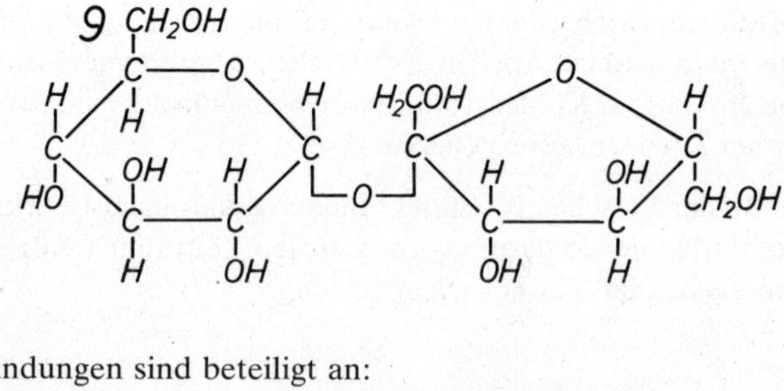

5
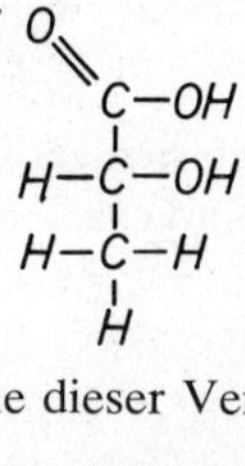

Welche dieser Verbindungen sind beteiligt an:

a. dem Zitronensäurezyklus
b. der Glykolyse
c. Gärungen (Art der Gärung angeben)?

Lösung 11

a. Frische Milch enthält Milchsäurebakterien. Sie gewinnen aus den in der Milch enthaltenen Kohlenhydraten Energie für ihren Stoffwechsel. Dieser den Bakterien Energie liefernde Prozeß heißt Milchsäuregärung. Das Produkt, die Milchsäure, erzeugt bei genügend hoher Konzentration den sauren Geschmack der Milch.

b. Die Milchsäurebakterien vermehren sich bei den geringen Temperaturen im Kühlschrank nur sehr langsam. Die meisten chemischen Reaktionen laufen in den Milchsäurebakterien im Kühlschrank langsamer als bei Zimmertemperatur ab. Die Milchsäurebakterien teilen sich daher auch im Kühlschrank langsamer. Daher wird die Milch im Kühlschrank erst später sauer als im wärmeren Zimmer.

Lösung 12

a. Am Zitronensäurezyklus sind die Verbindungen „2“ und „8“ beteiligt.

b. An der Glykolyse die Verbindungen „7“ und „4“.

c. An der alkoholischen Gärung die Verbindung „3“, an der Milchsäuregärung die Verbindungen „4“ und „5“ sowie an der Essigsäuregärung die Verbindung „6“.

Zusatz: Bezeichnungen der abgebildeten Strukturformeln:

1. Maltose
2. Oxalessigsäure
3. Äthanol
4. Brenztraubensäure
5. Milchsäure
6. Essigsäure
7. Fruktosediphosphat
8. Zitronensäure
9. Saccharose

Aufgabe 13

In den menschlichen Körperzellen wird Brenztraubensäure (Pyruvat) zu Milchsäure umgewandelt. Zwar wird dabei keine Energie als ATP festgelegt, dennoch kann diese Reaktion für die Energieversorgung der menschlichen Zellen von großer Bedeutung sein.

Erläutern Sie, worin diese Bedeutung liegt.

St. Silbernagel und A. Despopoulus, dtv-Atlas zur Physiologie, 1979

Lösung 13

Menschliche Körperzellen können nutzbare Energie in der Atmungskette und bei der Glykolyse gewinnen. Für den Ablauf der Atmungskette ist Sauerstoff erforderlich für die Glykolyse jedoch nicht. Bei Sauerstoffmangel sind daher die Zellen auf die Energiegewinnung in der Glykolyse angewiesen. In einer bestimmten Reaktion der Glykolyse muß Wasserstoff auf NAD^+ übertragen werden. NAD^+ entsteht, wenn Sauerstoff vorhanden ist, in der Atmungskette aus $NADH+H^+$. Wenn kein Sauerstoff zur Verfügung steht, fällt diese Möglichkeit, NAD^+ zu bilden, aus. Die Zellen erhalten bei Sauerstoffmangel NAD^+ aus einer anderen Quelle.

Unter diesen Bedingungen wird Brenztraubensäure (Pyruvat) zu Milchsäure umgewandelt. Dabei werden zwei Wasserstoffatome von $NADH+H^+$ abgegeben, und damit steht den Zellen wieder NAD^+ für die Glykolyse zur Verfügung.

Die Bildung von Milchsäure aus Brenztraubensäure ermöglicht den Zellen trotz Sauerstoffmangel, Energie zu gewinnen. Große Bedeutung erhält diese Fähigkeit unter anderem in Muskelzellen, wenn bei längerer Kontraktion die Versorgung mit Sauerstoff für die Atmungskette nicht mehr ausreicht.

C. Photosynthese, Chemosynthese

Zur Lösung der Aufgaben erforderliche Kenntnisse:

Photosynthese

- Bruttogleichung
- Zusammensetzung der Luft (quantitativ)
- Bedeutung der Photosynthese für die Biosphäre
- Versuche von Priestley
- Versuche zur Sauerstoffbildung, Abhängigkeit der Sauerstoffbildung von der Lichtintensität und der Lichtqualität, Abhängigkeit der Sauerstoffbildung von der Kohlenstoffdioxidkonzentration
  Abhängigkeit der Stärkebildung vom Licht
  Abhängigkeit der Stärkebildung vom Chlorophyll
- Spektrum des sichtbaren Lichts
- Absorptionsspektrum eines Blattfarbstoffextrakts, Chlorophyll a, b
- Wirkungsspektrum der Photosynthese, Arbeitsweise eines Photometers
- Papierchromatographie eines Blattfarbstoffextrakts
- Nachweis der Fluoreszens
- Engelmannscher Bakterienversuch
- Blattquerschnitt (Buchenblatt)
- Bild eines Chloroplasten im Transmissions-Elektronen-Mikroskop
- Verteilung der Pigmente im Chloroplasten
- Entstehung der Chloroplasten, Vergleich mit den Mitochondrien
- Vorgänge bei der Anregung von Elektronen durch Licht
- Aufbau der Chlorophylle
- Erkennen der Strukturformeln der Chlorophylle
- Funktion der nichtgrünen Blattfarbstoffe
- Versuche von Blackmann
- Licht- und Dunkelreaktion
- Abhängigkeit der Licht- und der Dunkelreaktion von Temperatur und Lichtintensität
- Lichtreaktion
  Photolyse des Wassers
  1. und 2. Lichtreaktion
  Elektronentransport, Redoxsysteme, Energieniveau, Redoxpotential
  zyklische und nichtzyklische Photophosphorylierung
  Wasserstoffakzeptor
  Versuche zur Herkunft des Sauerstoffs durch radioaktive Markierung, Hillreaktion, Purpurbakterien
- Dunkelreaktion
  Ort, an dem die Dunkelreaktion abläuft

Methode der Erforschung des Calvinzyklus durch Autoradiographie
Abhängigkeit der Dunkelreaktion von der Lichtreaktion,
beteiligte Verbindungen: Phosphoglyzerinsäure (PGS), Ribulose-1.5-diphosphat, ATP, $NADPH_2$, Glukosephosphat

- autotrophe, heterotrophe Organismen
- Assimilation, Dissimilation
- Produzenten, Konsumenten
- Nahrungskette

Chemosynthese

- Nitrit-, Nitrat-, Schwefel-, Eisenbakterien
  Art des Energiegewinns
  beteiligte Verbindungen
  Bedeutung für den Naturhaushalt
- Stickstoffkreislauf

Aufgabe 1

Drei Blätter einer Pflanze, die 36 Stunden im Dunkeln stand, werden auf beiden Seiten mit verschiedenfarbigen, lichtdurchlässigen Folien abgedeckt:
Blatt „A" mit einer roten Folie
Blatt „B" mit einer blauen Folie
Blatt „C" mit einer grünen Folie

Die Blätter werden anschließend einige Stunden belichtet. In welchen Blättern läßt sich nach der Belichtung Stärke nachweisen?
Begründen Sie Ihre Antwort.

Aufgabe 2

Pflanzen nutzen das Kohlenstoffdioxid der Luft zur Photosynthese. Der Verbrauch ist abhängig von der Temperatur und der Lichtstärke. Der Verlauf der drei Kurven weist auf diese Abhängigkeiten hin. Die Messungen wurden an drei Pflanzen der gleichen Art durchgeführt.

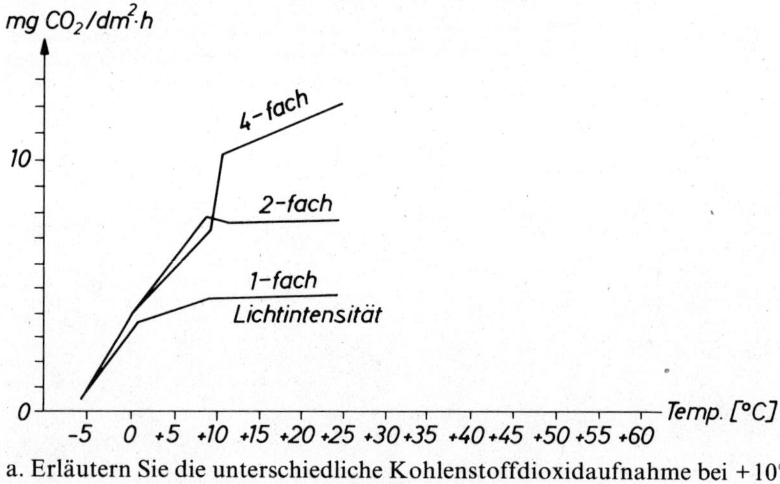

a. Erläutern Sie die unterschiedliche Kohlenstoffdioxidaufnahme bei +10° C und einfacher, zweifacher und vierfacher Lichtstärke.

b. Wie würde die Kurve für die zweifache Lichtstärke weiter verlaufen, wenn die Temperatur bis auf +60° C ansteigt?

Verändert nach E. W. Bauer, Biologiekolleg, 1981

Lösung 1

Stärke läßt sich in den Blättern „A" und „B" nachweisen, aber nicht im Blatt „C".

Die Absorptionsmaxima des Chlorophylls liegen im roten und blauen Bereich des Lichts. Die grüne Folie, mit der das Blatt „C" abgedeckt ist, läßt rotes und blaues Licht nicht durch. Das Chlorophyll kann also nicht angeregt werden. Daher läuft in dem mit grüner Folie abgedeckten Blatt keine Photosynthese ab.

Die blaue Folie läßt blaues Licht durch, die rote Folie rotes Licht. Chlorophyll absorbiert blaues und rotes Licht und wird dadurch angeregt. Die Anregung des Chlorophylls durch das rote oder blaue Licht reicht aus, um die Photosynthese und damit die Bildung von Glukose einzuleiten. Die Glukose wird, wenn sie nicht sofort verbraucht wird, in den Reservestoff Stärke umgewandelt. Die Stärke kann in den Blättern nachgewiesen werden.

Lösung 2

a. Mit steigender Lichtstärke nimmt die Pflanze mehr Kohlenstoffdioxid auf. Das Kohlenstoffdioxid ist für den Ablauf der Dunkelreaktion der Photosynthese erforderlich. Die höhere Aufnahme bei vierfacher Lichtstärke läßt daher auf eine höhere Reaktionsgeschwindigkeit in der Dunkelreaktion schließen. Bis auf die Lichtstärke sind die Versuchsbedingungen für die drei Pflanzen gleich. Die unterschiedliche Kohlenstoffdioxidaufnahme läßt sich daher nur über die verschieden hohe Lichtstärke erklären. Die Lichtreaktion läuft mit Erhöhung der Lichtstärke schneller ab. Je größer die Lichtstärke ist, desto mehr ATP und $NADPH+H^+$ liefert sie. ATP und $NADPH+H^+$ sind für den Ablauf der Dunkelreaktion erforderlich. Die Dunkelreaktion ist jedoch nicht lichtabhängig.

Bei einfacher Lichtstärke wird in der Dunkelreaktion nur wenig Kohlenstoffdioxid umgesetzt, da nur wenig ATP und $NADPH+H^+$ von der Lichtreaktion geliefert werden.

b. Die Kurve bleibt bei einem Anstieg bis auf +45° C auf dem gleichen Niveau wie bei +15° C. Diese Erhöhung der Temperatur steigert die Reaktionsgeschwindigkeit der Dunkelreaktion nicht, da die Lichtreaktion unter diesen Bedingungen ungefähr die gleichen Mengen an ATP und $NADPH+H^+$ liefert. Diese Mengen begrenzen die Reaktionsgeschwindigkeit der Dunkelreaktion. Steigt die Temperatur über +45° C an, fällt die Kurve ab, da das Eiweiß in den Enzymen durch die hohe Temperatur denaturiert wird. Dadurch werden die Enzyme unwirksam, die die Reaktionen der Photosynthese katalysieren.

Aufgabe 3

Bei der Bestrahlung mit ultraviolettem Licht kann in Chloroplasten Fluoreszenzlicht auftreten. Im Floureszenzmikroskop ist zu erkennen, daß diese Fluoreszenz im Bereich der Grana besonders stark ist.

Welche Schlüsse lassen sich daraus auf die Menge der Blattfarbstoffe in den verschiedenen Bereichen eines Chloroplasten ziehen?

H. Lichtenthaler und K. Pfister, Praktikum der Photosynthese, 1978

Aufgabe 4

Zum Aufbau von Kohlenhydraten verbrauchen Pflanzen Kohlenstoffdioxid. In dem Schaubild ist die Aufnahme von Kohlenstoffdioxid am Tag aus der Luft in Abhängigkeit von der Temperatur dargestellt. Außerdem ist angegeben, wieviel Kohlenstoffdioxid bei unterschiedlicher Temperatur in den Calvinzyklus eingeschleust wird.

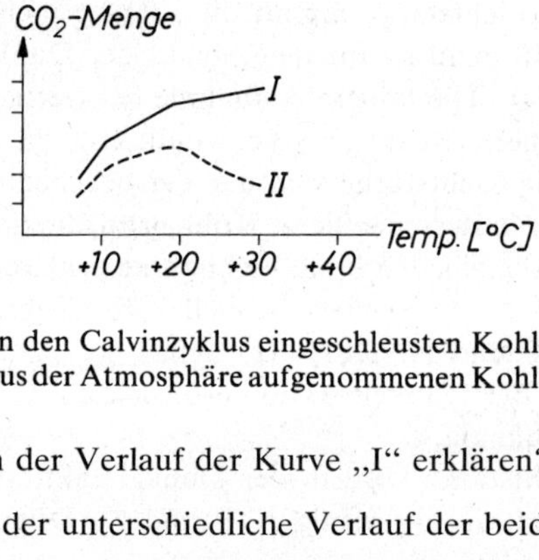

Kurve I: Anzahl der in den Calvinzyklus eingeschleusten Kohlenstoffdioxidmoleküle
Kurve II: Anzahl der aus der Atmosphäre aufgenommenen Kohlenstoffdioxidmoleküle

a. Womit läßt sich der Verlauf der Kurve „I“ erklären?

b. Worauf beruht der unterschiedliche Verlauf der beiden Kurven?

Verändert nach G. Fels (Hrsg.), Der Organismus, 1980

Aufgabe 5

Chloroplasten lassen sich aus pflanzlichen Zellen isolieren, aufbrechen und im zellfreien System beobachten. Aufgebrochene Chloroplasten verlieren das in ihnen enthaltene $NADP^+$ und Ferredoxin. Ferredoxin arbeitet als Elektronenüberträger in der Elektronentransportkette der Lichtreaktion I.

a. Welche Prozesse der Photosynthese werden durch das Fehlen von $NADP^+$ und Ferredoxin gestört?

Lösung 3

Fluoreszenzlicht entsteht, wenn Elektronen im Chlorophyll angeregt werden und danach in den Grundzustand zurückfallen. An den Stellen, die besonders starkes Fluoreszenzlicht ausstrahlen, ist besonders viel Chlorophyll vorhanden. In den Grana ist demnach mehr Chlorophyll vorhanden als in anderen Bereichen der Chloroplasten.

Lösung 4

a. Der Calvinzyklus ist temperaturabhängig. Seine Reaktionsgeschwindigkeit steigt mit der Temperatur. Daher werden mit steigender Temperatur mehr Kohlenstoffdioxidmoleküle in den Calvinzyklus eingeschleust.

b. Die Menge der aus der Atmosphäre aufgenommenen Kohlenstoffdioxidmoleküle wird ab +20° C geringer. Trotz geringerer Aufnahme von Kohlenstoffdioxid nimmt die Menge der in den Calvinzyklus eingeschleusten Kohlenstoffdioxidmoleküle mit steigender Temperatur zu.

Die Abnahme der aus der Atmosphäre aufgenommenen Kohlenstoffdioxidmoleküle kann durch den Verschluß der Spaltöffnungen erklärt werden. Sie werden bei höherer Temperatur geschlossen, um den Wasserverlust durch Verdunstung einzuschränken.

Der Pflanze steht für den Einbau in den Calvinzyklus außer dem Kohlenstoffdioxid der Atmosphäre auch noch Kohlenstoffdioxid zur Verfügung, das in der Zellatmung freigesetzt wird. Die Zellatmung läuft mit steigender Temperatur schneller ab, liefert also größere Mengen Kohlenstoffdioxid. Trotz geschlossener Spaltöffnungen erhalten die Chloroplasten so große Mengen an Kohlenstoffdioxid. Aus dieser Quelle kann mit zunehmender Temperatur der Einbau von Kohlenstoffdioxid in den Calvinzyklus gesteigert werden.

Lösung 5

a. Wenn Ferredoxin in Chloroplasten fehlt, ist die Elektronentransportkette unterbrochen. Die Chloroplasten verlieren die Fähigkeit zur Photolyse des Wassers und zur zyklischen und nichtzyklischen Phosphorylierung.

Der Transport von Wasserstoff aus der Lichtreaktion zur Dunkelreaktion fällt ebenfalls aus, sobald $NADP^+$ fehlt. Die Chloroplasten können keinen Sauerstoff freisetzen und weder ATP noch $NADPH+H^+$ bilden. Daher kann in ihnen auch nicht die Dunkelreaktion ablaufen.

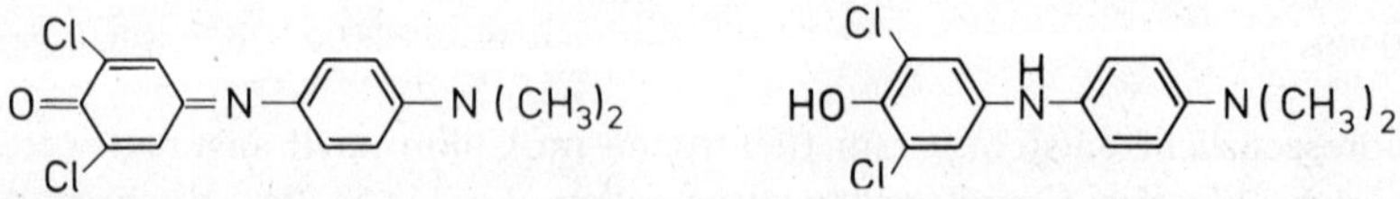

b. Die Abbildungen zeigen DCPIP (Dichlorphenolindophenol) in seiner oxidierten (links) und reduzierten Form (rechts). In der oxidierten Form ist DCPIP blau in der reduzierten Form farblos.

Isolierte Chloroplasten werden in einer besonderen Salzlösung gehalten. Sie hat eine grüne Farbe. Bei Zugabe von DCPIP in oxidierter Form färbt sich die Flüssigkeit blau. Bei ausreichender Belichtung verschwindet die blaue Farbe innerhalb von 40 Sekunden, die Flüssigkeit sieht wieder grün aus. Während der 40 Sekunden setzen die Chloroplasten Sauerstoff frei.

Beschreiben Sie, wie es zu dem Farbumschlag von blau nach grün kommt.

H. Lichtenthaler und K. Pfister, Praktikum der Photosynthese, 1978

Aufgabe 6

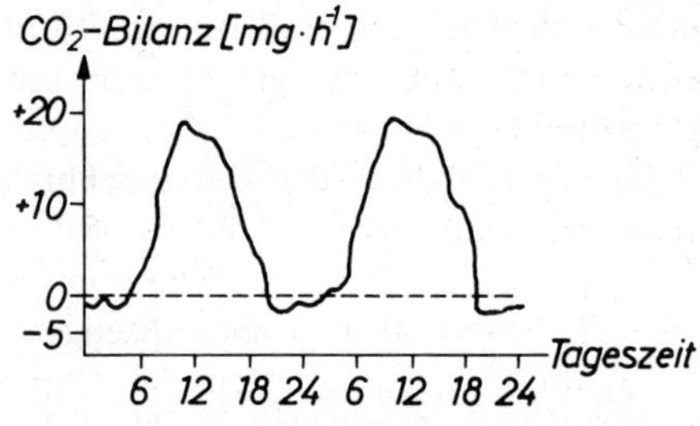

Die Kurve zeigt die Kohlenstoffdioxidbilanz einer Tomatenpflanze unter natürlichen Bedingungen im Laufe von zwei Tagen.

Die positiven Werte geben die Aufnahme von Kohlenstoffdioxid an, die negativen Werte die Abgabe von Kohlenstoffdioxid.

Erklären Sie, weshalb die Kurve zwischen 6.00 und 18.00 Uhr anders verläuft als zwischen 18.00 und 6.00 Uhr.

Verändert nach G. Demmer und M. Thies, Stoffwechsel, 1981

b. Der Farbumschlag von blau nach grün erfolgt durch den Übergang der blauen, oxidierten Form des DCPIP in die farblose, reduzierte Form. In der farblosen Form kann DCPIP die grüne Eigenfarbe der Chloroplasten nicht überdekken. Die Bildung von Sauerstoff läßt darauf schließen, daß in Gegenwart des oxidierten DCPIP die Photolyse des Wassers abläuft. DCPIP arbeitet dabei als künstlicher Elektronenakzeptor. Es übernimmt die während der Photolyse entstehenden Elektronen und H^+-Ionen. Dadurch geht es in die reduzierte Form über.

Lösung 6

Von 6.00 bis 18.00 Uhr steht die Pflanze im Licht. Der Verbrauch von Kohlenstoffdioxid während der Photosynthese ist stärker als die Bildung von Kohlenstoffdioxid bei der Zellatmung. Der Anstieg der Kurve kommt durch die Zunahme der Lichtstärke im Laufe des Tages zustande. Die Photosynthese nimmt unter den herrschenden Bedingungen mit steigender Lichtstärke zu, der Verbrauch an Kohlenstoffdioxid erhöht sich.

Von 18.00 bis 6.00 Uhr steht die Pflanze im Dunkeln. Die Photosynthese ruht. Es wird kein Kohlenstoffdioxid aufgenommen. Die Zellatmung läuft weiter, und dabei wird auch Kohlenstoffdioxid freigesetzt.

Aufgabe 7

Bei Untersuchungen des Tiefseebodens im Pazifik wurden in den letzten Jahren (1973 bis 1979) Lebensgemeinschaften in etwa 2500 m Tiefe entdeckt. Sie sind in der Produktion ihrer Nährstoffe unabhängig von den Lebensgemeinschaften der oberen Wasserschichten und der Küstengebiete. Diese Lebensgemeinschaften sind nur in der Umgebung heißer Schwefelquellen am Meeresboden zu finden, vorwiegend im Wasser von etwa +20° C. In nächster Nähe der Quellen mit Temperaturen bis zu +350° C und in weiterer Entfernung von den Quellen, wo die Temperaturen bis auf wenige Grade über 0° C absinken, fehlen diese Lebensgemeinschaften.

Mitglieder dieser Lebensgemeinschaften sind bestimmte Bakterien, Muscheln, Röhrenwürmer, Krabben und weitere Lebewesen.

Die Schwefelquellen sind vulkanischen Ursprungs. Sie enthalten unter anderem Schwefelwasserstoff. Bei Versiegen der Quellen stirbt die gesamte Lebensgemeinschaft ab.

Die Lebensgemeinschaften flacher, küstennaher Meeresbereiche bestehen unter anderem aus kleinen, einzelligen Algen, Muscheln, Röhrenwürmern und Krabben. Im Küstenbereich gibt es keine Schwefelquellen. Die hier lebenden Röhrenwürmer und Muscheln ernähren sich von Kleinlebewesen, die sie aus dem Wasser filtern; Krabben ernähren sich räuberisch oder als Aasfresser.

a. Erläutern Sie den wichtigsten Unterschied zwischen der Lebensgemeinschaft in 2500 m Tiefe und derjenigen in Küstennähe.

b. Beschreiben Sie die Produktion der Nährstoffe in den beiden Lebensgemeinschaften. Geben Sie hierfür jeweils die Bruttogleichung an.

c. Aus welchem Grund stirbt bei Versiegen der Schwefelquellen die Lebensgemeinschaft in der Tiefsee?

d. Weshalb kommt die Lebensgemeinschaft in der Tiefsee nur in einem bestimmten Bereich um die Schwefelquelle vor?

Spektrum der Wissenschaft, 7/1981

Lösung 7

a. Bis in die Tiefsee kann das Sonnenlicht nicht vordringen. Daher ist dort keine Photosynthese möglich. In der Tiefsee können nur chemosynthetisch aktive Organismen Kohlenhydrate aufbauen. Solche Produzenten sind die Schwefelbakterien. Von ihnen ernähren sich als Konsumenten Muscheln, Röhrenwürmer und Krabben.

Im Küstenbereich sind Algen die Produzenten. Sie nutzen das Licht für die Bildung der Kohlenhydrate.

Die Lebensgemeinschaft im Küstenbereich ist abhängig vom Licht, diejenige in der Tiefsee von heißen Schwefelquellen.

b. Die Bruttogleichung für den Aufbau der Nährstoffe in der Lebensgemeinschaft der Tiefsee lautet:

1. $2\,H_2S + O_2 \rightarrow 2\,H_2O + 2\,S \quad \Delta G = -494$ kJ
2. $6\,CO_2 + 12\,H_2S \rightarrow C_6H_{12}O_6 + 12\,S + 6\,H_2O \quad \Delta G = +301$ kJ

Die in Reaktion 1 frei werdende Energie wird in Reaktion 2 für die Synthese von Kohlenhydraten aus CO_2 und H_2S verwendet.

Die Bruttogleichung für den Aufbau der Nährstoffe in der küstennahen Lebensgemeinschaft lautet:

$6\,CO_2 + 12\,H_2O \rightarrow C_6H_{12}O_6 + 6\,O_2 + 6\,H_2O \quad \Delta G = +2880$ kJ

Die Energie für die Synthese der Kohlenhydrate aus Kohlenstoffdioxid und Wasser wird in der Lichtreaktion der Photosynthese bereitgestellt.

c. Bei Versiegen der Schwefelquellen fehlt den Schwefelbakterien der zur Bildung der Kohlenhydrate erforderliche Schwefelwasserstoff. Sie sterben daraufhin ab. In der Lebensgemeinschaft fällt damit die Produktion von Nährstoffen aus. Die Konsumenten der Lebensgemeinschaft Röhrenwürmer, Krabben und die anderen dazu zählenden Lebewesen verhungern.

d. In nächster Nähe der Schwefelquellen sind die Temperaturen so hoch, daß die Enzyme in den Organismen dadurch denaturiert werden, und daraufhin bricht der Stoffwechsel zusammen.

In größerem Abstand von den Schwefelquellen sind die Temperaturen sehr niedrig. Der Stoffwechsel läuft hier in den Schwefelbakterien zu langsam ab. Er reicht nicht oder kaum für die eigene Ernährung vor allem aber nicht für die Vermehrung.

IV. Genetik

Zur Lösung der Aufgaben erforderliche Kenntnisse:

A. Klassische Genetik

- Mendels Versuche
  Vorteil der Erbse als Versuchsobjekt
  Erbsenrassen
  Kreuzungstechnik (Selbst-, Fremdbefruchtung)
  Bau der Erbsenblüte
  Mendelsche Regeln
- Parentalgeneration (P)
- Filialgeneration (F)
- Anlage, Gen, Allel, Merkmal
- homozygot, heterozygot
- dominant, rezessiv, intermediär
- Hybrid, Bastard
- Rückkreuzung
- reziproke Kreuzung
- dihybride Kreuzung
- Phänotyp, Genotyp
- monohybrid, dihybrid
- Rekombination
- Zygote
- Keimzellen

Chromosomentheorie der Vererbung

- Mitose (Ablauf, Bedeutung)
  Meiose (Ablauf, Bedeutung)
- Parallelität der Ergebnisse aus Kreuzungsversuchen und aus der Zellforschung
- Chromosomenbau
  Chromatid, Zentromer (Kinetochor), Arbeitsform, Transportform
- homologe Chromosomen

Genkopplung, Genkartierung

- Vorteile von Drosophila als Versuchsobjekt
- Genkopplung, Kopplungsgruppe
- Crossing over, Entkopplung (nur bei Drosophilaweibchen möglich)
- Stützung der Chromosomentheorie durch Kopplungsgruppen
- Dreifaktorenanalyse

- Genkarten
- Austauschhäufigkeit, Morganeinheit
- doppeltes Crossing over
- Mutation, Mutante
- Genort (Genlokus)

Geschlechtsbestimmung, geschlechtsgekoppelte Vererbung
- genotypische Geschlechtsbestimmung
- phänotypische Geschlechtsbestimmung
- X-chromosomale Vererbung, Hemizygotie

Modifikation
- fließende und umschlagende Modifikation
- Zufallsverteilung
- Erblichkeit der Modifikation
- Reaktionsnorm

Mutation
- Genommutation
- Chromosomenmutation
  Deletion, Inversion, Duplikation, Translokation
- Genmutation
- Mutationsrate
- multiple Allelie
- ABO-Blutgruppensystem
- Polyploidie (ökologische Bedeutung)
- Trisomie 21
- mutagene Agenzien

Züchtung
- Individualauslese
  Zuchtziel, reine Linie
- Mutationszüchtung
  Einsatz mutagener Agenzien, Polyploidisierung (Colchicin), Kombinationszüchtung
- Hybridzüchtung
- Klonierung
- Erhaltungszüchtung

Aufgabe 1

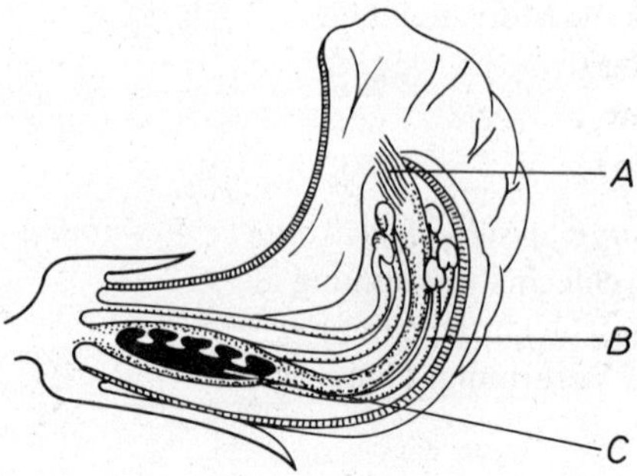

Diese Abbildung zeigt einen schematischen Längsschnitt durch eine Erbsenblüte.

a. Nennen Sie die Bezeichnung für die mit Buchstaben gekennzeichneten Blütenteile.

b. Im folgenden wird stichwortartig mit den heute gebräuchlichen Fachbegriffen ein Kreuzungsversuch vorgestellt, so wie ihn schon Gregor Mendel vor über 100 Jahren durchgeführt hat:

1. und 2. Kreuzung: Zwei Kreuzungen, um die Reinerbigkeit der später verwendeten Kreuzungspartner (grünsamige und gelbsamige Erbsen) festzustellen.
3. Kreuzung: Kreuzung reinerbiger, grünsamiger Erbsen mit reinerbigen, gelbsamigen Erbsen.
4. Kreuzung: Kreuzung der aus der dritten Kreuzung hervorgegangenen Nachkommen untereinander.

Geben Sie an, bei welchen Kreuzungen Mendel die Pflanzen künstlich bestäubte, und bei welchen die Bestäubung auf natürliche Weise geschah. Begründen Sie Ihre Antworten.

c. Beschreiben Sie stichwortartig die Arbeitsschritte, die bei einer künstlichen Bestäubung gemacht werden.

d. Welche Vorteile bietet die Erbse als genetisches Versuchsobjekt?

Verändert nach G. Fels, Kursheft Genetik, 1981

Lösung 1

a. Sie weisen auf diese Blütenteile:
A = Narbe
B = Staubblatt
C = Fruchtknoten

b. Bei der dritten Kreuzung wird künstlich bestäubt. Da die Erbse ein Selbstbestäuber ist, muß die Bestäubung mit Pollen einer anderen Pflanze künstlich durchgeführt werden.

Natürliche Bestäubung wird bei der ersten, zweiten und vierten Kreuzung zugelassen. Die erste und zweite Kreuzung werden durchgeführt, um festzustellen, ob die Erbsen, die zur ersten Kreuzung genommen wurden, homo- oder heterozygot sind. Wenn diese Erbsen heterozygot sind, treten bei Selbstbestäubung in der F_1 sowohl Pflanzen auf, die denen der P-Generation gleichen als auch solche, die von der P-Generation abweichen.

Bei der vierten Kreuzung ist Fremdbestäubung nicht notwendig, da die Nachkommen aus der dritten Kreuzung untereinander genetisch identisch sind. Die eigenen Pollen einer Blüte tragen die gleichen Anlagen im gleichen Zahlenverhältnis wie die Pollen der Blüten an anderen Pflanzen, die aus derselben dritten Kreuzung stammen.

c. Öffnen des Schiffchens bevor der Pollen reif ist; Entfernen der Staubgefäße mit einer kleinen Schere; beim Bestäuben werden die reifen Staubgefäße einer Pflanze gegen die Narbe in der Blüte einer anderen Pflanze gerieben. Vorher wurden die Staubgefäße aus dieser Blüte entfernt.

d. Die Erbse eignet sich als genetisches Versuchsobjekt gut, da sie leicht zu halten ist und viele Nachkommen in schneller Generationsfolge hervorbringt. Außerdem besitzt sie zahlreiche leicht zu unterscheidende Merkmale. Die Hybriden von Erbsenrassen sind genauso fruchtbar wie die reinerbigen Erbsenpflanzen.

Aufgabe 2

Zwei Rassen des Löwenmäulchens, einer Gartenpflanze, werden miteinander gekreuzt. Die beiden Rassen haben unterschiedliche Blüten.

Die eine Rasse (I) hat rote, bilateralsymmetrische (achsensymmetrische) Blüten. Die andere Rasse (II) hat weiße, radiärsymmetrische Blüten.

Beide Rassen sind in den Blütenmerkmalen homozygot. Die Blütenfarbe wird intermediär vererbt. Die Anlage für bilateralsymmetrische Blüten ist dominant über die für radiärsymmetrische Blüten. Die Anlagen für die Blütenfarbe und die Blütenform liegen auf verschiedenen Chromosomen.

Die aus der ersten Kreuzung hervorgehenden Nachkommen, die F_1, werden untereinander weiter gekreuzt.

a. Geben Sie dazu die in F_1 und F_2 auftretenden Genotypen und Phaenotypen an.

b. Nennen Sie weiterhin die Zahlenverhältnisse der verschiedenen Genotypen und Phaenotypen in der F_1 und der F_2.

G. Fels, Der Organismus, 1980

Lösung 2

a. In der P-Generation werden miteinander gekreuzt:
Die Rasse I mit dem Phaenotyp rot und bilateralsymmetrisch und dem Genotyp rrBB
mit der Rasse II mit dem Phaenotyp weiß und radiärsymmetrisch und dem Genotyp wwbb.

Die in der F_1 und F_2 auftretenden Phaeno- und Genotypen lassen sich in einem Kreuzungsschema ermitteln:

P: rrBB × wwbb

F_1: rwBb Genotyp
rosa und bilateralsymmetrisch Phaenotyp

Alle Pflanzen in der F_1 haben rosa und bilateralsymmetrische Blüten.

F_2: Kombinationsquadrat:

	rB	rb	wB	wb
rB	rrBB	rrBb	rwBB	rwBb
rb	rrBb	rrbb	rwBb	rwbb
wB	rwBB	rwBb	wwBB	wwBb
wb	rwBb	rwbb	wwBb	wwbb

In der F_2 unterscheiden sich die Pflanzen in ihren Blüten. Sie sind
rot und bilateralsymmetrisch oder
rot und radiärsymmetrisch oder
weiß und bilateralsymmetrisch oder
weiß und radiärsymmetrisch oder
rosa und bilateralsymmetrisch oder
rosa und radiärsymmetrisch

b. Dabei ergeben sich für Geno- und Phaenotypen folgende Zahlenverhältnisse in der F_2:

Phaenotypen		*Genotypen*	
rot und bilateralsymmetrisch	3	rrBB	1
		rrBb	2
rot und radiärsymmetrisch	1	rrbb	1
weiß und bilateralsymmetrisch	3	wwBB	1
		wwBb	2
weiß und radiärsymmetrisch	1	wwbb	1
rosa und bilateralsymmetrisch	6	rwBB	2
		rwBb	4
rosa und radiärsymmetrisch	2	rwbb	2

Aufgabe 3

Hausmäuse kommen in mehreren Rassen vor. Diese Rassen können sich zum Beispiel in der Fellfarbe und im Verhalten unterscheiden.

Zwei dieser Rassen sollen miteinander gekreuzt werden:

Die Rasse „A“ ist weiß und verhält sich normal.

Die Rasse „B“ ist schwarz und hat die Fähigkeit zur geordneten Bewegung der Beine und des Rumpfes beim Laufen teilweise verloren. Die Tiere drehen sich daher meistens im Kreis. Sie werden als „Tanzmäuse“ bezeichnet.

Die Gene für die Bewegung und die Haarfarbe liegen auf verschiedenen Chromosomen.

Die Kreuzung reinrassiger Tiere der Rasse „A“ mit reinrassigen Tieren der Rasse „B“ ergibt in der F_1 Nachkommen, die alle schwarz sind und sich normal bewegen.

a. Geben Sie in einem Kreuzungsschema an, welche Genotypen in der F_2 auftauchen, wenn die Mäuse der F_1 untereinander gekreuzt werden.

b. In welchem Zahlenverhältnis treten die Phänotypen in der F_2 auf?

c. Beschreiben Sie ein Verfahren, mit dem ermittelt werden kann, welche Mäuse der F_2 in den Merkmalen „schwarz“ und/oder „normale Bewegungsweise“ heterozygot sind.

J. Donald u. a., Telekolleg II, 1973

Lösung 3

a. Um die Genotypen der F_2 angeben zu können, müssen zunächst die Dominanzverhältnisse zwischen den Allelen geklärt werden. Da alle Tiere der F_1 schwarz sind und sich normal bewegen, muß das Allel „schwarz" über „weiß" dominant sein und das Allel „normale Bewegung" über „gestörte Bewegung".

Die Allele werden mit folgenden Buchstaben angegeben:

A = schwarz
a = weiß
B = normale Bewegung
b = gestörte Bewegung („Tanzen")

Der Genotyp der F_1 ergibt sich aus der folgenden Kreuzung:

	Rasse „A"		Rasse „B"
P	aa BB	×	AA bb
F_1		Aa Bb	

b. Welche Genotypen in der F_2 auftreten, wenn Hausmäuse der F_1 miteinander gekreuzt werden, läßt sich in einem Kombinationsquadrat ermitteln.

Kombinationsquadrat:

	AB	Ab	aB	ab
AB	AABB	AABb	AaBB	AaBb
Ab	AABb	AAbb	AaBb	Aabb
aB	AaBB	AaBb	aaBB	aaBb
ab	AaBb	Aabb	aaBb	aabb

c. Heterozygote Mäuse in der F_2 können durch Kreuzung mit Tieren festgestellt werden, die in beiden Merkmalen rezessiv homozygot sind. Solche Mäuse sehen weiß aus und „tanzen".

Alle Mäuse der F_2, die kein weißes Fell haben und sich normal bewegen, werden mit Tanzmäusen gekreuzt.

Wenn unter den Nachkommen aus dieser Kreuzung Mäuse vorkommen, die weiß sind und sich wie Tanzmäuse bewegen, dann ist der Elternteil, der keine Tanzmaus ist, heterozygot.

Aufgabe 4

Die Haarform des Menschen wird in intermediärem Erbgang vererbt. Es sind hierfür zwei Allele vorhanden. Ein Allel steuert die Ausbildung glatter Haare, das andere Allel ruft krause Haare hervor. Gewellte Haare treten bei Heterozygotie auf.

Eine Frau mit gewelltem Haar und Sommersprossen heiratet einen Mann, der ebenfalls gewellte Haare und Sommersprossen besitzt.

Beide Ehepartner sind im Merkmal „Sommersprossen“ heterozygot.

Die Gene für die Haarform und die Sommersprossen liegen auf verschiedenen Chromosomen.

Beschreiben Sie, wie die Kinder dieses Ehepaares aussehen können. Mit welcher Wahrscheinlichkeit treten die verschiedenen Merkmalskombinationen in der Haarform und in der Hautpigmentierung auf?

H. Knodel, U. Bäßler und A. Haury, Biologie-Praktikum, 1973

Lösung 4

Die möglichen Genotypen für die Haarform und die Sommersprossen werden mit folgenden Buchstaben angegeben:

gg = glatte Haare	AA = Sommersprossen
gk = gewellte Haare	Aa = Sommersprossen
kk = krause Haare	aa = keine Sommersprossen

Die Mutter trägt den Genotyp gkAa; der Vater trägt gkAa.

Die verschiedenen Merkmalskombinationen der Kinder dieser Eltern lassen sich durch das folgende Kombinationsquadrat ermitteln. Daraus ist auch die Wahrscheinlichkeit, mit der die verschiedenen Merkmalskombinationen auftreten, abzulesen.

Kombinationsquadrat:

	gA	ga	kA	ka
gA	ggAA	ggAa	gkAA	gkAa
ga	ggAa	ggaa	gkAa	gkaa
kA	gkAA	gkAa	kkAA	kkAa
ka	gkAa	gkaa	kkAa	kkaa

Es dürfen also Kinder mit sechs verschiedenen Merkmalskombinationen erwartet werden. Sie treten mit folgenden Wahrscheinlichkeiten auf:

mit der Wahrscheinlichkeit von 6/16	Kinder mit Sommersprossen und gewelltem Haar
mit der Wahrscheinlichkeit von 3/16	Kinder mit Sommersprossen und krausem Haar
mit der Wahrscheinlichkeit von 3/16	Kinder mit Sommersprossen und glattem Haar
mit der Wahrscheinlichkeit von 2/16	Kinder ohne Sommersprossen und mit gewelltem Haar
mit der Wahrscheinlichkeit von 1/16	Kinder ohne Sommersprossen und mit krausem Haar
mit der Wahrscheinlichkeit von 1/16	Kinder ohne Sommersprossen und mit glattem Haar

Aufgabe 5

In der Wilhelma, dem Zoologischen Garten in Stuttgart, lebt ein Leistenkrokodil mit weißer Haut und roten Augen. Es ist ein Albino.

Gewöhnlich haben Leistenkrokodile eine grau und braun gefärbte Haut und bräunliche oder grünliche Augen. Weiße Krokodile mit roten Augen sind sehr selten. Die weiße Hautfarbe und die rote Augenfarbe werden rezessiv vererbt.

In der Wilhelma werden außer dem weißen Krokodil auch mehrere normal gefärbte Leistenkrokodile gehalten. Alle normal gefärbten Tiere im Zoo sind homozygot.

Schlagen Sie einen Plan für Kreuzungen vor, nach dem möglichst schnell viele weiße Leistenkrokodile herangezogen werden können.

Aufgabe 6

In einer genetischen Beratungsstelle fragt ein Ehepaar um Rat. Das erste Kind dieses Ehepaares ist ein Albino. Seine Haut und seine Haare sind weißlich, da kein Pigment eingelagert ist. Die Iris der Augen ist rot. Die Eltern dagegen haben keine roten Augen. Ihre Haut und ihre Haare sind normal gefärbt.

Das Ehepaar möchte gern ein zweites Kind haben und fragt daher, wie groß die Wahrscheinlichkeit sei, daß auch das zweite Kind ein Albino sein könne.

Der Berater erklärt zunächst, daß Albinismus rezessiv vererbt wird, und daß das Gen nicht auf einem Geschlechtschromosom liegt. Dann erläutert er, mit welcher Wahrscheinlichkeit das zweite Kind wieder ein Albino sein kann.

Welche Antwort gibt er den Eltern?

Lösung 5

Das Allel für die normale Hautfarbe und bräunliche oder grünliche Augen soll mit dem Buchstaben „A" gekennzeichnet werden, weiße Haut und rote Augen mit „a". AA ist der Genotyp für die normal gefärbten Krokodile im Zoo; aa ist der Genotyp des weißen Krokodils.

In einer ersten Kreuzung wird das weiße Krokodil mit einem normal gefärbten gekreuzt, um heterozygote Nachkommen zu erhalten.

P	AA	×	aa
F_1		Aa	

Darauf folgt die Rückkreuzung der Tiere aus der F_1 mit dem rezessiven Elter, dem weißen Krokodil.

P	Aa	×	aa
F_1	Aa		aa

Die Wahrscheinlichkeit, daß aus dieser Kreuzung weiße Krokodile hervorgehen, beträgt 50%.

Lösung 6

Die Wahrscheinlichkeit, mit der auch das nächste Kind des Ehepaares ein Albino ist, beträgt 25%.

Um diese Angabe machen zu können, muß zunächst der Genotyp der beiden Eltern festgestellt werden. Das bereits geborene, kranke Kind ist homozygot rezessiv (aa). Von den beiden Anlagen des Kindes stammt eine vom Vater und eine von der Mutter. Die Eltern sind phaenotypisch gesund. Der Genotyp der Eltern, sowohl des Vaters als auch der Mutter, muß heterozygot sein (Aa).

Die Eltern tragen also in ihren Zellen eine rezessive Anlage (a) für weiße Haare, weiße Haut und rote Augen und eine dominante Anlage (A) für normale Färbung.

Sobald der Genotyp der Eltern bekannt ist, kann die Wahrscheinlichkeit errechnet werden, mit der homozygot rezessive Nachkommen, also kranke Kinder, entstehen.

Die Häufigkeit, mit der Keimzellen gebildet werden, die das Allel „A" tragen und solche, die das Allel „a" besitzen, ist bei beiden Ehepartnern gleich groß. 50% der in der Meiose entstehenden Keimzellen erhalten das Chromosom mit dem Allel „a", 50% das mit dem Allel „A". Die Wahrscheinlichkeit, daß in der Befruchtung zwei Geschlechtszellen aufeinander treffen, die beide das Allel „a" tragen, errechnet sich aus dem Produkt der Einzelwahrscheinlichkeiten, hier 50%. Sie beträgt also 25%.

Aufgabe 7

Bei 25% der Europäer nimmt der Urin nach einem Spargelessen einen charakteristischen Geruch an. Der Genotyp der betreffenden Personen, sie werden Ausscheider genannt, ist in diesem Merkmal homozygot rezessiv.

Wie groß ist die Wahrscheinlichkeit, daß aus einer Ehe zwischen einem Ausscheider und einem heterozygoten Nichtausscheider ein Kind hervorgeht, das Nichtausscheider ist?

Begründen Sie Ihre Aussage durch Darstellung eines Erbgangs.

Aufgabe 8

Die Kartoffelpflanze bildet an unterirdischen Teilen des Sprosses Knollen aus, die Kartoffeln. Außerdem bildet sie Blüten, aus denen nach der Befruchtung kirschgroße Früchte heranwachsen.

In einem Versuch werden aus den Samen einer Kartoffelpflanze neue Pflanzen herangezogen. Aus den Knollen derselben Kartoffelpflanze werden ebenfalls neue Pflanzen aufgezogen. Zwischen den neuen Kartoffelpflanzen lassen sich zahlreiche Unterschiede feststellen.

Womit lassen sich die Unterschiede erklären, zwischen

a. den Pflanzen, die aus Samen hervorgegangen sind, und den Pflanzen, die aus Knollen entstanden sind,

b. den Pflanzen, die alle aus Samen aufgewachsen sind,

c. den Pflanzen, die sich aus Knollen entwickelten?

Lösung 7

Das Allel für die Fähigkeit, die Duftstoffe auszuscheiden, wird im Erbgang mit dem Buchstaben „a" gekennzeichnet; das entsprechende dominante Allel für das Fehlen dieser Fähigkeit mit „A".

P Aa × aa

Keim-
zellen

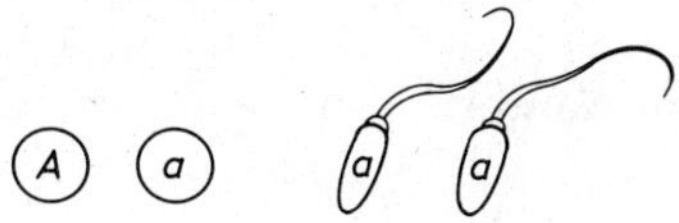

F_1 Aa aa
50% 50%

Die Wahrscheinlichkeit, daß das Kind Nichtausscheider ist, beträgt 50%.

Lösung 8

a. Samen bilden sich durch die Vereinigung von Keimzellen bei der Befruchtung. Keimzellen entstehen durch Meiose. In der Meiose können Gene neu kombiniert werden. Das geschieht durch die zufällige Kombination der Chromosomen und durch Crossing over. Nach der Vereinigung der Keimzellen bei der Befruchtung können daher die Samen derselben Kartoffelpflanze unterschiedliche Genotypen besitzen.

Knollen entstehen durch Mitosen. Sie haben alle denselben Genotyp, da in der Mitose die genetische Information unverändert weitergegeben wird. Die Unterschiede zwischen den Pflanzen, die aus Samen entstanden sind, und solchen, die aus Knollen hervorgingen, können daher nur auf unterschiedlichen Genotypen beruhen.

b. Pflanzen, die alle aus den Samen derselben Kartoffelpflanze stammen, können unterschiedliche Genotypen besitzen. Sie können sich daher auch unterscheiden.

c. Pflanzen, die alle aus Knollen derselben Kartoffelpflanze entstanden sind, haben alle dieselben Erbanlagen. Unterschiede zwischen ihnen können nur durch äußere Einflüsse ausgelöst sein. Man nennt Unterschiede, hervorgerufen durch Umwelteinflüsse, Modifikationen.

Aufgabe 9

In einem Bienenstock lebt meistens nur eine Königin. Nur die Königin kann Eier legen. Aus befruchteten Eiern werden Könniginnen oder Arbeiterinnen aufgezogen. Drohnen, die männlichen Honigbienen, entstehen aus unbefruchteten Eiern.

Haben die Drohnen in einem Bienenstock alle dieselben Erbanlagen, sind also genetisch identisch?

Begründen Sie ihre Antwort.

Aufgabe 10

Die Braunalge Dictyota kommt im Meer in einer haploiden und einer diploiden Form vor. Die beiden Formen, die sich äußerlich gleichen, gehen auf folgende Weise auseinander hervor:

Die diploiden Dictyota-Pflanzen (Form S) bilden in der Meiose haploide Zellen, die „Sporen". Aus diesen Sporen wachsen vielzellige männliche und weibliche Pflanzen heran. Diese Pflanzen sind haploid. Sie sollen als die Formen G_1 und G_2 bezeichnet werden. An diesen Pflanzen werden Keimzellen durch Mitosen gebildet. Die männlichen Pflanzen (G_1) bilden Spermazellen, die weiblichen Pflanzen (G_2) Eizellen.

Nach der Befruchtung wachsen aus der Zygote vielzellige diploide Pflanzen heran, die oben bereits genannte Form S. An diesen Pflanzen werden, wie beschrieben, haploide Sporen gebildet.

a. Haben haploide Algen, die aus den Sporen heranwachsen, alle dieselben Erbanlagen?

Begründen Sie Ihre Antwort.

b. Wozu lassen sich Algen der Formen G_1 und G_2 in der genetischen Forschung einsetzen?

c. Diploide Algen, die von einem Elternpaar abstammen, können sich im Phänotyp unterscheiden. Können sie auch im Genotyp voneinander abweichen? Wodurch lassen sich die Unterschiede im Phänotyp erklären?

E. Strasburger u. a., Lehrbuch der Botanik, 1967

Aufgabe 11

Sind Kinder derselben Eltern untereinander genetisch identisch?

Begründen Sie Ihre Antwort.

Lösung 9

Die Drohnen eines Bienenstocks können sich in ihren Erbanlagen unterscheiden, da bei der Bildung der Eizellen in der Meiose eine Neukombination (Rekombination) der Allele möglich ist. Diese Neukombination der Gene kann bei der Verteilung der homologen Chromosomen auf die Tochterzellen in der Meiose und durch Crossing over geschehen.

Lösung 10

a. Diese haploiden Algen können verschiedene Erbanlagen haben. Sie wachsen aus haploiden Sporen heran, die in den diploiden Pflanzen durch Meiose gebildet werden. In der Meiose können Allele neu kombiniert werden, und dadurch können die einzelnen Sporen verschiedene Erbanlagen erhalten, ihre Genotypen können also voneinander abweichen.

b. Die Pflanzen der Formen G_1 und G_2 sind haploid. Haploide Pflanzen sind günstig für die Mutationsforschung. Ihr Phänotyp läßt direkt auf den Genotyp schließen, da rezessive Allele nicht von dominanten überdeckt werden können.

c. Alle diese Algen haben denselben Genotyp. Die Samenzellen, aus denen sie entstanden sind, sind untereinander gleich, ebenso sämtliche Eizellen. Eizellen und Samenzellen werden durch Mitose gebildet. Dabei werden Erbanlagen nicht unterschiedlich verteilt. Die Zygoten enthalten also alle die gleichen Erbanlagen.

Nur ganz vereinzelt treten Mutationen auf, die dann zu Algen mit abweichendem Genotyp führen können.

Die phänotypischen Unterschiede sind in den meisten Fällen durch voneinander abweichende Umwelteinflüsse zu erklären. In wenigen Fällen könnte jedoch auch eine Mutation Ursache der Verschiedenheit sein. In diesen sehr seltenen Fällen ist dann ein veränderter Genotyp die Ursache für die Abweichung.

Lösung 11

Wenn der Vater und die Mutter in *allen* Merkmalen homozygot sind, können nur Keimzellen mit den gleichen Allelen gebildet werden. In diesem Fall sind die Kinder untereinander genetisch identisch, vorausgesetzt sie haben das gleiche Geschlecht.

Aufgabe 12

Th. H. Morgan benutzte für Kreuzungsexperimente Fruchtfliegen aus der Gattung Drosophila. Diese kleinen, nur wenige Millimeter langen Fliegen kommen in zahlreichen, gut untersuchten Rassen vor. Morgan konnte in sehr vielen Fällen in Kreuzungsexperimenten feststellen, welche Gene auf demselben Chromosomen liegen. Außerdem konnte er die Lage der Gene zueinander auf einem Chromosom ermitteln. Das schloß er aus der Häufigkeit von Kopplungsbrüchen.

Das Ergebnis eines solchen Kreuzungsexperiments ist in der nachfolgenden Tabelle vereinfacht dargestellt.

Gekreuzt wurden Tiere mit folgenden Genotypen:

Weibchen	Männchen
AaBbDd	aabbdd

dabei bedeutet
A = wildfarbener Körper
a = schwarzer Körper
B = normale (wildfarbene) Augen
b = purpurne Augen
D = normale Flügel
d = Stummelflügel

In der F_1 traten folgende Individuen auf:

Anzahl		*Phänotyp*	
889	wildfarben	normale Augen	normale Flügel
911	schwarz	purpurne Augen	Stummelflügel
134	wildfarben	normale Augen	Stummelflügel
124	schwarz	purpurne Augen	normale Flügel
51	wildfarben	purpurne Augen	Stummelflügel
54	schwarz	normale Augen	normale Flügel

Wegen der großen Zahl von Merkmalen und der sie bestimmenden Gene ist Homozygotie in *allen* Genen äußerst unwahrscheinlich. Für die Gene, die die Ausbildung des Geschlechts steuern, besteht beim Vater immer Hemizygotie (XY). Daraus ergibt sich in jedem Fall eine genetische Ungleichheit zwischen den Kindern, wenn sie sich im Geschlecht unterscheiden (Sohn: XY, Tochter: XX).

Wenn die Eltern in einigen Merkmalen heterozygot sind, ist genetische Ungleichheit der Kinder sehr wahrscheinlich, da:
- die Kombination der Chromosomen in der Meiose zufällig erfolgt, und so unterschiedliche Geschlechtszellen entstehen;
- die Kombination der Chromosomen in der Befruchtung zufällig erfolgt. Es hängt vom Zufall ab, welches Spermium welche Eizelle befruchtet;
- die Allele auf homologen Chromosomen durch Crossing over neu kombiniert werden können.

Lösung 12

Die Lage der Gene und ihre Abstände zueinander lassen sich aus der Häufigkeit von Kopplungsbrüchen durch Crossing over ermitteln. Dazu muß zunächst festgestellt werden, welche Allele miteinander gekoppelt sind.

Kopplungsgruppen werden nur selten durch Crossing over aufgelöst. Die meisten Nachkommen entstehen aus Keimzellen, in denen die Allele nicht entkoppelt wurden.

In Morgans Kreuzungsexperiment ist der größte Teil der Nachkommen entweder wildfarben und hat normale Augen und Flügel oder ist schwarz und hat purpurne Augen und Stummelflügel. Demnach sind die Allele A, B und D miteinander gekoppelt, und die Allele a, b und d liegen auf einem anderen Chromosom. Die zur Kreuzung verwendeten Tiere tragen also auf einem Chromosom die Allele A, B und D und auf dem homologen Chromosom die Allele a, b und d. Zwei Gene liegen um so weiter voneinander entfernt, je mehr Tiere auftreten, bei denen Crossing over zwischen diesen beiden Genen stattgefunden hat. Der Anteil dieser Tiere an der Gesamtzahl der Nachkommen gibt die Austauschhäufigkeit der Allele der beiden Gene an. Die Austauschhäufigkeit ist die Maßeinheit für den relativen Abstand zweier Gene. Sie wird als Morganeinheit bezeichnet. Eine Morganeinheit entspricht der Austauschhäufigkeit von 1%.

Durch Crossing over zwischen den Genen für die Körperfarbe und für die Augenfarbe entstanden 51 Fliegen mit einem wildfarbenen Körper, purpurnen Augen und Stummelflügeln sowie 54 Fliegen mit einem schwarzen Körper, normalen Augen und normalen Flügeln; also insgesamt 105 Tiere bei denen ein Austausch von Chromatiden stattfand.

Stellen Sie die Lage der drei Gene, welche diese Merkmale ausprägen, auf dem Chromosom fest. Geben Sie die Abstände zwischen den Genen in Morgan-einheiten an.

Begründen Sie Ihre Darstellung.

G. Fels, Kursheft Genetik, 1981

Aufgabe 13

Der Genetiker Th. H. Morgan konnte für Fliegen der Gattung Drosophila Genkarten aufstellen. In ihnen wird die mögliche Anordnung der Gene auf den Chromosomen angegeben. Außerdem konnte er die Abstände der Gene auf den Chromosomen bestimmen.

Morgan gewann seine Erkenntnisse durch zahlreiche Kreuzungsexperimente mit Drosophila. Er schrieb seine Versuchspläne und die Ergebnisse in einer besonderen Art auf. Diese Schreibweise für Kreuzungsexperimente ist in viele Lehrbücher der Genetik übernommen worden.

Die Austauschhäufigkeit ist damit

$$\frac{105}{2163} = 0{,}049$$

Das sind 4,9%.

Die Austauschhäufigkeiten der anderen Gene werden auf dieselbe Weise errechnet.

Berechnung der Austauschhäufigkeiten (Morganeinheiten)

Gesamtzahl der Tiere	2163	
davon ohne Crossing over	1800	das entspricht 83,2%
Crossing over zwischen dem Gen Körperfarbe (A/a) und dem Gen Augenfarbe (B/b)	105	das entspricht 4,9%
Crossing over zwischen dem Gen Augenfarbe (B/b) und dem Gen Flügelform (D/d)	258	das entspricht 11,9%
Crossing over zwischen dem Gen Körperfarbe (A/a) und dem Gen Flügelform (D/d)	363	das entspricht 16,8%

Daraus ergibt sich diese Lage der Gene zueinander:

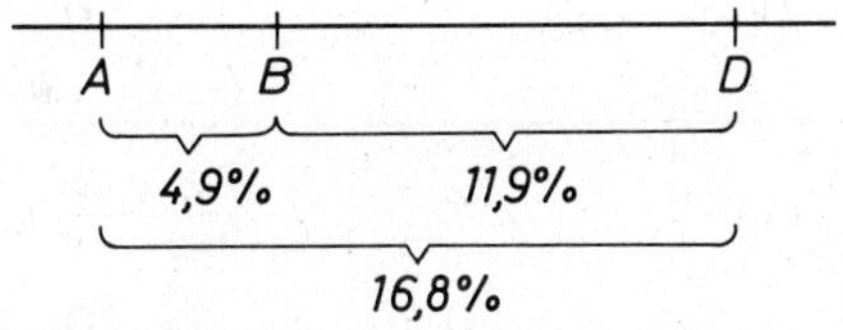

Die Gene sind jeweils als dominantes Allel angegeben.

Lösung 13

a. Die Gene für die Augenfarbe und die Flügelform sind miteinander gekoppelt, da in der F_1 nur zwei verschiedene Genotypen auftreten. Bei freier Kombinierbarkeit, wenn also die Gene auf verschiedenen Chromosomen lägen, würden in der F_1 vier verschiedene Genotypen in gleichem Zahlenverhältnis entstehen.

b. Die Kopplung der Gene für die Augenfarbe und die Flügelform ist bei 14% der Tiere in der F_1 aufgehoben. Diese Entkopplung geschieht durch Crossing over.

Aus einem Lehrbuch der Genetik stammen auch die nachfolgenden Kreuzungsexperimente, dargestellt in der Schreibweise von Morgan. Dabei stehen die Allele eines Gens jeweils untereinander. Das eine, von der Mutter stammende Gen steht oberhalb der waagerechten Linie, das andere unterhalb.

Die Allele des Wildtyps („normale“, aus der Natur isolierte Fliegen) werden durch ein + gekennzeichnet; durch Mutation veränderte Gene werden mit Buchstaben angegeben.

In den drei Kreuzungen werden Drosophila-Stämme miteinander gekreuzt, die sich in der Augenfarbe, der Flügelform und der Behaarung unterscheiden. Die unterschiedlichen Merkmale werden durch je ein Allel hervorgerufen.

Die in den Kreuzungen verwendeten Tiere tragen folgende Allele:

+rote Augen se braune Augen	D gespreizte Flügel + normale Flügel	H Behaarung fehlt an einigen Stellen des Körpers + Behaarung vollständig

Der Anteil der Tiere mit einem bestimmten Genotyp an der Gesamtzahl der Nachkommen ist jeweils in Prozent angegeben.

A	P	$\frac{se\quad +}{se\quad +}$ (♀)	×	$\frac{se\quad D}{+\quad +}$ (♂)	
	F_1	$\frac{se\quad +}{+\quad +}$ 50%		$\frac{se\quad +}{se\quad D}$ 50%	
B	P	$\frac{se\quad D}{+\quad +}$ (♀)	×	$\frac{se\quad +}{se\quad +}$ (♂)	
	F_1	$\frac{+\quad +}{se\quad +}$ 43%	$\frac{se\quad D}{se\quad +}$ 43%	$\frac{+\quad D}{se\quad +}$ 7%	$\frac{se\quad +}{se\quad +}$ 7%
C	P	$\frac{+\quad +}{D\quad H}$ (♀)	×	$\frac{+\quad +}{+\quad +}$ (♂)	
	F_1	$\frac{D\quad H}{+\quad +}$ 37,45%	$\frac{+\quad +}{+\quad +}$ 37,45%	$\frac{D\quad +}{+\quad +}$ 12,55%	$\frac{+\quad H}{+\quad +}$ 12,55%

a. Wie ist das Ergebnis der Kreuzung A zu erklären?

b. Wie ist das Ergebnis der Kreuzung B zu erklären?

c. Geben Sie mögliche Anordnungen der Gene auf dem Chromosom an.

Crossing over kann bei Drosophila nur während der Eizellenbildung geschehen, nicht jedoch während der Spermabildung. Da die Weibchen in der Kreuzung A homozygot sind, macht sich Entkopplung durch Crossing over in den Genotypen der F_1 nicht bemerkbar.

c. Die Möglichkeiten der Genanordnung auf dem Chromosom, hier jeweils durch die mutierten Allele angegeben, sind:

1. Möglichkeit:

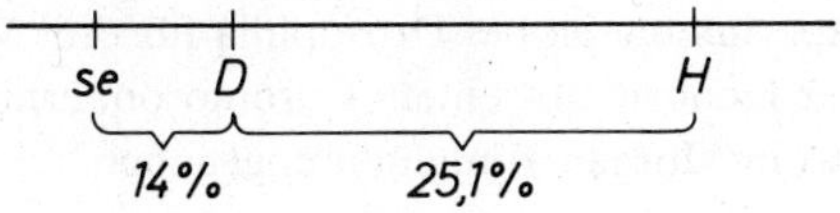

2. Möglichkeit:

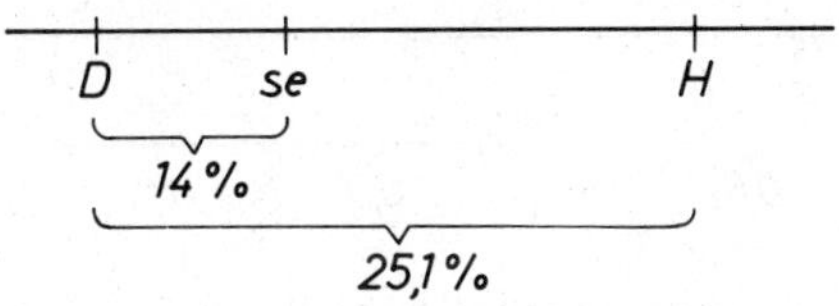

d. Um die richtige Anordnung der Gene erkennen zu können, muß der Abstand zwischen dem Gen für die Augenfarbe und dem für Körperbehaarung festgestellt werden.

Dazu müssen Weibchen, die in diesen Merkmalen heterozygot sind, mit homozygot rezessiven Männchen gekreuzt werden. Unter den Nachkommen homozygoter Weibchen ließen sich die Tiere, die durch Crossing over entstanden sind, nicht von normalen Tieren unterscheiden. Dominante Allele der Männchen könnten rezessive Allele, die durch Crossing over in den Genotyp eines Tieres der F_1 gelangten, überdecken.

Der Abstand der Gene zueinander ergibt sich aus dem Anteil der Tiere, bei denen Entkopplung stattgefunden hat, an der Gesamtzahl der Nachkommen. Durch die Entkopplung werden Allele eines homozygoten Chromosomenpaares ausgetauscht. Die Austauschhäufigkeit angegeben in Prozent ist das Maß für den Abstand zweier Gene auf dem Chromosom.

Wenn das Ergebnis eine Austauschhäufigkeit von 11,1% (=5,55 + 5,55) ergibt, ist die zweite Möglichkeit der Anordnung richtig (25,1%–14%). Diese Kreuzung und die möglichen Austauschhäufigkeiten sind im folgenden dargestellt:

$$P \quad \frac{se \quad H}{+ \quad +} \ (♀) \qquad \times \qquad \frac{se \quad +}{se \quad +} \ (♂)$$

$$F_1 \quad \frac{se \quad H}{se \quad +} \qquad \frac{+ \quad +}{se \quad +} \qquad \frac{se \quad +}{se \quad +} \qquad \frac{+ \quad H}{se \quad +}$$

30,45%	30,45%	19,55%	19,55%

d. Schlagen Sie ein Verfahren vor, mit dem entschieden werden könnte, welche der möglichen Anordnungen richtig ist. Begründen Sie Ihren Vorschlag.

C. Bresch, Klassische und molekulare Genetik, 1965

Aufgabe 14

Durch Kreuzungsexperimente ist bei Drosophila für drei Merkmale die unten dargestellte Lage der Genorte auf einem Chromosom ermittelt worden.

Die Abstände sind in Morgan-Einheiten angegeben.

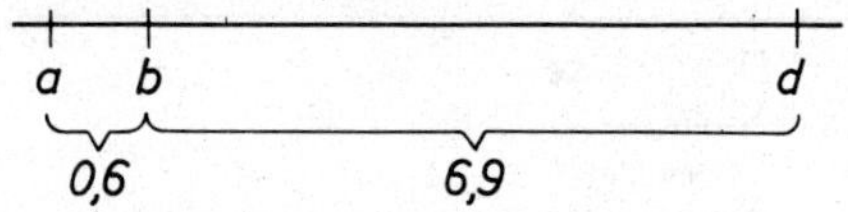

„a" steht für das Allel „gelber Körper"
„b" steht für das Allel „breite Flügel"
„d" steht für das Allel „rubinfarbene Augen"

Diese drei Allele sind rezessiv; die entsprechenden dominanten Allele sind:

A = brauner Körper
B = normale Flügel
D = normale Augen

Tiere, die im Genotyp die dominanten Allele tragen, stehen zu Kreuzungen zur Verfügung.

Schlagen Sie eine oder mehrere Kreuzungen vor, durch die sich diese Lage der Gene ermitteln läßt.

Begründen Sie Ihren Vorschlag.

oder:

F_1	$\frac{se \quad H}{se \quad +}$	$\frac{+ \quad +}{se \quad +}$	$\frac{se \quad +}{se \quad +}$	$\frac{+ \quad H}{se \quad +}$
	44,45%	44,45%	5,55%	5,55%

Lösung 14

Geeignet sind entweder eine trihybride Kreuzung oder mehrere dihybride Kreuzungen. In der Übersicht sind dihybride Kreuzungen dargestellt. Der Anteil der verschiedenen Genotypen an der Gesamtzahl der Tiere in der F_1 ist jeweils in Prozenten angegeben.

		♀		♂		
1.	P	AaBb	×	aabb		
	F_1	AaBb 49,7%		aabb 49,7%	Aabb 0,3%	aaBb 0,3%
		♀		♂		
2.	P	AaDd	×	aadd		
	F_1	AaDd 46,25%		aadd 46,25%	Aadd 3,75%	aaDd 3,75%
		♀		♂		
3.	P	BbDd	×	bbdd		
	F_1	BbDd 46,55%		bbdd 46,55%	Bbdd 3,45%	bbDd 3,45%

Die Lage der Gene läßt sich aus der Häufigkeit der Entkopplung (Crossing over) ableiten. Auf dem Chromosom werden weiter voneinander entfernt liegende Gene durch Crossing over häufiger voneinander getrennt als näher beieinander liegende Gene. Die Häufigkeit der Trennung zweier Gene durch Crossing over ist das Maß für ihren Abstand voneinander.

Die Gene für die Körperfarbe und die Flügelform liegen im Abstand 0,6 Morgan-Einheiten voneinander entfernt. 0,6% aller Tiere der F_1 sind also aus Keimzellen entstanden, in denen die Allele a und b durch Crossing over getrennt wurden. Dabei erhielten 0,3% der Nachkommen ein Chromosom mit den Allelen A und b und 0,3% mit den Allelen a und B.

Das Crossing over tritt bei Drosophila nur in der Meiose der Weibchen auf. Um feststellen zu können, ob und wie häufig Crossing over zwischen bestimmten Genen stattfindet, müssen daher in den Kreuzungen die Weibchen in den jeweiligen Merkmalen heterozygot sein. Die Männchen sollten homozygot rezessiv sein.

Aufgabe 15

Ein Ehepaar hat sechs Söhne. Mit welcher Wahrscheinlichkeit darf damit gerechnet werden, daß auch das siebte Kind ein Sohn sein wird?

Aufgabe 16

Schüler erhalten im Biologieunterricht einige Bohnensamen. Die ausgeteilten Samen stammen aus einer reinen Linie, sind also untereinander genetisch identisch. Zu Hause sollen die Schüler daraus Bohnenpflanzen heranziehen.

Ein Schüler beklagt sich, er habe nur sehr kleine Samen erhalten und befürchte nun, die daraus entstehenden Pflanzen werden ebenfalls nur sehr kleine Bohnensamen tragen.

Ist die Sorge des Schülers berechtigt?

Aufgabe 17

Der Axolotl ist ein bis zu 30 cm langer Molch aus Mexiko. Er stellt eine zoologische Besonderheit dar. In seinem ganzen Leben behält er die Merkmale von Molchlarven, z. B. die äußeren Kiemen. Er kann sich aber dennoch fortpflanzen. Er lebt nicht wie die übrigen Molche an Land, sondern verbringt sein ganzes Leben im Wasser.

Im Experiment werden Axolotl in Terrarien ohne Wasser gehalten. Die Tiere müssen sich daher ständig an Land aufhalten. Sie vollziehen daraufhin die Metamorphose, d. h. sie bilden die larvalen Merkmale zurück.

Bei homozygoten Weibchen in der P-Generation wären die Ergebnisse in der F_1 mit und ohne Crossing over gleich. Homozygot rezessive Männchen sind günstig für die Kreuzung, da sie dafür sorgen, daß in der F_1 die Allele der Weibchen zur Ausprägung kommen, also nicht von Allelen der Männchen überdeckt werden.

Lösung 15

Das Geschlecht des Kindes wird durch die Geschlechtschromosomen bestimmt. Alle Eizellen tragen ein X-Chromosom. In den Spermienzellen kann ein X- oder ein Y-Chromosom liegen.

Befruchtet eine Spermienzelle, in der ein X-Chromosom enthalten ist, eine Eizelle, dann entsteht daraus ein Mädchen.

Aus einer Spermienzelle mit einem Y-Chromosom entwickelt sich ein Junge.

Die Verteilung der Geschlechtschromosomen auf die Spermienzellen in der Meiose erfolgt zufällig. Daher tragen 50% der Spermien ein Y-Chromosom, 50% ein X-Chromosom.

Die Wahrscheinlichkeit, daß auch das siebte Kind ein Sohn wird, liegt bei 50%.

Lösung 16

Die Sorge des Schülers ist unberechtigt.

Da die Samen untereinander genetisch identisch sind, können Größenunterschiede nur durch Modifikation auftreten. Modifikationen sind aber nicht vererbbar. Da die ausgeteilten Samen aus einer reinen Linie stammen, ist jeder Samen mit der gleichen Reaktionsnorm ausgestattet. Daher können auch aus kleinen Samen Bohnenpflanzen entstehen, die große Samen tragen.

Lösung 17

a. Ein Axolotl trägt in den Kernen seiner Zellen sowohl die genetische Information für die Erhaltung der larvalen Merkmale als auch für deren Rückbildung. Umwelteinflüsse bestimmen, welche der beiden Informationen zur Wirkung kommen. Umwelteinflüsse des Landes bewirken die Rückbildung der larvalen Merkmale; Umwelteinflüsse des Wassers verhindern die Rückbildung. Diese Art der Merkmalsausprägung wird als alternative oder umschlagende Modifikation bezeichnet.

a. Erklären Sie die Gründe für diese Metamorphose des Axolotl in einem Lebensraum ohne Wasser.

b. Die Nachkommen der Tiere, die gezwungen wurden an Land zu leben, erhalten wieder Gelegenheit sich ständig im Wasser aufzuhalten.

Beschreiben Sie deren Körperbau.

Begründen Sie Ihre Antwort.

Aufgabe 18

Schistocera gregaria, eine Wanderheuschrecke, kommt in zwei Formen vor:

Tiere der Form A leben einzeln, verstreut und weitgehend an einen Ort gebunden. Ihr Körper ist grünlich gefärbt.

Tiere der Form B zeigen einen Drang nach Geselligkeit, sie unternehmen Wanderungen und neigen dazu, Bewegungen nachzuahmen. Im Panzer dieser Tiere ist viel schwarzes Pigment enthalten. Er ist daher dunkel gefärbt.

Im Experiment kann gezeigt werden, daß Tiere der Form A, die ständigen gegenseitigen Berührungen ausgesetzt werden, sich von der Form A in die Form B umwandeln. Die Nachkommen der Form B entwickeln sich, wenn sie sich ebenfalls häufig berühren können, zu Tieren der Form B. Ist die Häufigkeit der Berührungsreize gering, bilden sich Tiere der Form A.

Wie ist das Auftreten der beiden Formen nach genetischen Gesichtspunkten zu erklären?

Urania Tierreich, Bd. 3, Insekten, 1969

Aufgabe 19

Die Zahl der in einer Erbsenhülse enthaltenen Samen wird durch ein Gen gesteuert. Die beiden Erbsensorten A und B sind in diesem Merkmal homozygot. Die Sorte A hat sechs bis neun Samen pro Hülse, im Durchschnitt 7,21 Samen. Die Sorte B hat neun bis elf Samen pro Hülse, im Durchschnitt 9,64 Samen.

a. Es wird eine Pflanze der Sorte A ausgewählt, die besonders viele Hülsen mit neun Samen trägt. Aus diesen Samen werden Pflanzen aufgezogen. Wieviele Samen pro Hülse tragen diese Pflanzen?

Begründen Sie Ihre Antwort.

b. Sie erhalten je eine Erbsenhülse von Pflanzen der Sorte A und B. Beide Hülsen enthalten neun Samen.

Beschreiben Sie ein Verfahren, mit dem Sie entscheiden können, welche Hülse von einer Pflanze der Sorte A stammt, und welche von einer Pflanze der Sorte B.

W. Gottschalk, Allgemeine Genetik, 1978

b. Obwohl die Eltern die larvalen Merkmale verloren haben, bilden die Nachkommen sie wieder aus und behalten sie ihr Leben lang, sofern sie im Wasser leben.

Die Eltern geben ihre genetische Information an die Nachkommen weiter. Diese genetische Information läßt es zu, je nach Art der Umwelt die larvalen Merkmale beizubehalten oder zurückzubilden.

Lösung 18

Die beiden Formen entstehen durch Modifikation. Die Häufigkeit der gegenseitigen Berührung ist der Umwelteinfluß, der in der Entwicklung der Tiere entweder zur Bildung der Form A oder B führt. Vererbt wird hierfür die Reaktionsnorm.

Die Reaktionsnorm umfaßt die Möglichkeit, Merkmale sowohl der Form A als auch der Form B auszubilden. Die Umwelteinflüsse, in diesem Fall die Populationsdichte, bestimmen, welche Merkmale ausgebildet werden.

Lösung 19

a. Die Hülsen dieser Pflanzen tragen sechs bis neun Samen, im Durchschnitt 7,21 Samen.

Die vielen Hülsen mit neun Samen an der elterlichen Pflanze lassen sich als Modifikation erklären. Solche Modifikationen sind nicht vererbbar. Daher kommen unter den Nachkommen nicht besonders viele Hülsen mit neun Samen vor. Vererbt wird nur die Reaktionsnorm, die Fähigkeit sechs bis neun Samen pro Hülse auszubilden.

b. Um feststellen zu können, von welcher Sorte die Hülsen stammen, müssen aus den Samen Pflanzen herangezogen werden. Die Samenzahlen in den Hülsen dieser Pflanzen werden miteinander verglichen. Die Pflanzen, deren Samenzahl pro Hülse im Durchschnitt höher ist, sind aus Samen der Sorte B hervorgegangen. Pflanzen, deren Hülsen im Durchschnitt weniger Samen tragen, stammen aus Samen der Sorte A.

Aufgabe 20

Es gibt Erbsensorten, die sich in der Form ihrer endständigen Fiederblättchen unterscheiden. Drei dieser Sorten werden miteinander gekreuzt, um die Dominanzverhältnisse der Allele zu ermitteln, die die Ausbildung der verschiedenen Fiederblättchen steuern.

Gekreuzt werden:

a. Sorte mit „normaler“ Blattform

b. Sorte mit der Blattform „petiolule“

c. Sorte mit der Blattform „acacia“

In den drei Kästen sind die Kreuzungen und deren Ergebnisse dargestellt. Angegeben sind die Phaenotypen. Die Pflanzen der P-Generation sind homozygot, die Pflanzen der F_1 bestäuben sich selbst.

Kreuzung 1:

P:	normal	×	petiolule
F_1:		normal	
F_2:	normal		petiolule
	3	:	1

Kreuzung 2:

P:	normal	×	acacia
F_1:		normal	
F_2:	normal		acacia
	3	:	1

Kreuzung 3:

P:	petiolule	×	acacia
F_1:		petiolule	
F_2:	petiolule		acacia
	3	:	1

Geben Sie die Dominanzverhältnisse der an der Ausbildung der Blattform beteiligten Allele an.

Mit welchem Fachausdruck wird ein solcher Fall bezeichnet, bei dem ein Gen in verschiedenen Zuständen auftritt und damit unterschiedliche Merkmale hervorruft?

Verändert nach W. Gottschalk, Allgemeine Genetik, 1978

Lösung 20

Normal dominiert über petiolule.
Petiolule dominiert über acacia.
Diese Form der Vererbung heißt multiple Allelie.

B. Molekulargenetik

Zur Lösung der Aufgaben erforderliche Kenntnisse:

Struktur von Nukleinsäuren

- Desoxyribonukleinsäure (DNS oder DNA)
  Desoxyribose
  Phosphorsäure
  organische Basen (Adenin, Guanin, Cytosin, Thymin)
  komplementäre Basen
- Ribonukleinsäuren (RNS oder RNA)
  transfer-RNS (t-RNS)
  messenger-RNS (m-RNS)
  ribosomale-RNS (r-RNS)
  Ribose
  Uracil
- Nukleotid
- Polynukleotid
- spezifische Basenpaarung
- Versuch von Meselson und Stahl
- Basensequenz
- Polarität (3'/5'-Ende) der Nukleinsäuren
- DNS-Synthese im zellfreien System

Transformation und Transduktion

- Versuche von Avery und Griffith
- Bau einer Bakterienzelle
- Bau eines Phagen
- Vermehrungszyklus eines Phagen
- Versuche mit Mangelmutanten von Bakterien
- virulente, temperente Phagen

Proteinbiosynthese

- genetischer Code
- Eigenschaften des genetischen Codes
- Genmutation
- Transkription
- Translation
- Polysomen
- elektronenmikroskopisches Bild einer Zelle
- Entschlüsselung des genetischen Codes (Nierenberg und Matthaei)
- Ein-Gen-Ein-Enzym (Polypeptid)-Hypothese
- Codon

- Polygenie
- Polyphänie
- differentielle Genaktivität

  Puffs

  Riesenchromosomen

  Autoradiographie zum Nachweis des Ortes der RNS-Bildung

Aufgabe 1

Dem Genetiker Kornberg gelang es, DNS-Moleküle im Reagenzglas zu synthetisieren. Er isolierte dazu DNS aus Phagen, Bakterien und Kalbsthymus. Die isolierte DNS mischte er im Reagenzglas mit freien Nukleotiden und bestimmten Bestandteilen der lebenden Zellen. Im Reagenzglas bildete sich neue DNS.

Kornberg untersuchte, wie häufig jede der vier Basen, Adenin, Thymin, Guanin und Cytosin in der natürlichen DNS der Zellen und in der neu synthetisierten DNS vorkommt.

Die Ergebnisse sind in der Tabelle zusammengestellt.

Relative Basenverhältnisse in natürlicher und im zellfreien System synthetisierter DNS für verschiedene Organismen.

	Adenin	Thymin	Guanin	Cytosin	$\frac{A+T}{G+C}$
Mycobacterium					
natürliche DNS	0,65	0,66	1,35	1,34	0,49
neu synthetisierte DNS	0,66	0,65	1,34	1,37	0,48
Escherichia coli					
natürliche DNS	1,00	1,05	0,98	0,97	0,97
neu synthetisierte DNS	1,04	1,00	0,97	0,98	1,02
Kalbsthymus					
natürliche DNS	1,14	1,05	0,90	0,85	1,25
neu synthetisierte DNS	1,12	1,08	0,85	0,85	1,29
Phage T2					
natürliche DNS	1,31	1,32	0,67	0,70	1,92
neu synthetisierte DNS	1,33	1,29	0,69	0,70	1,90

Die Gesamthäufigkeit der Basen ist gleich vier gesetzt. Die relativen Häufigkeiten der einzelnen Basen sind auf diese Zahl bezogen. Die angegebenen Werte enthalten geringe Meßfehler.

In der letzten Spalte der Tabelle ist das Verhältnis der Basen Adenin und Thymin zu den Basen Guanin und Cytosin angegeben.

Welche Annahmen über Bau und Funktion der DNS werden durch die Ergebnisse bestätigt?

Vergleichen Sie dazu:

a. Die Häufigkeit der verschiedenen Basen in der natürlichen DNS eines Organismus miteinander;

b. die Häufigkeit der Basen in natürlicher DNS mit der Häufigkeit in der entsprechenden neu synthetisierten DNS in demselben Organismus;

c. die Quotienten für die verschiedenen Organismen miteinander.

C. Bresch, Klassische und molekulare Genetik, 1965

Lösung 1

a. In allen vier Organismen ist Adenin so häufig wie Thymin und Guanin so häufig wie Cytosin. Diese Erscheinung bestätigt die Annahme, daß im DNS-Doppelstrang die Basen Adenin und Thymin miteinander gepaart sind und ebenso Guanin und Cytosin.

b. Die Häufigkeit und damit die Menge der einzelnen Basen in der neu synthetisierten DNS ist jeweils so groß wie in der natürlichen DNS. Das trifft für alle untersuchten Organismen zu. Diese Übereinstimmung weist daraufhin, daß sich die DNS identisch verdoppeln kann. Damit ist auch die genetische Information der neuen DNS identisch mit derjenigen der alten DNS.

c. Die Quotienten $\frac{A+T}{G+C}$ der vier Organismen unterscheiden sich voneinander. Diese Unterschiede bestätigen die Annahme, daß die genetische Information durch die Abfolge der Basen festgelegt wird.

Wenn die genetische Information tatsächlich in der Abfolge der Basen liegt, dann muß diese Abfolge bei den vier Organismen verschieden sein. Damit sind sehr wahrscheinlich auch die Häufigkeiten der vier Basen in der DNS bei den vier Organismen unterschiedlich. So unterscheiden sich sehr wahrscheinlich die DNS-Moleküle der vier Organismen in der Häufigkeit, mit der Adenin in ihnen enthalten ist. Thymin ist wegen der Basenpaarung in jeder DNS immer gleich häufig wie Adenin. Auch die Häufigkeit von Guanin in den verschiedenen DNS-Molekülen ist unterschiedlich. Cytosin ist immer gleich häufig wie Guanin.

Welche Anteile die Basen am Aufbau einer bestimmten DNS haben, läßt sich aus dem Quotienten $\frac{A+T}{G+C}$ ablesen. In den aufgeführten Beispielen sind die Quotienten der DNS in jedem der vier Organismen voneinander verschieden. Also ist auch der Anteil der Basen, aus denen die DNS-Moleküle bestehen, verschieden hoch. Diese Verschiedenheit kann erklärt werden, wenn angenommen wird, daß die genetische Information in der Abfolge der Basen liegt.

Aufgabe 2

Diese Strukturformel stellt einen Ausschnitt aus einem Molekül dar.

Nennen Sie die Bezeichnungen für die mit Buchstaben gekennzeichneten Bausteine des Moleküls.

Aus welchem Molekül stammt der Ausschnitt?

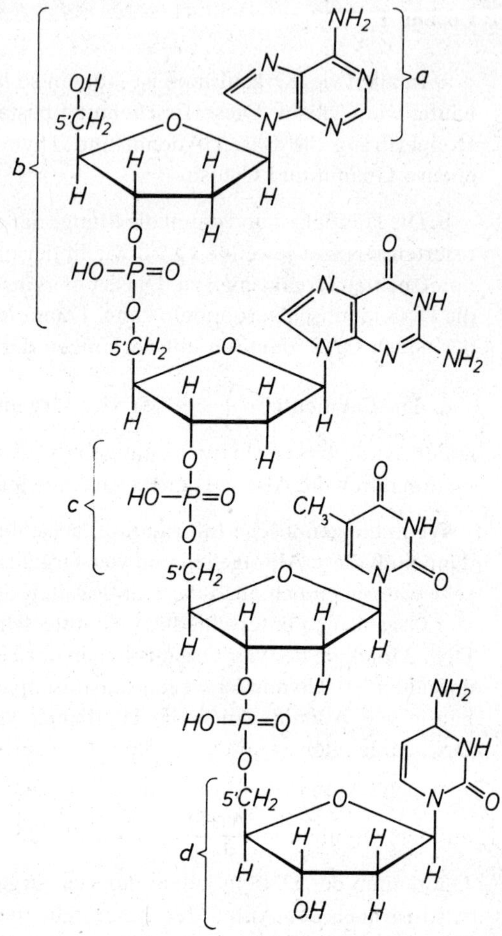

Aufgabe 3

In der Tabelle ist der DNS-Gehalt in Zellkernen aus verschiedenen Geweben in der Maßeinheit 10^{-13}g angegeben. Meßungenauigkeiten können in den Zahlen enthalten sein.

Die Werte stammen von Tieren aus vier Gruppen der Wirbeltiere, von einem Vogel (Hahn), einem Säugetier (Rind), einem Lurch (Kröte) und vier verschiedenen Fischen (Forelle, Karpfen, Alse und Hecht).

Lösung 2

a organische Base (Adenin)
b Nukleotid
c Phosphorsäurerest
d Zucker (Desoxyribose)
Der Ausschnitt stammt aus dem Einzelstrang eines DNS-Moleküls.

Lösung 3

Hinweise lassen sich durch den Vergleich der Meßwerte finden.

Die Menge der DNS in den Spermien beträgt etwa die Hälfte von der Menge in den Körperzellen. Das deckt sich mit einer Forderung der Chromosomentheorie der Vererbung. Danach muß die Erbsubstanz bei der Bildung der Keimzellen in der Meiose halbiert werden.

Zellen aus verschiedenen Organen des gleichen Tieres haben die gleiche

Die Angaben in der Tabelle weisen darauf hin, daß die DNS der Träger der Erbinformation ist.

Erläutern Sie diese Hinweise.

Zellkerne aus	Hahn	Rind	Kröte	Forelle	Karpfen	Alse	Hecht
Leber	25	64	—	—	—	20	—
Thymus	—	64	—	—	—	—	—
Niere	24	64	—	—	—	—	—
Pankreas	26	66	—	—	—	—	—
Milz	26	68	—	—	—	—	—
Erythrozyten . .	26	—	73	58	34	20	17
Herz	26	—	—	—	—	—	—
Spermien	13	33	37	27	16	9	9

— = keine Messungen durchgeführt

C. Bresch, Klassische und molekulare Genetik, 1965

Aufgabe 4

Die Resistenz oder Widerstandsfähigkeit gegen Penizillin ist bei Bakterien erblich. Sie ist in einem Gen festgelegt. Es sind aber nicht sämtliche Bakterienarten resistent, und von manchen Arten gibt es verschiedene Stämme, die resistent oder nicht resistent sind. Zwei Stämme, die sich hierin unterscheiden, sollen näher betrachtet werden:

Der Stamm „A“ ist gegen Penizillin resistent.

Der Stamm „B“ ist gegen Penizillin nicht resistent.

Beschreiben Sie zwei Verfahren, mit denen die Resistenz des Stammes „A“ auf den Stamm „B“ übertragen werden kann.

Menge DNS. Körperzellen entstehen durch Mitose. Dabei werden Chromosomen verdoppelt und gleichmäßig auf die Tochterzellen verteilt. Wenn die DNS der Träger der Erbinformation ist, sollte ihr Gehalt in allen Körperzellen gleich sein. Verschiedene Tierarten haben voneinander abweichende DNS-Mengen in ihren Zellkernen. Die Arten unterscheiden sich stark in ihrem Bau. Daraus läßt sich auf unterschiedliche genetische Information in den Zellen schließen. Daher kann die DNS-Menge in den Zellkernen unterschiedlich groß sein.

Nach den Angaben in der Tabelle kann also die DNS Träger der Erbinformation sein.

Lösung 4

Um die Resistenz zu übertragen, muß ein Stück DNS des Stammes „A“, auf dem das „Resistenz-Gen“ liegt, in die Zellen des Stammes „B“ gebracht werden. Das kann durch Transformation oder Transduktion geschehen.

Zur Übertragung von DNS-Stücken durch Transformation muß DNS des Stammes „A“ isoliert werden. Diese DNS wird dann den Kulturen des Stammes „B“ zugesetzt. In einigen Zellen dieser Kulturen läßt sich danach die Fähigkeit zur Resistenz gegen Penizillin nachweisen. Diese Zellen haben das „Resistenz-Gen“ aufgenommen.

Bei der Transduktion übertragen Bakteriophagen DNS-Stücke von einer Bakterienzelle in eine andere. Bei diesem Verfahren werden zum Stamm „A“ Bakteriophagen gegeben. Wenn die Phagen-DNS in die DNS der Bakterienzelle eingebaut wird, und anschließend neue Phagen synthetisiert werden, können Phagen entstehen, die Stücke der Bakterien-DNS enthalten. Diese Stücke können neben anderen Genen auch das Resistenz-Gen enthalten. Mit diesen Phagen werden Kulturen des Stammes „B“ infiziert. Wenn die Zahl solcher Phagen sehr hoch ist, sind unter ihnen mit großer Wahrscheinlichkeit auch solche zu finden, die in ihrer DNS das „Resistenz-Gen“ des Stammes „A“ enthalten. Mit dem Einbau der DNS dieser Phagen in die Bakterien-DNS des Stammes „B“ gerät auch das „Resistenz-Gen“ in die Bakterien-DNS. Die Bakterienzellen des Stammes „B“ werden dadurch resistent gegen Penizillin.

Aufgabe 5

Eine Richtung der Krebsforschung beschäftigt sich mit Viren, nachdem Krebsforscher Viren entdeckt haben, die bei Wirbeltieren Tumore hervorrufen. Dazu gehört auch das Rous-Sarkom-Virus. Es enthält ein Gen, das bei Hühnern Tumorbildung auslöst.

Ein Rous-Sarkom-Virus besteht aus einem RNS-Molekül, das von einer Proteinhülle umgeben ist. Ein Abschnitt der RNS wirkt als das tumorbildende Gen. Die Auslösung der Tumorbildung hängt vermutlich mit Vorgängen bei der Vermehrung der Viren in den Hühnerzellen zusammen. Zur Vermehrung muß die genetische Information eines Virus in die DNS der Wirtszelle aufgenommen werden. Die genetische Information liegt jedoch bei den Viren in der RNS. Es ist nicht möglich, RNS-Stücke in ein DNS-Molekül einzubauen.

Nennen Sie in zeitlicher Reihenfolge die Vorgänge, die bei der Vermehrung eines Rous-Sarkom-Virus in einer Hühnerzelle ablaufen. Beachten Sie dabei die Schwierigkeiten, die sich aus dem unterschiedlichen Bau der RNS und DNS ergeben.

Spektrum der Wissenschaft, 5/1982

Aufgabe 6

Alljährlich sterben Menschen nach dem Verzehr von Grünen Knollenblätterpilzen. Amatoxin ist das tödliche Gift in diesem Pilz. Es hemmt die Bildung der RNS-Polymerase II (B). Dieses Enzym ist an der Bildung der m-RNS beteiligt. Beschreiben Sie die Wirkung des Giftes auf:

a. Vorgänge in menschlichen Zellen,

b. den gesamten Organismus des Menschen.

Naturwissenschaftliche Rundschau, 9/1980

Lösung 5

Ein Rous-Sarkom-Virus infiziert eine Hühnerzelle.

Das Virus setzt in der Hühnerzelle seine RNS frei.

Die genetische Information des Virus wird von RNS auf DNS „umgeschrieben". Dazu sind freie DNS-Nukleotide der Hühnerzelle und ein bestimmtes Enzym erforderlich. Das Enzym verbindet die DNS-Nukleotide zu einem Polynukleotidstrang. Da die RNS nur aus einem Strang besteht, ist diese DNS ebenfalls einsträngig.

Der Einzelstrang wird durch Anlagerung freier Nukleotide zu einem Doppelstrang ergänzt. Dabei paart sich jeweils ein Nukleotid des Einzelstranges mit einem komplementären, freien Nukleotid.

Der so gebildete DNS-Doppelstrang wird in die DNS der Hühnerzelle eingebaut.

An der eingebauten DNS bilden sich zwei verschiedene RNS-Moleküle. Das eine Molekül arbeitet als m-RNS. Es überträgt den Teil der genetischen Information für das Virusprotein aus dem Zellkern in die Ribosomen im Cytoplasma. Das andere RNS-Molekül enthält die gesamte genetische Information des Virus.

An den Ribosomen bildet sich, entsprechend der Information auf der m-RNS, Virusprotein.

Das Virusprotein umhüllt die RNS des Virus, die die gesamte genetische Information enthält.

Lösung 6

a. Die genetische Information kann nicht aus dem Zellkern in das Cytoplasma gelangen, da die m-RNS nicht mehr gebildet wird. Daher findet keine Proteinsynthese im Cytoplasma statt.

b. Wenn die Proteinsynthese blockiert ist, kann die Zelle nicht leben, da

1. der Eiweißanteil der Enzyme nicht hergestellt wird. Die Zelle leidet daraufhin unter fortschreitendem Enzymmangel, da alternde, in ihrer Struktur veränderte Enzyme nicht mehr ersetzt werden können. Dadurch sind alle enzymatisch katalysierten Reaktionen, also der gesamte Stoffwechsel gestört.
2. viele Hormone Proteine sind. Diese Hormone steuern im gesunden Körper zahlreiche Stoffwechselprozesse.
3. Proteine in der Zelle als Strukturmoleküle eingesetzt werden, z. B. im Hämoglobin und als Rezeptormoleküle, z. B. in der Membran der Nervenzellen. Viele dieser Proteine sind nur für kurze Zeit beständig. Danach verändern sie ihre Struktur und werden unbrauchbar. Wenn diese Proteine nicht neu synthetisiert werden können, stehen fortschreitend immer weniger Proteine zur Erfüllung dieser Aufgaben zur Verfügung.

Aufgabe 7

Die DNS besteht aus zwei Polynukleotidsträngen, die sich spiralig umeinander winden. Die genetische Information ist durch die Abfolge der Basen in der DNS festgelegt.

Im Schema ist die Basenfolge eines Ausschnitts aus einem Polynukleotidstrang einer DNS angegeben. Die Positionen der einzelnen Basen sind mit Ziffern gekennzeichnet.

3' C	A	C	G	T	A	T	G	A	A	C	A	T	C	G	A	G	C	A	A	T	G	C	G	A	C	T 5'
1	2	3	4	5	6	7	8	9	10	11	12	13	14	15	16	17	18	19	20	21	22	23	24	25	26	27

a. Stellen Sie das Polypeptid dar, das durch diesen DNS-Ausschnitt codiert wird. Benutzen Sie zur Lösung der Aufgabe das Code-Lexikon. Beachten Sie, daß darin der Code für die m-RNS angegeben ist.

b. Welche Folgen hätte es für die Polypeptid-Synthese, wenn die Base „A" an der mit 12 bezeichneten Position durch die Base „T" ersetzt würde?

c. Welche Folgen hätte es für die Polypeptid-Synthese, wenn die Base „A" an der mit 12 bezeichneten Position durch die Base „G" ersetzt würde.

Welche Eigenschaften des genetischen Codes werden hier deutlich?

d. Welche Folgen hätte es, wenn „G" an der mit 17 bezeichneten Position fehlen würde?

Welche Eigenschaft des genetischen Codes wird dadurch deutlich?

Genetischer Code

Die Codewörter sind für die m-RNS angegeben.

Die Codons sind von innen (5') nach außen (3') zu lesen. Außen sind die zugehörigen Aminosäuren angegeben:

∗ = zweimal auftretende Aminosäure

● = Stop-Codon

▶ = Start-Codon, der am Anfang der Translation stehend stets das Start-Methionin einbaut. Das Start-Methionin wird nach Ablösung der Polypeptidkette von der m-RNS wieder abgetrennt. Wenn diese Codons in der Mitte der m-RNS stehen, wird die in der Code-Sonne angegebene Aminosäure eingebaut.

Lösung 7

a. Da die Tripletts im Code-Lexikon für die m-RNS angegeben sind, muß die Abfolge der Basen auf der DNS in die entsprechende Abfolge auf der m-RNS umgeschrieben werden.

Dabei muß ein m-RNS-Strang entstehen, der komplementär zum DNS-Strang ist. Zu beachten ist, daß in der m-RNS Thymin durch Uracil ersetzt wird.

Die Abfolge der Basen auf der m-RNS ist im folgenden in der oberen Reihe angegeben, darunter steht der codierte Polypeptidstrang:

GUG	CAU	ACU	UGU	AGC	UCG	UUA	CGC	UGA
Start	His	– Thr	– Cys	– Ser	– Ser	– Leu	– Arg	Stop

|
Met
|
wird später abgespalten.

b. Die Synthese bricht dann nach der Position 9 ab, da das Codogen „ACT" als Stop-Codogen arbeitet.

c. Die Base „G" an Position 12 hätte keine Veränderung des Polypeptids zur Folge, da sowohl „ACA" als auch „ACG" Cys codieren.

Folgende Eigenschaften des genetischen Codes werden dadurch deutlich:

1. Der Code ist degeneriert; die gleiche Aminosäure kann durch mehrere Tripletts codiert werden.
2. Die Tripletts überlappen sich nicht; eine Base kann nicht zu zwei Tripletts gehören. Die Base an Position 12 gehört nur als dritte zum vierten Triplett und nicht gleichzeitig noch als erste oder zweite zum fünften Triplett.

d. Von dem Triplett an, zu dem die Base an Position 17 gehört, ändern sich alle folgenden Tripletts und damit auch die von ihnen codierten Aminosäuren.

Die Basen würden in diesen Fall so aufeinander folgen:

Start–His–Thr–Cys–Ser–$\underbrace{\text{Cys–Tyr–Ala}}_{\text{geändert}}$

Dadurch wird deutlich, daß es in der Abfolge der Basen kein Zeichen für die Trennung zweier Tripletts voneinander gibt. Die Information der Nukleinsäuren wird fortlaufend, ohne Komma, abgelesen.

Aminosäuren:
Ala = Alanin
Arg = Arginin
AsN = Asparagin
Asp = Asparaginsäure
Cys = Cystein
GlN = Glutamin
Glu = Glutaminsäure
Gly = Glycin
His = Histidin
Ile = Isoleucin
Leu = Leucin
Lys = Lysin
Met = Methionin
Phe = Phenylalanin
Pro = Prolin
Ser = Serin
Thr = Threonin
Trp = Tryptophan
Tyr = Tyrosin
Val = Valin

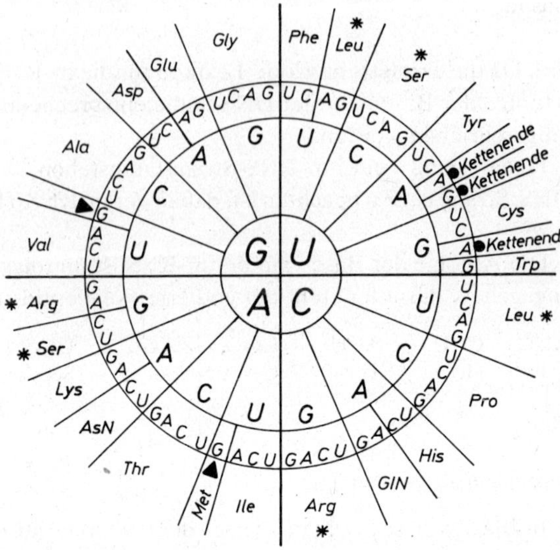

Aufgabe 8

Etwa 8 % der amerikanischen Neger haben rote Blutkörperchen, die bei Sauerstoffmangel sichelförmig werden. Diese Eigenschaft ist erblich. Homozygot führt sie zu der Krankheitserscheinung der „Sichelzellenanämie". Etwa 2 % der amerikanischen Neger leiden daran.

Untersuchungen haben ergeben, daß das Hämoglobin dieser Menschen anomal ausgebildet ist. Hämoglobin besteht aus einer eisenhaltigen, farbigen Verbindung, dem Häm und einem Eiweiß, dem Globin. Ein kleiner Ausschnitt aus dem Globin im Hämoglobin eines gesunden und eines an Sichelzellenanämie erkrankten ist hier dargestellt:

(I)	Val	His	Leu	Thr	Pro	Glu	Glu	Lys	Ser	Ala	......	Tyr	His
(II)	Val	His	Leu	Thr	Pro	Val	Glu	Lys	Ser	Ala	......	Tyr	His
Positionen	1	2	3	4	5	6	7	8	9	10		145	146

(I) gesunder Mensch (Hämoglobin A)
(II) kranker Mensch (Hämoglobin S)

a. Versuchen Sie mit dem Code-Lexikon die notwendigen Veränderungen in der DNS darzustellen, die die Sichelzellenanämie auslösen. (Genetischer Code im Code-Lexikon für m-RNS angegeben; siehe Aufgabe 7)

b. Beurteilen Sie die Möglichkeiten, Sichelzellenanämie zu heilen.

Natur 10/1981; L. Hafner und P. Hoff, Genetik, 1977

Lösung 8

a. Das Hämoglobin S unterscheidet sich in der Aminosäure an Position 6 vom Hämoglobin A. Vermutlich liegt die fehlerhafte Information in der Basenfolge des entsprechenden DNS-Abschnitts.

Die möglichen Basenfolgen an den Positionen 5 bis 8 lauten:

Position der Aminosäure des Hämoglobins	5	6	7	8
mögliche Basenfolge eines gesunden Menschen	– GGC oder – GGT oder – GGG oder – GGA	CTT CTC	CTT CTC	TTC TTT
mögliche Basenfolge eines Menschen, der unter Sichelzellen-anämie leidet	– GGC oder – GGT oder – GGG oder – GGA	CAT CAC CAA CAG	CTC CTT	TTC TTT

Wahrscheinlich wurde die zweite Base des sechsten Tripletts (T gegen A) ausgetauscht. Andere Möglichkeiten sind unwahrscheinlicher, da angenommen werden müßte, daß im sechsten Triplett zwei Basen getauscht wurden. Wahrscheinlich lautet die Basenfolge im sechsten Triplett so:

CAT oder CAC

b. Alle Bildungszellen der roten Blutkörperchen im Knochenmark tragen wie alle übrigen Zellen des Körpers die fehlerhafte Information in der DNS.

Eine Heilung wäre nur möglich, wenn es gelänge, die fehlerhafte Base in der DNS zumindest in den Zellen im Knochenmark auszutauschen.

Aufgabe 9

Die Lebensdauer der m-RNS ist auf kurze Zeit begrenzt; bei Bakterien auf einige Minuten, bei Säugetieren auf wenige Stunden.

Weshalb ist die Begrenzung der Lebensdauer der m-RNS erforderlich?

L. Hafner und P. Hoff, Genetik, 1977

Aufgabe 10

Das Antibiotikum Puromycin wird statt der t-RNS an Ribosomen in der Bakterienzelle angelagert. Dadurch werden die Ribosomen blockiert.

Welche Folgen hat dies für die Zelle?

U. Kull und H. Knodel, Genetik und Molekularbiologie, 1977

Aufgabe 11

Galaktose, ein „Sechser-Zucker", ist ein Bestandteil des Milchzuckers. Er kommt in der Milch von Säugetieren, also auch in der menschlichen Muttermilch vor. In dieser Zeichnung ist der Abbau der Galaktose in der menschlichen Zelle dargestellt. Am Abbau sind die Enzyme Galaktokinase, Galaktose-1-phosphat-Uridyl-Transferase und Epimerase beteiligt.

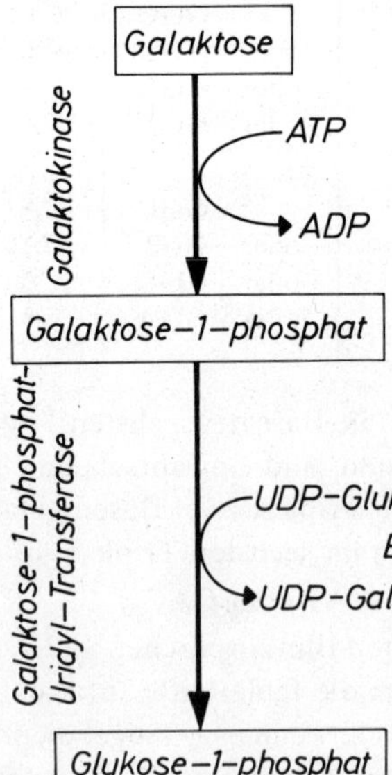

Lösung 9

Ein m-RNS-Molekül überträgt die Information für die Synthese eines Polypeptids aus dem Zellkern in das Cytoplasma. Diese Information erlischt mit dem Zerfall oder dem Abbau des m-RNS-Moleküls. Die begrenzte Lebensdauer verhindert, daß eine einmal begonnene Synthese eines bestimmten Polypeptids ständig weiterläuft, auch wenn der Bedarf daran gedeckt ist.

Lösung 10

Puromycin verursacht eine sehr starke Störung des gesamten Stoffwechsels in der Bakterienzelle.

Durch die Blockade der Ribosomen kann die m-RNS nicht mehr abgelesen werden. Es ist also keine Proteinsynthese mehr möglich. Damit werden unter anderem auch keine Enzyme mehr gebildet. Die meisten Prozesse des Stoffwechsels werden aber durch Enzyme katalysiert.

Über diesen Eingriff in den Stoffwechsel wirkt Puromycin gegen Bakterien.

Lösung 11

a. Es sind drei Enzyme am Abbau der Galaktose beteiligt. Nach der Ein-Gen-ein-Enzym-Hypothese liegt jedem Enzym *ein* Gen zugrunde. Daher wird der Abbau von Galaktose von mindestens drei Genen gesteuert.

b. Polygenie

c. Zur Anreicherung von Galaktose-1-phosphat im Blut kann es kommen, wenn entweder das Gen, das die Bildung des Enzyms Galaktose-1-phosphat-Uridyl-Transferase steuert, fehlt, oder wenn das Gen für Epimerase fehlt.

d. Säuglinge, die an Galaktosämie leiden, sollten mit galaktosefreier Kost ernährt werden. Wenn sie keine Galaktose zu sich nehmen, tritt das Abbauprodukt Galaktose-1-phosphat nicht auf.

a. Wieviele Gene sind am Abbau der Galaktose mindestens beteiligt?

b. Nennen Sie den Fachausdruck für die genetische Steuerung dieses Abbaus.

c. Bei Galaktosämie, einer Erbkrankheit, ist der Gehalt an Galaktose-1-phosphat im Blut erhöht. Die Krankheit tritt bereits in den ersten Lebenstagen auf. Nachdem das Baby einige Male Milch getrunken hat, erkrankt es an Brechdurchfall. Wird das Baby weiter mit Milch ernährt, treten Gelbsucht, Grauer Star und schwere Gehirnschädigungen auf. Häufig sterben die Kinder schon in den ersten Lebenswochen.

Durch welche Störungen in den Erbanlagen kann diese Erbkrankheit ausgelöst werden?

d. Machen Sie Vorschläge für die Behandlung der Säuglinge, die an dieser Erbkrankheit leiden.

Verändert nach L. Hafner und P. Hoff, Genetik, 1977

Aufgabe 12

Der Biologe Beermann untersuchte die genetische Steuerung der Verpuppung bei Insekten. Bei der Fruchtfliege Drosophila entdeckte er, daß sich bei der Made ein bestimmter Abschnitt eines Riesenchromosoms wenige Stunden vor der Verpuppung verändert.

In der Abbildung ist eine solche Änderung schematisch dargestellt:

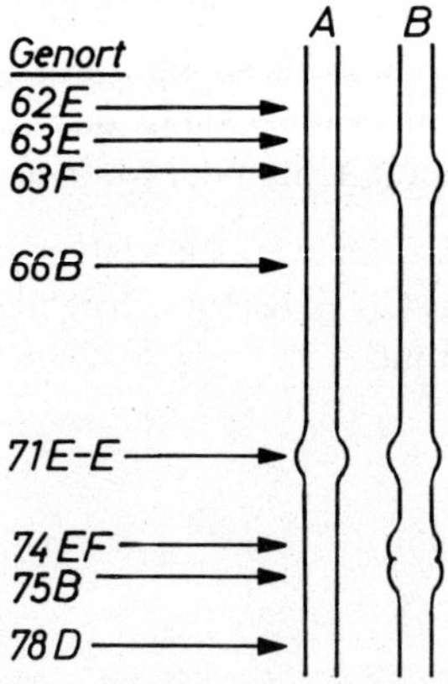

Es handelt sich jeweils um den linken Arm des 3. Chromosoms, einem Riesenchromosom, von Drosophila. Die Ziffern geben einige Genorte an.

Die Abbildung „A“ zeigt das Riesenchromosom etwa drei Stunden vor Be-

Lösung 12

a. Diese Anschwellungen der Riesenchromosomen werden als „Puffs" bezeichnet.

b. Die DNS entspiralisiert sich, und der DNS-Doppelstrang trennt sich durch Lösen der Wasserstoffbrücken in die beiden Einzelstränge auf.

c. Die Bildung der Puffs bei 63 E, 74 E F und 75 B wird durch Ekdyson ausgelöst.

d. Bestimmte Gene können durch das Hormon Ekdyson dazu gebracht werden, Puffs auszubilden. In den Puffs kann die genetische Information durch Bildung der m-RNS abgelesen werden. Durch Ekdyson können also aus der Vielzahl der Gene einige aktiviert werden, die bestimmte Prozesse zu Beginn der Verpuppung steuern. Die Genaktivierung kann, wie das Beispiel zeigt, durch Hormone erfolgen.

ginn der Verpuppung der Drosophilamade, die Abbildung „B" etwa eine Stunde vor Beginn der Verpuppung.

Beermann war bekannt, daß die Verpuppung *hormonell* durch das Häutungshormon Ekdyson gesteuert wird. Der Gehalt dieses Hormons in der Körperflüssigkeit steigt vor der Verpuppung stark an.

Beermann konnte die Veränderung des dritten Riesenchromosoms auch künstlich auszulösen. Er spritzte dazu Ekdyson in die Körperflüssigkeit junger, noch nicht verpuppungsbereiter Maden. Daraufhin nahm der linke Arm des dritten Riesenchromosoms eine Gestalt an, wie sie in „B" dargestellt ist.

a. Wie lautet die Fachbezeichnung der im Bild sichtbaren Anschwellungen der Riesenchromosomen?

b. Welche Prozesse laufen an diesen Anschwellungen ab?

c. Wodurch wird die Ausbildung der Anschwellungen bei 63E, 74EF und 75B gesteuert?

d. Welche Hinweise liefert die oben dargestellte Entdeckung des Biologen Beermann für die Lösung der Frage, wie es zur Ausbildung verschiedenartiger Merkmale (Zelldifferenzierung) kommen kann, obwohl alle Zellen des Körpers die gleiche genetische Ausstattung besitzen?

C. Humangenetik

Zur Lösung der Aufgaben erforderliche Kenntnisse:

- Chromosomenpräparation
- Karyogramme
  gesund
  Turner-Syndrom
  Klinefelter-Syndrom
  Diplo-Y-Mann
  Trisomie 21
  Katzenschrei-Syndrom
- Hemizygotie
- Analyse von Erbgängen
- Stoffwechselkrankheiten (Polygenie)
- Zwillingsforschung
- Konkordanz, Diskordanz
- Blutgruppen
  ABO
  Rhesus-Faktor
- Non-disjunction
- Geschlechtschromosomen
- Autosomen

Aufgabe 1

Machen Sie Aussagen über den Phaenotyp des Menschen, von dem das unten dargestellte Karyogramm stammt.

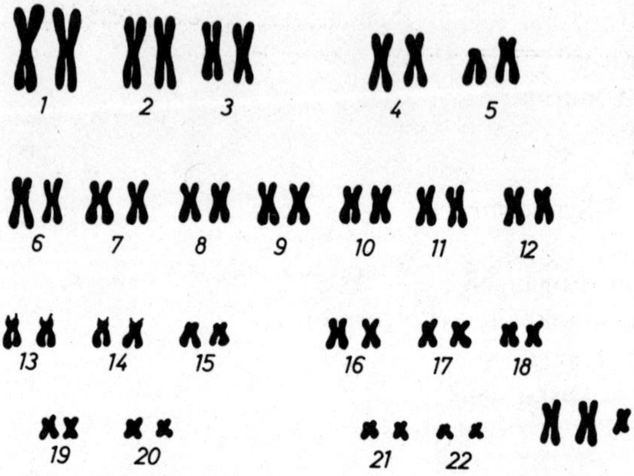

Begründen Sie Ihre Aussagen.

Aufgabe 2

Rotgrün-Blindheit ist eine Erbkrankheit. Die betroffenen Menschen können die Farben rot und grün nicht unterscheiden. Die Krankheit wird gonosomal-rezessiv vererbt.

Ein rotgrün-blindes „Turner-Mädchen" hat Eltern, die alle Farben wahrnehmen können, also auch rot und grün unterscheiden können.

Wie kommt der Genotyp des „Turner-Mädchens" zustande?

Lösung 1

Es handelt sich um eine männliche Person, da im Karyogramm ein Y-Chromosom vorliegt.

Dieser Mann ist hochgewachsen, seine Beine sind sehr lang, die Hoden sind unterentwickelt, seine Stimme ist sehr hoch, der Bartwuchs gering. Er ist unfruchtbar.

Diese Merkmale werden durch die Ausstattung der Zellen mit einem Y-Chromosom und zwei statt einem X-Chromosom ausgelöst (Klinefelter-Syndrom)

Außerdem ist er in seiner geistigen und körperlichen Entwicklung stark zurückgeblieben. Der Verlust, die Deletion, des kurzen Armes an einem Chromosom des 5. Paares ist dafür verantwortlich (Katzenschreisyndrom).

Menschen mit diesem Karyogramm fallen im Kindesalter durch katzenähnliches Schreien auf.

Die fehlerhafte Ausstattung mit Geschlechtschromosomen wirkt sich erst im Erwachsenenalter aus.

Lösung 2

Die Zellen des rotgrün-blinden „Turner-Mädchens" tragen nur ein Geschlechtschromosom. Der Genotyp läßt sich angeben als X_aO. Dabei steht O für das fehlende Geschlechtschromosom und a für das rezessive Allel, das Rotgrün-Blindheit hervorruft.

Das Allel für die Rotgrün-Blindheit des Kindes muß von der Mutter stammen. Der Vater ist gesund. Er besitzt nur ein X-Chromosom. Auf diesem liegt das „gesunde" Allel. Das Allel für Rotgrün-Blindheit ist in seinem Genotyp nicht vorhanden.

Der Genotyp XO entsteht, wenn eine der beiden an der Befruchtung beteiligten Keimzellen kein Geschlechtschromosom trägt (Non-disjunction in der Meiose). Das kann in diesem Fall nur das Spermium sein, da, wie oben dargestellt, das Allel für die Rotgrün-Blindheit von der Mutter stammen muß. In der Eizelle, aus der das Kind entstand, war also ein X-Chromosom vorhanden ; das Spermium enthielt kein Geschlechtschromosom.

Schematische Darstellung der Entstehung des Genotyps:

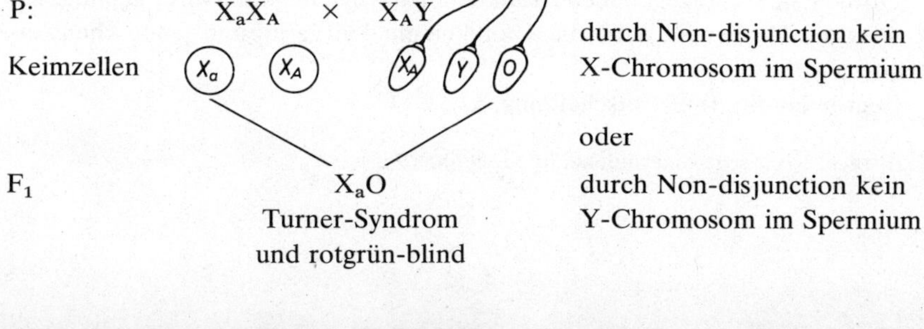

Aufgabe 3

Wie ist zu erklären, daß Kinder aus Ehen zwischen nahen Verwandten sehr viel häufiger an einer Erbkrankheit leiden als Kinder zwischen nicht blutsverwandten Eltern?

Aufgabe 4

Ergebnisse der Zwillingsforschung können dazu beitragen, die Frage zu klären, ob und in welchem Maß bestimmte Krankheiten des Menschen erblich bedingt sind. Dazu wird verglichen, wie häufig bei ein- und bei zweieiigen Zwillingen einer oder beide Partner von einer bestimmten Krankheit befallen werden. In der Tabelle sind solche Häufigkeiten für einige Krankheiten angegeben:

	Eineiige Zwillinge		*Zweieiige Zwillinge*	
	beide erkrankt (Konkordanz) in %	nur einer erkrankt (Diskordanz) in %	beide erkrankt (Konkordanz) in %	nur einer erkrankt (Diskordanz) in %
Tuberkulose	69	31	25	75
Keuchhusten	96	4	94	6
Diabetes	84	16	37	63
Gleiche Art von Tumoren	59	41	24	76

Ordnen Sie die angegebenen Krankheiten nach dem Anteil ihrer genetischen Festlegung. Nennen Sie dabei die Krankheit mit dem geringsten genetischen Anteil zuerst.

Begründen Sie Ihre Entscheidung.

C. Bresch, Klassische und molekulare Genetik, 1965

Lösung 3

Die meisten Erbkrankheiten werden durch rezessive Allele hervorgerufen. Diese krankmachenden Allele sind in der Bevölkerung sehr viel seltener als die Allele, die die Ausprägung gesunder Merkmale steuern.

Daher treffen in einer Ehe nur selten zwei Partner zusammen, die *beide* ein bestimmtes krankmachendes, rezessives Allel tragen. Phänotypisch kranke Menschen können nur aus Ehen hervorgehen, in denen beide Partner mindestens heterozygot das krankmachende Allel tragen. Die Kinder, die aus einer solchen Ehe hervorgehen, sind mit einer Wahrscheinlichkeit von 25 % homozygot rezessiv und damit krank.

Die Wahrscheinlichkeit, daß in einer Ehe zwischen einem heterozygoten und einem homozygot dominanten Partner heterozygote Kinder auftreten, beträgt 50 %. Bei Verwandtenehen, z. B. bei Ehen zwischen Geschwistern, ist also die Wahrscheinlichkeit, daß zwei heterozygote Partner aufeinandertreffen, wesentlich höher als bei beliebiger Partnerwahl. Für den Fall, daß Kinder aus einer Ehe zwischen einem heterozygoten und einem homozygot dominanten Partner untereinander heiraten, muß mit einer Wahrscheinlichkeit von 25 % damit gerechnet werden, daß zwei heterozygote Ehepartner aufeinander treffen. Aus einer solchen Ehe können kranke Kinder hervorgehen.

Lösung 4

Den geringsten genetischen Anteil hat Keuchhusten; dann folgen Diabetes, gleichartige Tumore und zuletzt Tuberkulose.

Wenn Keuchhusten einen starken genetischen Anteil hätte, dann wäre zu erwarten, daß von zweieiigen Zwillingen seltener beide Zwillingspartner befallen sind als beide Zwillingspartner von eineiigen Zwillingen. Zweieiige Zwillinge haben mit hoher Wahrscheinlichkeit unterschiedliche Genotypen, eineiige dagegen immer den gleichen Genotyp. Für Keuchhusten ist der Anteil der Fälle, in denen beide Zwillingspartner erkranken, bei eineiigen und zweieiigen Zwillingen etwa gleich hoch. Daher ist Keuchhusten, wenn überhaupt, nur zu einem sehr geringen Anteil genetisch bedingt.

Aufgabe 5

In den folgenden Stammbäumen ist die Vererbung bestimmter Krankheiten in einigen Familien dargestellt. Männliche Personen sind durch ein Quadrat, weibliche durch einen Kreis gekennzeichnet. Menschen, die unter der jeweiligen Krankheit leiden, die also Merkmalsträger sind, sind mit ausgefüllten Formen gekennzeichnet. Im Stammbaum nicht eingetragene Ehepartner tragen das krankmachende Allel nicht.

Vereinfachend sei angenommen, daß die jeweilige Krankheit nur durch ein einziges Allel gesteuert wird. Alle dargestellten Krankheiten werden dominant/rezessiv vererbt.

Geben Sie jeweils an:

a. die Art des Erbgangs,

b. den Genotyp für diese Personen

Stammbaum A 3 5 8 13 25 29
Stammbaum B 4 16 20 21 24 25 29 34 37
Stammbaum C 2 3 4 19
Stammbaum D 2 9 10 16 20
Stammbaum E 1 2 17 25 34 48
Stammbaum F 10 11 14 15 17 33 41
Stammbaum G 4 8 19 33 45
Stammbaum H 3 12 24 29 32 38

Stammbaum A

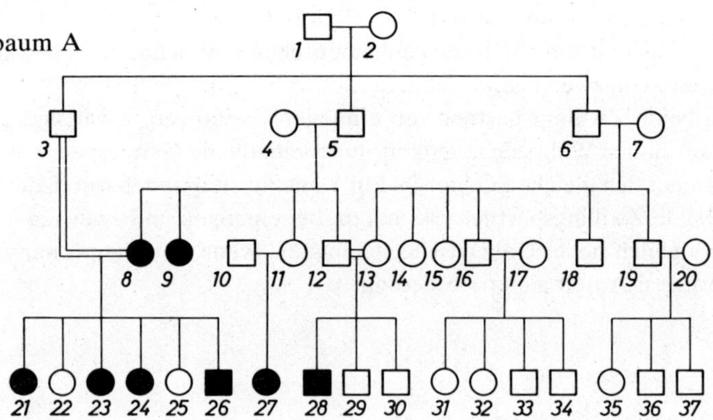

Verändert nach H. Linder, Biologie, 1976

Lösung 5

a. und b.

Stammbaum A

Diese Krankheit wird autosomal, rezessiv vererbt.

Die Eltern „10“ und „11“ sind gesund, ihr Kind „27“ ist krank.

Kranke Kinder sind von gesunden Eltern nur möglich, wenn das krankmachende Allel rezessiv ist. Die Eltern „10“ und „11“ sind heterozygot.

Aus der Ehe zwischen dem gesunden Mann „3“ und der kranken Frau „8“ gehen neben gesunden auch kranke Töchter hervor. Wenn das krankmachende, rezessive Allel auf dem X-Chromosom läge, wären kranke Töchter aus einer solchen Ehe nicht möglich. Die Krankheit wird also autosomal vererbt. Die kranken Personen in diesem Stammbaum leiden an Albinismus. In ihrer Haut, ihren Haaren und der Iris ihrer Augen ist kein Farbstoff eingelagert.

Die Genotypen der Personen lauten:

3	5	8	13	25	29
Aa	Aa	aa	Aa	Aa	Aa oder AA

Stammbaum B

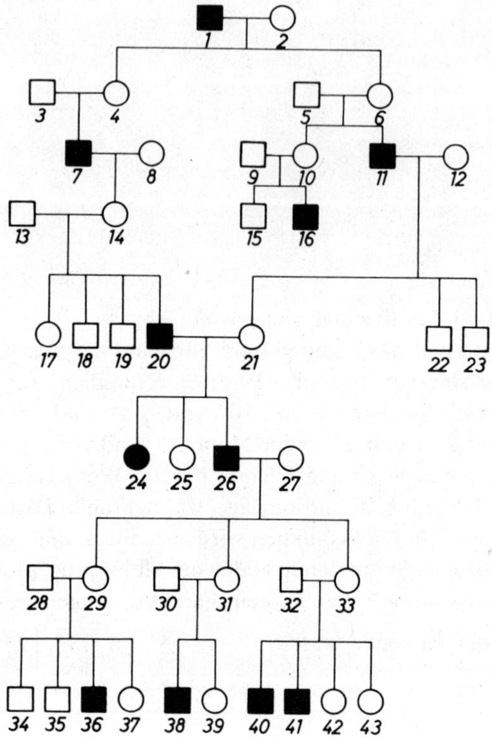

Verändert nach C. Bresch, Klassische und molekulare Genetik, 1965

Stammbaum C

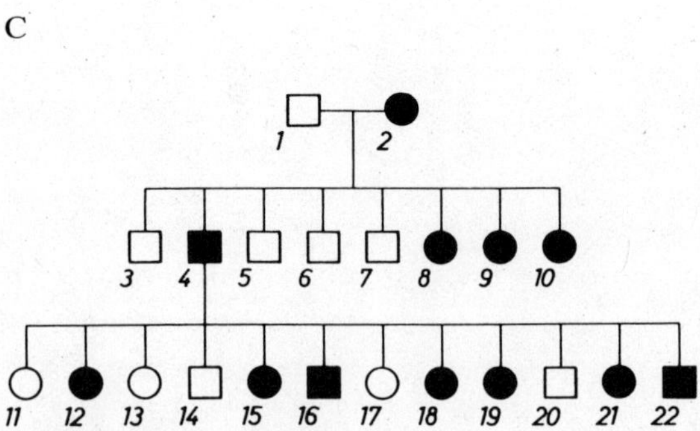

Verändert nach H. Linder, Biologie, 1976

Stammbaum B

Diese Krankheit wird X-chromosomal, rezessiv vererbt. Im Stammbaum treten mehr kranke Männer als kranke Frauen auf.

Da Männer nur ein X-Chromosom tragen, kommen bei ihnen auch rezessive Allele des X-Chromosoms *immer* zur Ausprägung. Bei Frauen können rezessive Allele von dominanten Allelen auf dem zweiten X-Chromosom überdeckt werden. Daher sind in einem solchen Erbgang weniger kranke Frauen als kranke Männer zu finden. Das krankmachende Allel muß rezessiv sein. Dies läßt sich noch aus einer anderen Erscheinung schließen: Der Vater „7" ist krank, seine Tochter „14" dagegen gesund. Wenn das krankmachende Allel dominant wäre, müßte die Tochter dieses kranken Vaters ebenfalls krank sein. Die Tochter hat zwei X-Chromosomen. Davon stammt eins vom Vater. Der Vater hat nur ein X-Chromosom. Wenn auf dem X-Chromosom des Vaters ein krankmachendes Allel liegt, erhalten es alle Töchter. Wenn dieses Allel dominant ist, sind alle Töchter krank. Weitere ähnliche Hinweise liefern Vater und Tochter „11" und „21", „20" und „25".

Die kranken Personen in dieser Familie sind rotgrün-blind. Sie können die Farben Rot und Grün nicht unterscheiden.

Die Genotypen der Personen lauten:

4	16	20	21	24	25	29	34	37
X_AX_a	X_aY	X_aY	X_AX_a	X_aX_a	X_AX_a	X_AX_a	X_AY	X_AX_a oder X_AX_A

Stammbaum C

Diese Krankheit wird autosomal, dominant vererbt.

Die kranken Personen „2" und „4" haben gesunde und kranke Kinder. Nehmen wir an, das krankmachende Allel sei rezessiv, dann sind gesunde und kranke Kinder nur dann möglich, wenn der Mann „1" und der Partner von „4" heterozygot sind, also ein krankmachendes Allel tragen.

Krankmachende Allele sind jedoch in der Bevölkerung sehr selten. Daher ist es unwahrscheinlich, daß ein Ehepartner, der nicht mit dieser Familie verwandt ist, ein krankmachendes Allel trägt. Dieser Fall müßte zweimal eingetreten sein, beim Partner von „4" und bei „1". Dadurch wird er noch unwahrscheinlicher. Ein weiterer Hinweis auf die Dominanz des krankmachenden Allels ist das Zahlenverhältnis zwischen gesunden und kranken Personen in der Familie. Zehn gesunden Menschen stehen zwölf kranke gegenüber.

Dieser hohe Anteil kranker Menschen ist zu erwarten, wenn das krankmachende Allel dominant vererbt wird. Denn Kinder kranker Menschen sind im dominanten Erbgang mit einer Wahrscheinlichkeit von mindestens 50% krank.

Stammbaum D

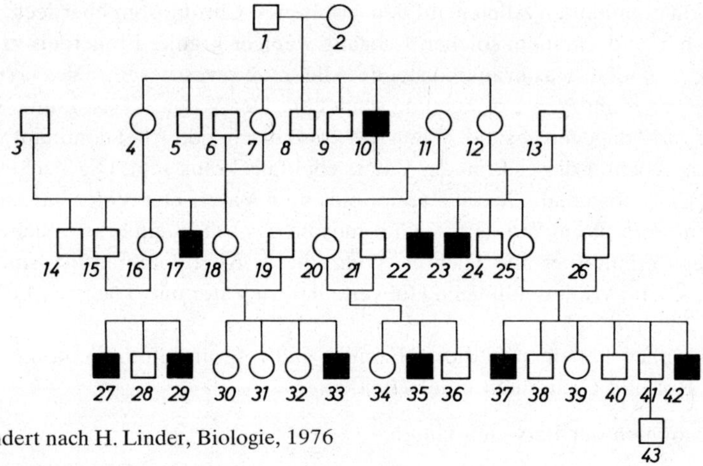

Verändert nach H. Linder, Biologie, 1976

Stammbaum E

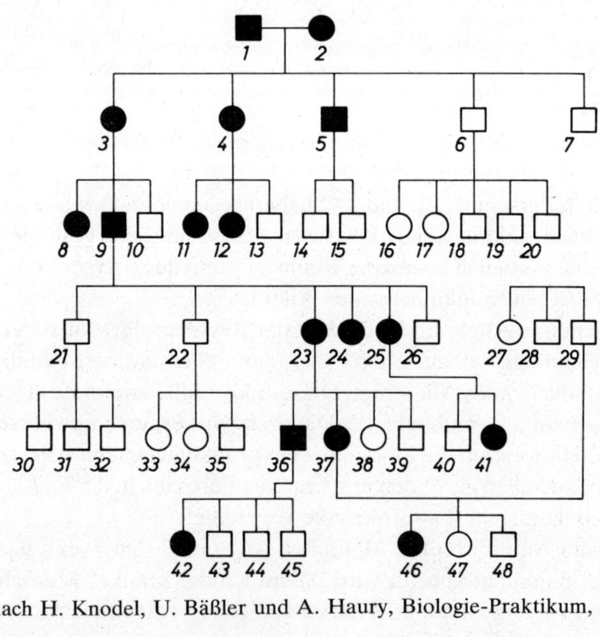

Verändert nach H. Knodel, U. Bäßler und A. Haury, Biologie-Praktikum, 1973

Wenn einer der Partner homozygot ist, oder wenn beide heterozygot sind, erhöht sich sogar noch die zu erwartende Zahl kranker Kinder.

Sehr wahrscheinlich ist das krankmachende Allel dominant. Da das Zahlenverhältnis zwischen kranken Frauen und kranken Männern etwa 1:1 beträgt, darf auf einen autosomalen Erbgang geschlossen werden.

Kranke Personen in dieser Familie leiden unter Kurzfingrigkeit. Ihre mittleren Fingerknochen fehlen oder sind verkürzt.

Die Genotypen der Personen lauten:

2	3	4	19
Aa	aa	Aa	Aa

Stammbaum D

Diese Krankheit wird X-chromosomal, rezessiv vererbt.

Wie im Stammbaum „B" sind in dieser Familie sehr viel mehr Männer krank als Frauen. Hier treten sogar nur kranke Männer und keine kranken Frauen auf. Ebenso wie in „B" hat ein kranker Vater gesunde Töchter. Die Töchter „20" und „25" sind gesund, ihr Vater „10" ist aber krank.

Die kranken Personen in dieser Familie leiden an der Bluterkrankheit. Ihnen fehlt die Fähigkeit zur Blutgerinnung.

Die Genotypen der Personen lauten:

2	9	10	16	20
X_AX_a	X_AY	X_aY	X_AX_a	X_AX_a

Stammbaum E

Diese Krankheit wird X-chromosomal, dominant vererbt.

Die Eltern „1" und „2" sind krank. Zwei ihrer Kinder „6" und „7" sind jedoch gesund. Wenn das krankmachende Allel rezessiv wäre, könnten aus der Ehe zwischen „1" und „2" keine gesunden Kinder hervorgehen. „1" und „2" wären beide homozygot rezessiv und könnten nur krankmachende Allele an ihre Kinder weitergeben.

Das krankmachende Allel muß daher dominant sein.

Kranke Frauen sind in der Familie viel häufiger als kranke Männer. Den dreizehn kranken Frauen stehen nur vier kranke Männer gegenüber. Bei Annahme eines X-chromosomalen, rezessiven Erbgangs müßten mehr kranke Männer als kranke Frauen auftreten.

Wenn diese Erbkrankheit X-chromosomal, dominant vererbt wird, dann müssen alle Söhne aus einer Ehe zwischen einem kranken Vater und einer gesunden Mutter gesund sein, alle Töchter müßten krank sein. Der Vater gibt an seine Söhne kein X-Chromosom weiter, wohl aber die Mutter. Sie besitzt aber das krankmachende Allel nicht. Daher kann ein Sohn aus einer solchen Ehe kein krankmachendes Allel erhalten. Alle Töchter erhalten das krankmachende Allel vom Vater, da er nur ein X-Chromosom besitzt. Auf diesem liegt das krankmachende Allel.

Stammbaum F

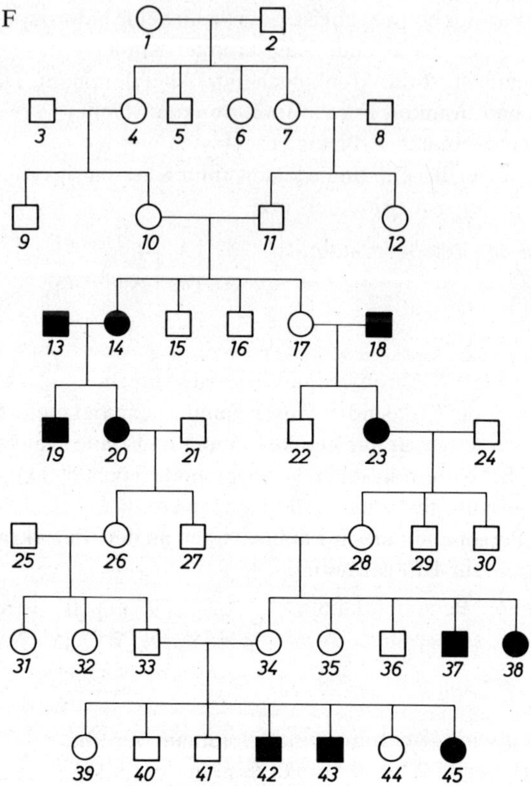

Stammbaum G

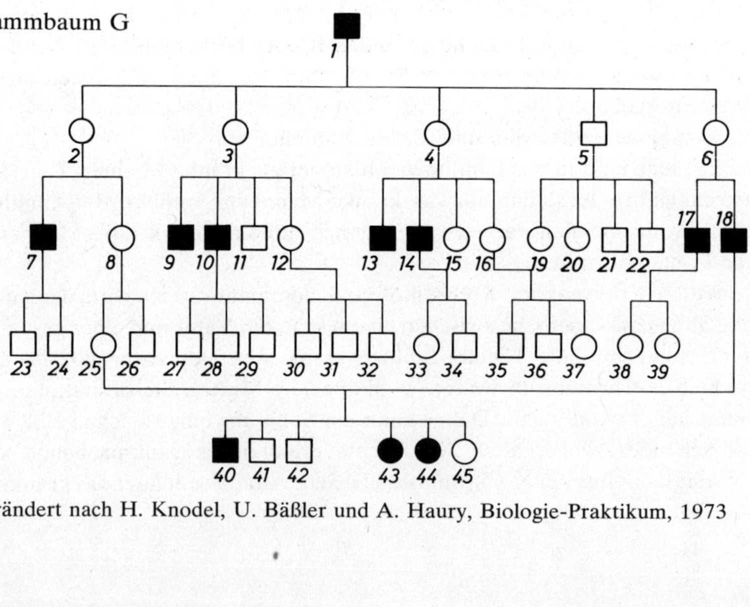

Verändert nach H. Knodel, U. Bäßler und A. Haury, Biologie-Praktikum, 1973

Im Stammbaum treten keine Widersprüche zu diesen Forderungen auf.

Die kranken Männer „5", „9" und „36" sind mit gesunden Frauen verheiratet (vgl. Einführung zur Aufgabe). Keiner der aus diesen Ehen hervorgegangenen Söhne „14", „15", „21", „22", „26", „43", „44" und „45" ist krank, alle Töchter aus diesen Ehen „23", „24", „25" und „42" sind krank.

Die kranken Personen dieser Familien leiden an Unterkieferprognathie. Ihr Unterkiefer ragt außergewöhnlich stark vor.

Die Genotypen der Personen lauten:

1	2	17	25	34	48
X_AY	X_AX_a	X_aX_a	X_AX_a	X_aX_a	X_aY

Stammbaum F

Diese Krankheit wird autosomal, rezessiv vererbt.

Wie im Stammbaum „A" haben auch hier gesunde Eltern kranke Kinder. Die Eltern „10" und „11" sind gesund, ihre Tochter „14" ist krank. Auch die Eltern „27" und „28" sind gesund, haben aber zwei kranke Kinder, „37" und „38"; ebenso die Eltern „33" und „34", ihre Kinder tragen die Nummern „42" und „43".

Das Verhältnis zwischen kranken Männern und kranken Frauen in der Familie beträgt etwa 1:1. Daher ist ein X-chromosomaler Erbgang unwahrscheinlich (vgl. Stammbaum B).

Die kranken Personen in dieser Familie leiden unter Phenylketonurie. Homozygote Kinder werden schwachsinnig, wenn sie nicht mit einer besonderen Diät ernährt werden.

Die Genotypen der Personen lauten:

10	11	14	15	17	33	41
Aa	Aa	aa	Aa oder AA	Aa	Aa	Aa oder AA

Stammbaum G

Diese Krankheit wird X-chromosomal, rezessiv vererbt.

Gesunde Eltern können kranke Kinder haben, wie zum Beispiel die Söhne „9" und „10" der Mutter „3" und eines nicht im Schema eingetragenen Vaters; ebenso der Sohn „7", dessen Mutter „2" gesund ist und weitere ähnliche Fälle. Daher muß das krankmachende Allel rezessiv vererbt werden.

In der Familie kommen sehr viel mehr kranke Männer als kranke Frauen vor. Daher darf, wie im Stammbaum „B", auf X-chromosomal, rezessive Vererbung des Allels geschlossen werden.

Die kranken Personen in dieser Familie leiden an Fischhäutigkeit. Ihre Haut ist übermäßig stark verhornt.

Die Genotypen der Personen lauten:

4	8	19	33	45
X_AX_a	X_AX_a oder X_AX_A	X_AX_A	X_AX_a	X_AX_a

Stammbaum H

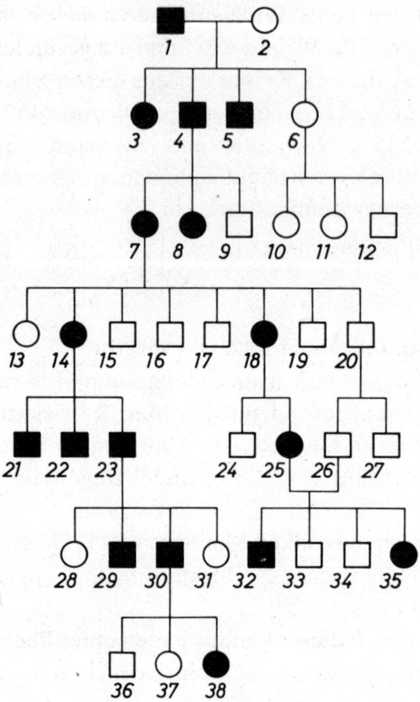

Verändert nach H. Linder, Hübler, Biologie des Menschen, 1976

Aufgabe 6

Der Vater eines unehelichen Kindes wird gesucht. Ein Gericht läßt dazu die Blutgruppen der Mutter, des Kindes und dreier Männer, die als Väter in Frage kommen, feststellen.

Das Ergebnis der Blutgruppenuntersuchung ist in dieser Tabelle festgehalten:

Mutter des Kindes	Blutgruppe 0
Kind	Blutgruppe A
1. Mann	Blutgruppe A
2. Mann	Blutgruppe AB
3. Mann	Blutgruppe 0

Wer kann der Vater sein?
Begründen Sie Ihre Antwort.

Stammbaum H

Diese Krankheit wird autosomal, dominant vererbt.

Wie im Stammbaum „C" sind etwa 50% der Menschen in der Familie krank. 17 kranken Menschen stehen 21 gesunde gegenüber. Wenn das krankmachende Allel rezessiv ist, können Kinder der kranken Personen „4", „7", „14", „18", „23", „25", „30" nur dann krank sein, wenn die jeweiligen Ehepartner ebenfalls krank oder heterozygot sind. Da krankmachende Allele jedoch in der Bevölkerung sehr selten sind, ist diese Möglichkeit unwahrscheinlich, zumal in sieben Fällen ein heterozygoter Ehepartner angenommen werden muß.

Das Zahlenverhältnis zwischen kranken Frauen und kranken Männern beträgt etwa 1:1. Daraus kann auf einen autosomalen Erbgang geschlossen werden.

Außerdem müßten bei Annahme, daß das krankmachende Allel dominant wäre und auf dem X-Chromosom läge, alle Töchter kranker Väter ebenfalls krank sein. Die Tochter „6" des Vaters „1" ist jedoch gesund, ebenso die Töchter „28" und „31" des Vaters „23" und die Tochter „37" des Vaters „30".

Die kranken Personen in dieser Familie leiden unter Nachtblindheit. Ihre Augen können sich an geringe Helligkeit der Umgebung nur sehr wenig anpassen.

Die Genotypen der Personen lauten:

3	12	24	29	32	38
Aa	aa	aa	Aa	Aa	Aa

Lösung 6

Um nachweisen zu können, welcher Mann der Vater des Kindes sein kann, müssen zunächst die Genotypen der Mutter, des Kindes und der drei Männer ermittelt werden.

Dem AB0-System der Blutgruppen liegen die drei Allele i, I^A und I^B zugrunde. Je zwei dieser Allele trägt jeder Mensch. Die Genotypen lauten daher:

Mutter: Blutgruppe 0 → Genotyp: i, i
Kind: Blutgruppe A → Genotyp: I^A, i
1. Mann: Blutgruppe A → Genotyp: I^A, i oder I^a, I^A
2. Mann: Blutgruppe AB → Genotyp: I^A, I^B
3. Mann: Blutgruppe 0 → Genotyp: i, i

Die Blutgruppe A wird durch die Genotypen I^A, I^A oder I^A, i ausgebildet. Das Kind kann jedoch nicht zwei Allele I^A tragen, da es von der Mutter bereits ein Allel i erhalten hat. Sein Genotyp muß daher I^A, i sein. Das Allel I^A des Kindes kann nur vom Vater stammen. Der dritte Mann hat in seinem Genotyp das Allel I^A nicht, wohl aber die beiden anderen Männer.

Daher kommen nur der erste und der zweite Mann als Vater in Frage. Mehr läßt sich in diesem Fall nicht sagen.

V. Evolution

Zur Lösung der Aufgaben erforderliche Kenntnisse:

A. Indizien für Evolution

Hinweise aus der Paläontologie

- Vorgang der Fossilienbildung
- Ähnlichkeiten des Bauplans zwischen fossilen und rezenten Organismen
- Veränderungen der Gestalt und Form fossiler Organismen (Pferdereihe)
- Brückenformen am Beispiel des Wirbeltierstammbaumes (Latimeria, Dachschädler, Archaeopteryx)
- Abfolge der Erdzeitalter mit erstem Auftreten wichtiger Organismengruppen
- Methoden der Altersbestimmung bei Fossilien

Hinweise aus der vergleichenden Anatomie

- homologe und analoge Organe, Konvergenz
- Homologiekriterien
- Evolution bei Wirbeltieren
  Lunge, Schwimmblase
  Extremitäten
  Herz, Blutkreislauf
- Progressionsreihe (z. B. Blutkreislauf)
- Reduktionsreihe (z. B. Blindschleiche und Verwandte)
- Rudimente (z. B. Becken beim Wal)

Hinweise aus der Cytologie

- Ähnlichkeit in:
  Bau der Organellen
  Mitose, Meiose
  genetischer Code, Proteinbiosynthese
  Energiestoffwechsel

Hinweise aus der Embryologie

- biogenetische Grundregel
  (z. B. Kiemenanlage bei Landwirbeltieren, Extremitäten beim Wal, Schwanzanlage und Körperbehaarung beim Menschen)
- Atavismus
  (z. B. überzähliger Huf beim Pferd)
- Ontogenie, Phylogenie

Hinweise aus der Biochemie

- Verwandtschaftsanalyse mit Hilfe von Proteinen
  Analyse der Aminosäuresequenz
  Ausfällungsreaktion im Serum (Antigen-Antikörperreaktion)

Aufgabe 1

Bei einer Ausgrabung werden fossile Knochen gefunden. Um ihr Alter bestimmen zu können, werden sie unter anderem nach der Radiokarbonmethode untersucht. Dazu muß das Mengenverhältnis des Kohlenstoff-Isotops ^{14}C zum „normalen" Kohlenstoff ^{12}C im fossilen Knochen ermittelt werden.

Die Untersuchung ergibt für die ausgegrabenen, fossilen Knochen dieses Verhältnis:

$$\frac{^{14}C}{^{12}C} = \frac{0{,}06}{10^{12}}$$

In lebenden Knochen beträgt das Verhältnis:

$$\frac{^{14}C}{^{12}C} = \frac{1}{10^{12}}$$

Die Halbwertzeit für den Zerfall von ^{14}C zu ^{12}C liegt bei 5600 Jahren.
Wie alt sind die Knochen?

Aufgabe 2

Ordnen Sie die folgenden Tiergruppen nach der Reihenfolge ihres ersten Auftretens in der Erdgeschichte:

Urvögel
Kieferlose Panzerfische
Affen
Ringelwürmer
Kiefertragende Panzerfische
Säugetiere
Reptilien
Dachschädler
Trilobiten
Quastenflosser

Lösung 1

Um das Alter der Knochen nach der Radiokarbonmethode ermitteln zu können, muß vorausgesetzt werden, daß auch in diesen Knochen, früher im lebenden Tierkörper, das Verhältnis von $\frac{^{14}C}{^{12}C} = \frac{1}{10^{12}}$ betrug. In 5600 Jahren zerfiel jeweils die Hälfte des in den Knochen enthaltenen ^{14}C in ^{12}C. Heute ist durch den fortlaufenden Zerfall von ^{14}C das ursprüngliche Verhältnis von $\frac{1}{10^{12}}$ auf $\frac{0{,}06}{10^{12}}$ zusammengeschmolzen; von der ursprünglichen Menge an ^{14}C sind also noch 6% übriggeblieben.

Daraus ergibt sich folgende Lösungsmöglichkeit:

nach 5600 Jahren war der Gehalt der fossilen Knochen an ^{14}C auf 50%,
nach 11200 Jahren auf 25%,
nach 16800 Jahren auf 12,5%,
nach 22400 Jahren auf 6,25% zurückgegangen.

Eine weitere Lösungsmöglichkeit ergibt sich aus der Formel:

$$A = \frac{T}{0{,}69} \cdot \ln \frac{C_O}{C_p}$$

A = Alter (zu berechnen)
T = Halbwertzeit
C_O = ^{14}C-Gehalt im rezenten Knochen (= 1)
C_p = ^{14}C-Gehalt in der Probe (= 0,06)

Die Knochen sind also etwa 22400 Jahre alt.

Lösung 2

Die Reihenfolge, in der die erwähnten Tiergruppen in der Erdgeschichte aufgetreten sind, lautet:

Ringelwürmer
Trilobiten
Kieferlose Panzerfische
Kiefertragende Panzerfische
Quastenflosser
Dachschädler
Reptilien
Säugetiere
Urvögel
Affen

Aufgabe 3

In der Abbildung sind drei Insekten mit ausgebreiteten Flügeln dargestellt.

Vergleichen Sie die Größe der Vorder- und Hinterflügel bei der Raubfliege und dem Fächerflügler mit den Flügeln des fossilen Insekts.

a. Stilbocrocis
(fossiles Insekt aus dem Karbon)

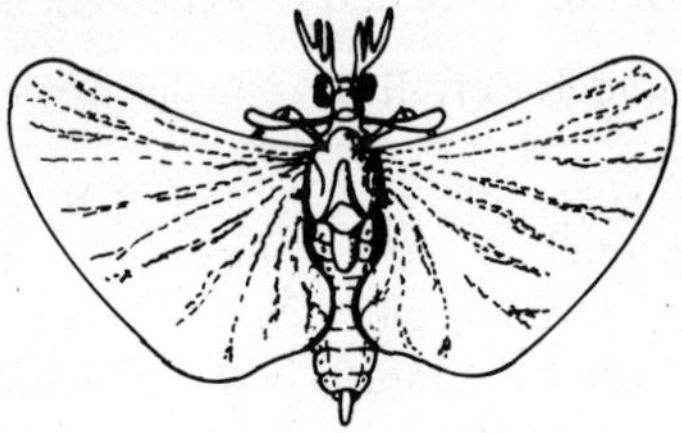

b. Fächerflügler
(Strepsiptera)

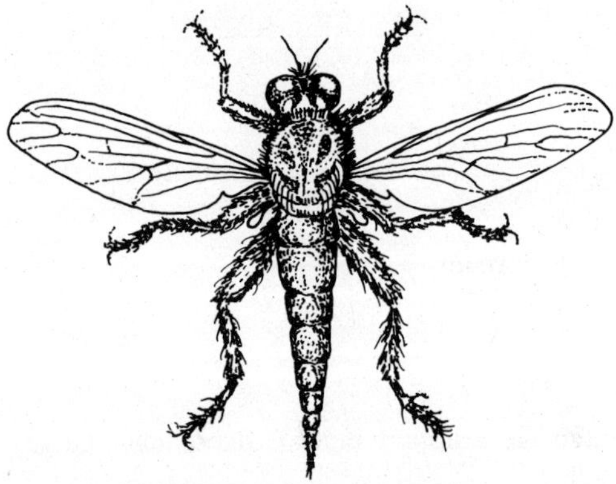

c. Raubfliege
(Asilidae)

Wodurch sind die Unterschiede zwischen den Flügeln des Fächerflüglers und denen der Raubfliege entstanden?

Begründen Sie Ihre Antwort.

Abb. a nach A. Kaestner, Lehrbuch der Speziellen Zoologie, Bd. I., Wirbellose, 3. Teil, 1972

Abb. b nach W. Hennig, Taschenbuch der Zoologie, Bd. 3, Wirbellose II, Gliedertiere, 1967

Abb. c nach E. Stresemann, Exkursionsfauna, 1969

Lösung 3

Fächerflügler und Raubfliegen besitzen jeweils nur *ein* Paar voll ausgebildeter Flügel. Wie aus der Abbildung des fossilen Insekts aus dem Karbon zu erschließen ist, haben sehr früh Vertreter der geflügelten Insekten *vier* Flügel besessen.

Die kleinen seitlichen Fortsätze vor den Flügeln des Fächerflüglers und hinter den Flügeln der Raubfliege sind sehr wahrscheinlich Reste oder Rudimente ehemaliger großer Flügel. Die Fächerflügler haben im Laufe ihrer Stammesgeschichte die Vorderflügel, die Raubfliegen die Hinterflügel reduziert. Die Reduktion der Flügel auf ein Paar verlief also bei Fächerflüglern und Raubfliegen konvergent.

Aufgabe 4

Dieses sind vereinfacht die Blutkreislaufsysteme von Tieren aus verschiedenen Wirbeltiergruppen:

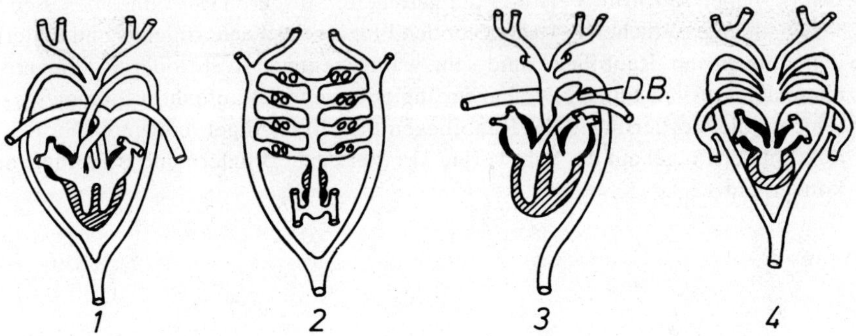

a. Ordnen Sie die Abbildungen den entsprechenden systematischen Wirbeltiergruppen zu.

b. Schildern Sie den Zusammenhang zwischen Blutkreislaufsystem, Körperbedeckung und Lebensweise für die Wirbeltiergruppe, deren Kreislaufsystem unter „3“ dargestellt ist.

c. Das in der Abbildung „3“ mit D. B. gekennzeichnete Blutgefäß, der „Ductus Botalli“, bleibt bei den Säugetieren bis zur Geburt erhalten und in Funktion. Danach wird es zurückgebildet.

Läßt sich der Ductus Botalli bei Säugetieren als Stütze für die Annahme verwenden, daß sich diese Organismen aus anderen Wirbeltieren entwickelt haben?

Vergleichen Sie zur Beantwortung der Frage die vier Abbildungen.

Begründen Sie Ihre Antwort.

Lösung 4

a. Die Abbildungen lassen sich folgenden Wirbeltiergruppen zuordnen:
1 = Kriechtiere
2 = Fische
3 = Säugetiere
4 = Lurche

b. Das Herz der Säugetiere ist durch eine Scheidewand vollständig in zwei Hauptkammern getrennt. Dadurch wird das von den Lungenvenen herangeführte sauerstoffreiche Blut ohne Vermischung mit sauerstoffarmem Blut in die Körperarterie gepumpt.

Die Zellen erhalten auf diese Weise große Mengen Sauerstoff. Die Zellatmung kann daher sehr intensiv ablaufen. Dadurch kann die Körpertemperatur konstant hoch gehalten werden.

Bei konstanter, hoher Körpertemperatur, die durch Zellatmung aufrecht erhalten wird, ist ein Schutz vor Wärmeverlust günstig. Diese Funktion erfüllt das Haarkleid der Säugetiere. Die hohe, konstante Körpertemperatur macht die Säugetiere von der Außentemperatur unabhängig. Sie können jederzeit Nahrung aufnehmen, fliehen, Wanderungen unternehmen u. ä.

Allerdings ist wegen der intensiven Zellatmung auch der Bedarf an Nährstoffen sehr groß. Säugetiere müssen daher regelmäßig große Mengen Nahrung aufnehmen.

c. Der Ductus Botalli ist bei erwachsenen Lurchen noch vorhanden. Bei Säugetieren tritt er nur noch embryonal auf. Er könnte bei Lurchen und Säugetieren unabhängig voneinander entstanden sein.

Möglich wäre jedoch auch, daß Lurche und Säugetiere gemeinsame Vorfahren hatten, die den Ductus Botalli besaßen. Die Säugetiere durchlaufen also nach dieser Annahme in ihrer Embryonalentwicklung ein Stadium, in dem der Ductus Botalli wie bei ihren mutmaßlichen Vorfahren ausgebildet wird. In vielen anderen Organsystemen der Säugetiere treten embryonal Stadien auf, die in ähnlicher Weise auch in anderen Wirbeltiergruppen festzustellen sind. Die Vielzahl dieser Beispiele macht die Annahme wahrscheinlich, daß die Säugetiere mit anderen Wirbeltieren gemeinsame Vorfahren haben.

Die Vielzahl dieser Beispiele dafür, daß embryonal noch Merkmale mutmaßlicher Vorfahren auftreten, hat zur Aufstellung der biologischen Grundregel geführt. Der Ductus Botalli bei Säugetieren ist ein Beispiel für diese Regel.

Aufgabe 5

Die Augen der Tintenfische und Wirbeltiere sehen sich sehr ähnlich. Ihre embryonale Entstehung ist in der Abbildung schematisch dargestellt.

Embryonalentwicklung des Auges beim Tintenfisch

Embryonalentwicklung des Auges beim Wirbeltier

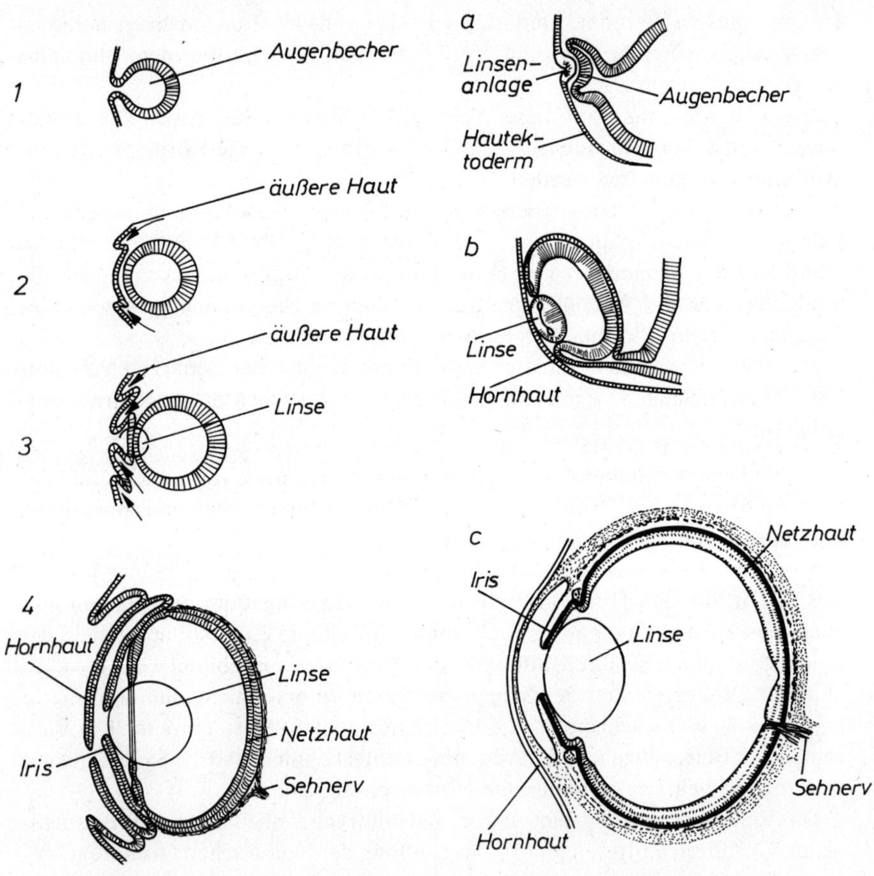

Sind die Augen von Tintenfischen und Wirbeltieren als homologe oder als analoge Organe zu bezeichnen?

Führen Sie in Ihrer Antwort möglichst viele Gründe an.

Verändert nach A. Kühn, Grundriß der allgemeinen Zoologie, 1969

Lösung 5

Die Augen der Wirbeltiere und Tintenfische sind analoge Bildungen, da die Bildungsweise und die Gewebe, aus denen die Teile der Augen entstehen, unterschiedlich sind.

Unterschiedlich gebildet werden zum Beispiel:

	Tintenfisch	*Wirbeltier*
Linse:	gebildet durch Zellen des vorderen Augenbechers und der darüber liegenden äußeren Haut	Abschnürung vom Hautektoderm
Augenbecher:	gebildet aus Gewebe der äußeren Haut	gebildet aus der Anlage des Nervengewebes
Iris:	gebildet aus Falten der äußeren Haut	gebildet aus der Anlage des Nervengewebes
Netzhaut:	gebildet aus Gewebe der äußeren Haut	gebildet aus der Anlage des Nervengewebes
Hornhaut:	gebildet aus Falten der äußeren Haut	gebildet aus einem durchsichtigen Teil des Hautektoderms

Aufgabe 6

Im folgenden ist die Entstehung und Funktion einiger Organe für verschiedene Pflanzen beschrieben.

Stellen Sie aus den angegebenen Beispielen zusammen:

a. analoge Organe
b. homologe Organe

Benutzen Sie zur Kennzeichnung die Kennbuchstaben.

A. Die Wurzel der Möhre dient als Speicherorgan.
B. Die Stacheln der Rose entstehen durch Wucherungen der obersten Zellschicht der Zweige.
C. Die Ranken von Vanilla planifolia, einer tropischen Orchidee, entstehen aus Wurzelanlagen.
D. Die Kartoffelknollen sind unterirdische, verdickte Abschnitte des Sprosses.
E. Die Sprosse der Kakteen dienen zur Speicherung von Flüssigkeit.
F. Die Dornen des Weißdorns sind umgewandelte Seitensprosse.
G. Die Blätter der Fetthenne dienen neben der Photosynthese auch der Speicherung von Flüssigkeit.
H. Die Ranken des Wilden Weins sind umgebildete Verzweigungen des Sprosses.
I. Die Dornen der Berberitze entstehen aus Anlagen für Laubblätter.
K. Das Blatt der Kannenpflanze ist zu einer becherförmigen Falle für den Fang von Insekten umgewandelt.
L. Robinien tragen Dornen, die aus Anlagen für Laubblätter entstehen.
M. Schlehen besitzen zu Dornen umgewandelte Seitensprosse.
N. Die endständigen Fiederblätter der Erbse sind zu Ranken umgewandelt.
O. Bei der Venusfliegenfalle sind die Laubblätter zu einer Schnappfalle umgebildet, mit der die Pflanze Insekten fangen kann.

G. Vogel und H. Angermann, dtv-Atlas zur Biologie, 1976
E. W. Bauer (Hrsg.), Biologiekolleg, 1981

Aufgabe 7

Arthur Schopenhauer schreibt in seinem Buch „Philosophie und Wissenschaft der Natur“:

„Die Batrachier (Frösche) führen vor unseren Augen ein Fischleben, ehe sie

Lösung 6

a. Analoge Organe gleichen sich in der Funktion. Sie entstehen jedoch aus verschiedenem Gewebe und unterscheiden sich im Bauplan.

Folgende Organe, angegeben mit dem Kennbuchstaben aus der Aufgabe, sind einander analog:

1. „A" und „D"	Speicherorgane, gebildet aus der Wurzel oder dem Spross
2. „B", „F" und „I" ebenso auch „B", „M" und „I" „B", „F" und „L" „B", „M" und „L"	Wehrorgane, gebildet aus der obersten Zellschicht der Zweige, aus Seitensprossen oder aus Anlagen für Laubblätter
3. „E" und „G"	Flüssigkeitsspeicher, gebildet aus Sprossen oder Blättern
4. „C", „H" und „N"	Ranken, gebildet aus Wurzelanlagen, Verzweigungen des Sprosses oder Fiederblättchen

b. Homologe Organe lassen sich auf den gleichen Grundbauplan zurückführen. Sie können verschieden ausgebildet sein und unterschiedliche Funktionen erfüllen.

Folgende Organe sind einander homolog:

1. „A" und „C"	entstehen aus der Wurzel, dienen als Speicherorgane („A") oder als Ranken („C")
2. „F", „M" und „E"	entstehen aus Sprossen, dienen als Wehrorgane („F" und „M") oder zur Speicherung von Flüssigkeit („E")
3. „G", „K", „I", „L" „N" und „O"	entstehen aus Blättern oder Blatteilen, dienen zur Speicherung von Flüssigkeit („G"), zum Fang von Insekten („K", „O"), als Wehrorgane („I" und „L") oder als Ranken („N")

Lösung 7

Schopenhauer beschreibt die Metamorphose der Frösche. Kaulquappen, die Larven der Frösche, ähneln in einigen Organen den Fischen. Sie atmen zum Beispiel durch Kiemen.

Ernst Haeckel hat viele ähnliche Fälle beschrieben, in denen Embryonen ihre eigene vollkommene Gestalt annehmen, und nach einer jetzt ziemlich allgemeinen Bemerkung durchgeht (gemeint ist durchläuft) ebenso jeder Fötus sukzessiv die Formen der unter seiner Species (= Art) stehenden Klassen, bis er zur eigenen gelangt.“

Welche Erscheinung wird hier beschrieben?

Wer untersuchte diese Erscheinung wissenschaftlich?

Ist diese Aussage von Schopenhauer wissenschaftlich haltbar?

Begründen Sie Ihre Antwort.

H. H. Falkenhahn (Hrsg.), Handbuch der praktischen und experimentellen Schulbiologie, 1972

Aufgabe 8

Haarsterne sind mit Seesternen und Seelilien verwandt. Fossile Vertreter dieser Tiergruppe sind schon seit dem Silur bekannt, also aus einer Zeit, die über 400 Millionen Jahre zurückliegt.

In der Abbildung sind Stadien rezenter und fossiler Haarsterne dargestellt:

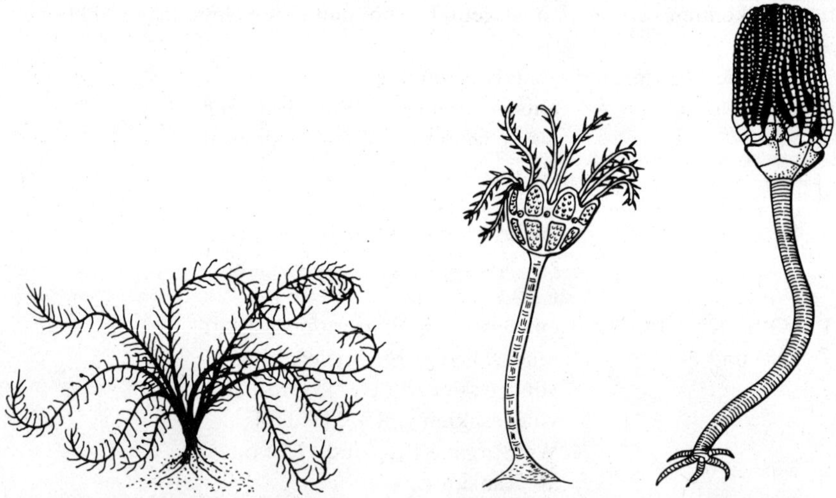

Erwachsener Haarstern, Antedon, (*frei* lebend)

Larvenstadium des Haarsterns Antedon (festsitzend)

Seelilie (fossil; festsitzend)

Erläutern Sie, wieso die in der Abbildung gezeigten Ähnlichkeiten einen Hinweis auf eine Verwandtschaft zwischen Seelilien und Haarsternen bietet, also auf eine Evolution hinweist.

F. Flor, Einführung in die Abstammungslehre, 1980

Merkmale ausbilden, die in ähnlicher Form auch bei jeweils stammesgeschichtlich älteren Gruppen vorkommen. Er faßte diese Beobachtungen in der biogenetischen Grundregel zusammen.

Die Aussage Schopenhauers ist in der Form, in der er sie äußert, nicht haltbar. Kein Embryo oder Fötus durchläuft Formen der unter seiner Spezies stehenden Klassen. Häufig treten zwar in der Embryonalentwicklung Merkmale auf, die denen von stammesgeschichtlich älteren Gruppen ähneln, aber immer sind es nur einzelne Merkmale. Nie sehen ganze Embryonen aus, wie stammesgeschichtlich ältere Organismen. Eine Kaulquappe hat zwar einige Merkmale, die denen einiger Fische ähneln, sie ist aber deshalb noch kein Fisch.

Dennoch gibt der Vergleich embryonaler Merkmale mit denen erwachsener Organismen aus anderen Gruppen häufig Hinweise auf eine Verwandtschaft und damit auf die Stammesgeschichte.

Lösung 8

Der fossile Haarstern, die Seelilie, saß mit einem Stiel auf der Unterlage fest. Die rezenten (heute lebenden) Haarsterne aus der Gattung Antedon leben frei. Allerdings sitzen ihre Larven mit einem Stiel fest. Sie sehen dadurch den fossilen Formen sehr ähnlich.

In der Ontogenie der rezenten Haarsterne tauchen also Merkmale auf, die den Merkmalen fossiler Haarsterne sehr stark ähneln. Durch Annahme gemeinsamer Vorfahren der festsitzenden und der freilebenden Haarsterne läßt sich diese Übereinstimmung leichter erklären, als durch eine zufällig entstandene Ähnlichkeit zwischen den Larvenstadien und den Fossilien.

Die festsitzende Lebensweise und der Stiel bei den fossilen Haarsternen und bei den Larven rezenter Haarsterne stehen daher in einer Beziehung zueinander, die allgemein in der biogenetischen Grundregel beschrieben wird.

Aufgabe 9

Lebensbäume werden systematisch in die Nadelgehölze eingeordnet, obwohl sie keine Nadeln sondern schuppenförmige Blätter tragen. Die Blätter der Keimlinge von Lebensbäumen jedoch sehen aus wie die Nadeln der Nadelbäume.

Worauf weisen die unterschiedlichen Blattformen hin?

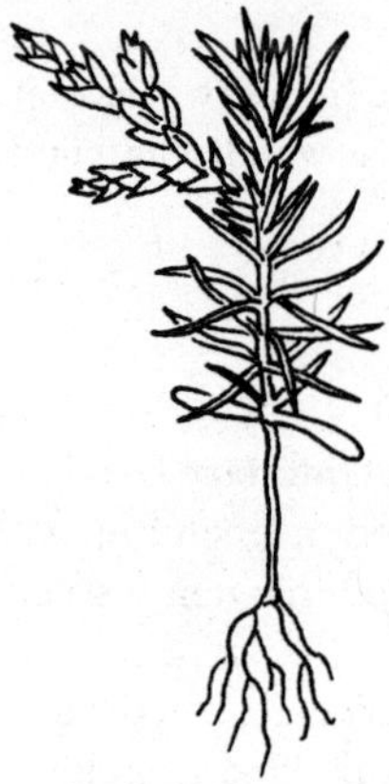

a. Thuja occidentalis (Keimpflanze)

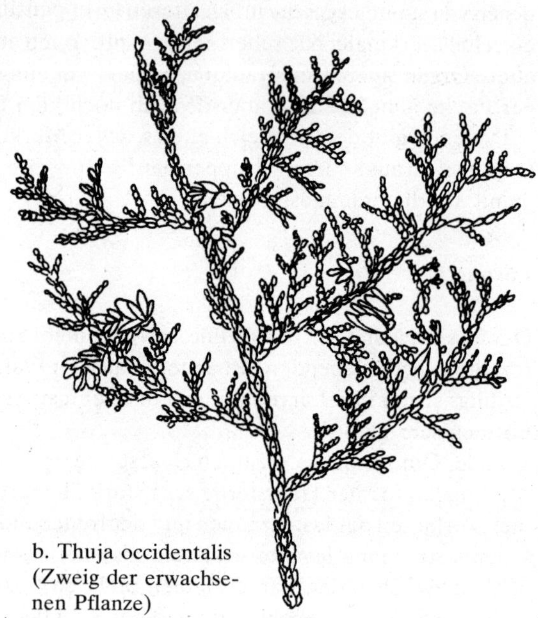

b. Thuja occidentalis (Zweig der erwachsenen Pflanze)

Abb. a. verändert nach W. Rothmaler, Exkursionsflora von Deutschland, 1966
Abb. b. verändert nach E. Straburger u. a., Lehrbuch der Botanik, 1967

Aufgabe 10

Die heute lebenden Vögel durchlaufen diese vier Stadien in der embryonalen Entwicklung ihrer Hand:

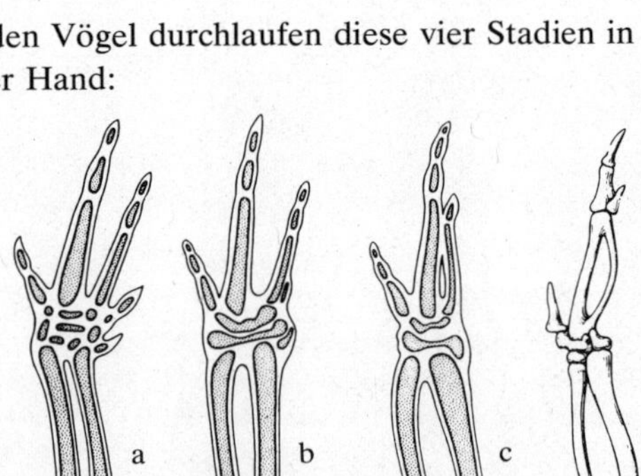

Lösung 9

Die Nadeln der Keimlinge weisen auf die Verwandtschaft der Lebensbäume mit den übrigen Nadelgehölzen hin. Der Keimling zeigt noch eine Blattform, die sehr wahrscheinlich bei gemeinsamen Vorfahren von Lebensbäumen und anderen Nadelgehölzen vorkam.

Wenn diese Annahme richtig ist, dann darf die Übereinstimmung in der Blattform als weitere Stütze für die biogenetische Grundregel angeführt werden.

Lösung 10

Am Anfang der Entwicklung der Hand sind fünf Finger vorhanden (Stadium „a"). Zwei dieser Finger werden während der weiteren Entwicklung reduziert (Stadium „b"). Von den verbleibenden drei Fingern verwachsen zwei weitgehend miteinander, während der dritte frei bleibt (Stadium „c"). Dieser dritte Finger bleibt im späten Stadium als kleiner seitlicher Fortsatz erhalten, die Verschmelzung der beiden übrigen Finger schreitet weiter fort (Stadium „d").

Vögel sind stammesgeschichtlich sehr wahrscheinlich aus reptilienartigen Vorfahren entstanden. Ursprünglich gebaute Reptilien tragen an jeder Hand fünf Finger, sehen also darin dem Entwicklungsstadium „a" der embryonalen Vogelhand ähnlich.

Die Abbildungen sind in zeitlicher Reihenfolge angeordnet. Unter „a" ist ein sehr frühes, unter „d" ein sehr spätes Stadium dargestellt.

Erläutern Sie diese Entwicklung.

Berücksichtigen Sie dabei die Stammesgeschichte der Vögel.

M. Diehl, Abstammungslehre, 1980

Der älteste fossile Vertreter der Vögel ist Archaeopteryx. Seine Hand besteht aus drei nicht miteinander verwachsenen Fingern. Sein Handskelett erinnert stark an das embryonale Handskelett rezenter Vögel im Stadium „b".

In der Embryonalentwicklung der Vogelhand kommen Stadien vor, die der Hand ihrer Vorfahren sehr ähnlich sind.

In der Embryonalentwicklung der Vogelhand lassen sich also Beispiele für die biogenetische Grundregel finden.

B. Evolutionstheorien

Zur Lösung der Aufgaben erforderliche Kenntnisse:
- Vergleich der Theorien von Linné, Cuvier, Lamarck, Darwin
- synthetische Theorie
  biologische Artdefinition
  Population, Genpool
  ideale Population (Hardy-Weinberg-Formel)
  Genpool, Fitness, Selektion
  Selektionsfaktoren
  Evolutionsfaktoren
  Selektion (stabilisierende, transformierende)
  Isolation (Separation)
  Gendrift
  Mutation
  Rekombination
  Präadaptation am Beispiel der Entstehung eines resistenten Bakterienstammes
  Rassenkreise, z. B. Silbermöwe
  Geschwisterarten
  Artentstehung im gleichen Areal
  Einnischung, Konkurrenzausschlußprinzip
  Volterragesetze
  adaptive Radiation am Beispiel der Darwinfinken

Aufgabe 1

Dieser Flugfrosch lebt auf den Sundainseln:

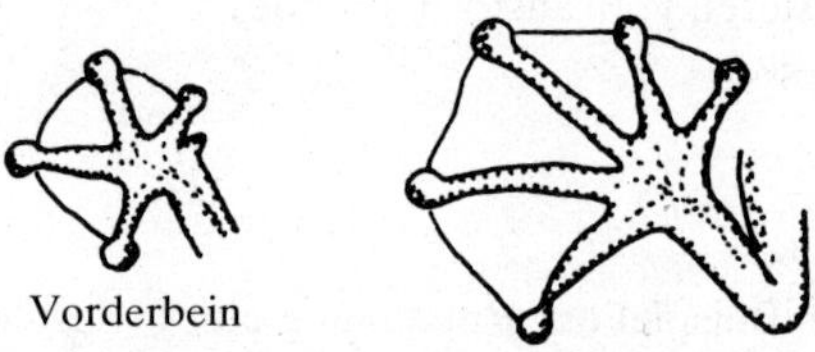

Er kann mit den Spannhäuten zwischen den Zehen die Fallgeschwindigkeit beim Sprung aus großer Höhe stark verringern. Auf diese Weise kommt der Frosch auf einer parabelförmigen Bahn von den Bäumen herunter.

Erklären Sie die Entstehung der Spannhäute nach der Theorie Lamarcks und nach der synthetischen Theorie der Evolution.

Verändert nach K. v. Frisch, Biologie, 1967

Aufgabe 2

In einigen lichtlosen Höhlen Mexikos leben kleine Fische ohne Augen, die Höhlensalmler. Das Fehlen der Augen ist bei diesen Fischen, wie Versuche ergeben haben, erblich.

Die blinden Höhlensalmler kommen nur in diesen lichtlosen Höhlen vor. Alle diese Höhlen haben untereinander Verbindungen. Die Zahl der blinden Höhlensalmler ist gering.

Lösung 1

Erklärung nach der Theorie Lamarcks:
Ein Frosch benutzt seine Füße mit den Zwischenzehenhäuten als „Flugorgane". Durch den ständigen Gebrauch werden die „Flughäute" zwischen den Zehen größer. Diese durch den Gebrauch vergrößerten Flughäute werden an die nächste Generation vererbt. In dieser Generation geht dann die Vergrößerung der Flughäute weiter. So werden sie von Generation zu Generation immer größer.

Erklärung nach der synthetischen Theorie der Evolution:
In einer Population von Fröschen treten Varianten auf, die sich durch vergrößerte Zwischenzehenhäute auszeichnen. Diese Varianten können durch Mutation und/oder Rekombination entstehen. Frösche mit vergrößerten Flughäuten sind bei der Flucht von Bäumen besonders erfolgreich. Sie können beim Sprung aus größerer Höhe die Fallgeschwindigkeit stärker vermindern als Frösche mit weniger stark ausgebildeten Zwischenzehenhäuten. Verletzungen oder Todesfälle kommen weniger häufig vor.

Diese Varianten mit den vergrößerten Spannhäuten haben also gegenüber den ursprünglich gebauten Fröschen einen Selektionsvorteil. Sie überleben häufiger, da sie häufiger erfolgreich fliehen können. Sie kommen daher auch häufiger zur Fortpflanzung. Frösche mit vergrößerten Zwischenzehenhäuten können also ihre Gene häufiger an die nächste Generation weitergeben. Damit werden die Gene, die die vergrößerten Zwischenzehenhäute hervorrufen, im Genpool der nächsten Generation vermehrt. Von Generation zu Generation wird der Anteil dieser Gene im Genpool größer.

Wenn in einer solchen Population Frösche auftreten, bei denen durch erneute Mutation und/oder Rekombination die Zwischenzehenhäute noch weiter vergrößert werden, dann läuft der Vorgang der Anhäufung dieser Gene im Genpool von Generation zu Generation genauso weiter, wie es bereits beschrieben wurde. Auf diese Weise können die Zwischenzehenhäute „Schritt für Schritt" größer werden.

Lösung 2

a. Erklärung nach der Theorie Lamarcks:
Bei Hochwasser geraten einige Fische aus dem Fluß in eine lichtlose Höhle. Sie gebrauchen dort ihre Augen nicht. Nichtgebrauch von Organen führt zu deren Reduktion. Diese Reduktion der Augen wird auf die Nachkommen vererbt. Von Generation zu Generation wird die Reduktion schrittweise stärker bis zum vollständigen Verschwinden der Augen.

Bei sehr hohem Wasserstand sind die Höhlengewässer mit einem Fluß in der Nähe verbunden. In ihm leben Fische, die den blinden Höhlenfischen sehr ähnlich sehen. Sie haben jedoch vollständig ausgebildete Augen.

Wie läßt sich die Entstehung der augenlosen Salmler erklären:

a. nach der Theorie von Lamarck?

b. nach der synthetischen Theorie der Evolution?

E. Bauer (Hrsg.), Biologiekolleg, 1981
Urania Tierreich, Band 4, Fische, Lurche, Kriechtiere, 1969

b. Erklärung nach der synthetischen Theorie der Evolution:
Einige Fische aus dem Fluß geraten bei Hochwasser in eine lichtlose Höhle. Ihre Augen sind vollständig ausgebildet.

Durch sinkenden Wasserstand werden die Fische in der Höhle von den Fischen im Fluß getrennt.

Die Fische vermehren sich in der Höhle und bilden dort eine zahlenmäßig kleine Population. Zufällig treten in dieser Population Individuen durch Mutation und/oder durch Rekombination Varianten auf, deren Augen leicht reduziert sind.

Tiere mit reduzierten Augen haben in lichtlosen Höhlen keinen Selektionsnachteil. Die entsprechenden Gene können sich daher im Genpool halten. Da die Population klein ist, können diese Gene durch Zufall im Genpool von Generation zu Generation sogar häufiger werden. Das kann soweit gehen, daß die ursprünglich vorhandenen Gene, die die vollständige Ausbildung der Augen steuern, ganz aus dem Genpool verschwinden. Übrig bleiben nur die Gene, die reduzierte Augen hervorrufen. Diese zufällige Veränderung der Genhäufigkeiten im Genpool wird als Gendrift bezeichnet.

Erneute Mutation und/oder Rekombination, die zu einer weitergehenden Reduktion der Augen führt, kann sich ebenfalls durch Gendrift im Genpool durchsetzen. Diese Vorgänge laufen über viele Generationen bis die Augen vollständig verschwunden sind.

Denkbar ist aber auch eine Anhäufung der Gene für reduzierte Augen durch Selektion. Reduzierte Augen können in lichtlosen Höhlen zu einem leichten Selektionsvorteil führen. Zum Aufbau reduzierter Augen ist weniger „Material“ erforderlich als für vollständige Augen. Die Verringerung der Zahl der Lichtsinneszellen kann zur Verkleinerung der Sehfelder im Gehirn führen. Sie können für andere Aufgaben genutzt oder eingespart werden. Die „Unterhaltung“ und „Steuerung“ reduzierter Augen erfordert weniger Blutgefäße und Nerven; weniger Zellen verbrauchen auch weniger Sauerstoff und weniger Nährstoffe. Tiere mit reduzierten Augen können daher gegenüber Artgenossen mit voll ausgebildeten Augen einen Selektionsvorteil haben. Sie können mehr Nachkommen in die nächste Generation einbringen. Damit erhöht sich der Anteil der Gene in der Population, die reduzierte Augen entstehen lassen. Von Generation zu Generation können diese Gene immer häufiger werden, bis die ursprünglichen Gene ganz aus dem Genpool verschwinden. Durch mehrere Mutationen und/oder Rekombination können auf diese Weise die Augen schrittweise zurückgebildet werden, bis sie vollständig verschwunden sind.

Aufgabe 3

Eine bestimmte Schneckenart kommt in drei Populationen „A“, „B“ und „C“ vor. Das Verbreitungsgebiet der Population „A“ deckt sich teilweise mit dem der Population „B“. Die Schnecken der beiden Populationen „A“ und „B“ können sich untereinander paaren. Aus solchen Paarungen gehen fruchtbare Nachkommen hervor.

Ein Teil der Schnecken der Population „C“ lebt in einem Gebiet, in dem auch Schnecken der Population „B“ vorkommen. Auch Schnecken der Population „C“ können mit Schnecken der Population „B“ fruchtbare Nachkommen hervorbringen.

Anders verhält es sich zwischen den Populationen „A“ und „C“. Zwar decken sich die Verbreitungsgebiete der Populationen „A“ und „C“ teilweise, jedoch paaren sich nie Schnecken der Population „A“ mit Schnecken der Population „C“.

a. Wieviele Arten liegen vor?

b. Wieviele Arten liegen vor, wenn die Population „B“ vollkommen ausstirbt?

c. Wieviele Arten liegen vor, wenn die Population „C“ vollkommen ausstirbt?

Begründen Sie Ihre Antworten.

Aufgabe 4

Aus der Eiszeit sind uns Skelette des Riesenhirsches (Megaceros hibernicos) überliefert. Er lebte, vermutlich in größerer Zahl, in den Tundren Europas. Sein Geweih besitzt eine Auslage von bis zu 3,69 m und wiegt fast 40 kg. Zum Aufbau dieses Geweihs verbrauchte der Hirsch viel Knochensubstanz. Um den Kopf mit diesem mächtigen Geweih hochzuhalten, besaß der Riesenhirsch besonders starke Muskeln. Beim Laufen war das Geweih sehr hinderlich.

Lösung 3

a. Da Genfluß zwischen allen drei Populationen möglich ist, liegt nur *eine* Art vor.

b. Da sich die Individuen der Population „A“ mit denen der Population „C“ nicht fruchtbar fortpflanzen können, ist kein Genfluß zwischen diesen beiden Populationen möglich, wenn die Population „B“ ausgestorben ist. Dann bilden die beiden Populationen *zwei* Arten.

c. Zwischen den verbleibenden beiden Populationen „A“ und „B“ ist auch, wenn die Population „C“ ausstirbt, weiterhin Genfluß möglich. Daher liegt hier *eine* Art vor.

Lösung 4

Riesenhirsche mit größeren Geweihen wurden vermutlich bei der Paarung bevorzugt. Sie konnten also ihre Gene häufiger in den Genpool der nächsten Generation einbringen. Dadurch wurden die Gene, die größere Geweihe hervorriefen, im Genpool immer häufiger. Über viele Generationen hinweg wurden so die ursprünglichen Gene für die Geweihbildung im Genpool immer seltener, bis sie ganz verschwanden.

Wahrscheinlich vergrößerte sich das ursprüngliche Geweih nicht durch einen einzigen Mutations- oder Rekombinationsschritt zum Riesengeweih. Vielmehr ist anzunehmen, daß dazu mehrere Mutationen oder Rekombinationen über eine lange Zeit hinweg erforderlich waren. Jedesmal, wenn Mutanten oder Rekombinanten in der Population auftraten, deren Geweih ein wenig größer war als das der übrigen Hirsche, wurden die entsprechenden Gene durch die Bevorzugung bei der Paarung im Genpool häufiger. Diese Art der Selektion wird als geschlechtliche Auslese bezeichnet.

So konnte sich Schritt für Schritt das Geweih vergrößern.

Von einer bestimmten Geweihgröße an konnten sich Varianten, die ein noch größeres Geweih ausbildeten, in der Population nicht mehr durchsetzen. Die Selektionsnachteile durch das hohe Gewicht und die große Auslage überwogen die

Erklären Sie die Entstehung des riesigen Geweihs im Laufe der Evolution.

Verändert nach K. Kuhn und W. Probst, Biologisches Grundpraktikum, 1980

Aufgabe 5

Paradiesvögel kommen vor allem auf Neuguinea vor. Die Männchen tragen ein außerordentlich farbenprächtiges Gefieder. Die Weibchen sind unscheinbar gefärbt. Durch ihr auffallendes Gefieder werden die Männchen von Feinden leicht entdeckt. Sie können sich gegen ihre Feinde nicht verteidigen. Nur durch die Flucht können sie ihnen entgehen, und dabei behindern sie auch noch häufig ihre verlängerten Schmuckfedern.

Wie konnte es in der Evolution des männlichen Gefieders zu der auffälligen Farbenpracht kommen, obwohl die Vögel dadurch leichter von Feinden erbeutet werden können?

Aufgabe 6

1952 wurde von dem dänischen Forschungsschiff „Galathea" in etwa 3500 m Tiefe vor der Küste von Costa Rica eine besondere Schnecke gefunden. Sie unterscheidet sich im Bau auffällig von allen bisher bekannten Schnecken. Sie sieht aber fossilen Schnecken aus der Gattung „Pilina" sehr ähnlich. Daher erhielt sie den wissenschaftlichen Namen „Neopilina galatheae".

mögliche Bevorzugung bei der Paarung. Diese Riesenhirsche hatten nicht mehr Nachkommen als ihre Konkurrenten; zum Beispiel deshalb nicht, weil sie wegen ihres großen Geweihs weniger gut vor Freßfeinden fliehen konnten. Die Gene dieser Riesenhirsche konnten also im Genpool nicht häufiger werden. Die Grenze der Geweihgröße war erreicht.

Lösung 5

Die Weibchen der Paradiesvögel bevorzugen wahrscheinlich bei der Paarung die Männchen mit dem farbenprächtigeren, auffälligeren Gefieder. Von allen Männchen einer Population kommen also die am auffälligsten gefärbten Männchen am häufigsten zur Fortpflanzung; sie haben mehr Nachkommen als ihre unauffälligeren Konkurrenten.

Damit werden die Gene der Varianten (Mutanten und Rekombinanten) mit auffälligerem Gefieder von Generation zu Generation im Genpool immer häufiger. Diese Art der Selektion wird als geschlechtliche Auslese bezeichnet.

Über viele Generationen hinweg wird auf diese Weise durch mehrere Mutationen oder Rekombinationen nacheinander das Gefieder der Männchen „Schritt für Schritt" immer auffälliger. Es treten immer wieder Varianten auf, die ein wenig auffälliger gefärbt sind als die übrigen Männchen; durch geschlechtliche Auslese setzen sich ihre Gene im Genpool durch; danach treten wieder Varianten auf, die noch auffälliger gefärbt sind; wieder werden die Gene im Genpool häufiger; und so läuft die Entwicklung weiter, bis die Selektionsnachteile, die das auffällige Gefieder mit sich bringt, gegenüber den Vorteilen überwiegen.

Die Grenze der Farbenpracht und der Auffälligkeit der Schmuckfedern ist erreicht, wenn ein Gen, das das Gefieder noch auffälliger werden läßt, im Genpool nicht häufiger werden kann. Das geschieht, wenn solche Varianten durch ihre Auffälligkeit so häufig von Feinden erbeutet werden, daß sie trotz der Bevorzugung bei der Paarung im Durchschnitt nicht mehr Nachkommen haben als ihre unauffälligeren Konkurrenten in der Population.

Lösung 6

Die Monoplacophora leben seit dem Silur in der Tiefsee. Dieser Lebensraum hat sich bis heute nur sehr wenig verändert. Die Schnecken sind daher seit 400 Millionen Jahren ständig den gleichen oder sehr ähnlichen Umweltbedingungen ausgesetzt. Damit wirkte die Selektion immer in gleicher Weise auf die Schnekken. Unter diesen Lebensbedingungen hatten immer die Nachkommen die

Pilina lebte schon im Silur, also schon vor über 400 Millionen Jahren. Heute sind Pilina und Neopilina zusammen in die Gruppe der „Monoplacophora“ eingeordnet.

Wie ist zu erklären, daß sich die Monoplacophora über diesen langen Zeitraum von mehr als 400 Millionen Jahren so wenig verändert haben?

Aufgabe 7

Die Wahrscheinlichkeit, mit der aus einem Entenei ein Entenküken schlüpft, ist abhängig von der Größe des Eis. Aus durchschnittlich großen Eiern schlüpfen häufiger Entenküken als aus Eiern, die über oder unter der Durchschnittsgröße liegen.

Erklären Sie die Wirkung des Evolutionsfaktors, der die Evolution der Eigröße beeinflußt.

G. de Beer, Bildatlas der Evolution, 1966

Aufgabe 8

Die Säugetiere werden in drei Gruppen eingeteilt. Die eierlegenden Säugetiere bilden eine Gruppe. Dazu gehören die Ameisenigel und das Schnabeltier. Eine zweite Gruppe umfaßt die Beuteltiere, dazu zählen zum Beispiel Känguruh, Opossum, Koala und viele andere. Die übrigen Säugetiere werden als „Plazentatiere“ in einer dritten Gruppe zusammengefaßt.

Durch die stark entwickelte Plazenta können diese Säuger ihre Jungen in der Gebärmutter sehr gut mit Nährstoffen versorgen. Die Jungen bleiben länger im Mutterleib und sind bei ihrer Geburt sehr viel weiter entwickelt als die Jungen der Beuteltiere.

Um die beiden nachfolgenden Aufgaben lösen zu können, brauchen Sie einige Informationen über die Verbreitung und Stammesgeschichte der Säugetiere.

größte Überlebenschance, die sich nicht oder kaum von ihren Eltern unterschieden. Tiere, die ihren Eltern glichen, hatten im Durchschnitt mehr Nachkommen als die, die sich von den Eltern unterschieden. Tiere, die den Eltern glichen, konnten also ihre Gene häufiger in den Genpool der nächsten Generation einbringen als Tiere, die sich von den Eltern unterschieden. Alle den Eltern gleichenden Nachkommen hatten einen Selektionsvorteil, alle abweichenden Nachkommen besaßen einen Selektionsnachteil.

Die Selektion wirkte also stabilisierend. Gene, die eine Veränderung von Merkmalen bewirkten, konnten sich im Genpool nur sehr selten halten. Daher veränderten sich diese Schnecken kaum.

Lösung 7

Aus durchschnittlich großen Eiern schlüpfen häufiger Küken als aus Eiern, die in der Größe über oder unter dem Durchschnitt liegen. Enten, deren Eier von der Durchschnittsgröße abweichen, haben also weniger Nachkommen als Enten, die durchschnittlich große Eier legen.

Die Selektion bevorzugt Eier von durchschnittlicher Größe. Die Gene der Enten, deren Eigrößen vom Durchschnitt abweichen, können sich im Genpool nicht halten. Sie werden von Generation zu Generation seltener.

Wenn Enten mit vom Durchschnitt abweichenden Eiern in der Population auftreten, verändern sie mit ihren Genen die Zusammensetzung des Genpools. Die Selektion macht diese Veränderung wieder rückgängig. Sie wirkt stabilisierend.

Die Durchschnittsgröße der Enteneier bleibt daher gleich, solange die Selektion auf diese Weise wirkt.

Lösung 8

a. Die Beuteltiere waren noch in der Kreide auf allen Kontinenten verbreitet. In der Oberen Kreide traten die ersten Plazentatiere auf. Sie spalteten sich in mehrere Arten auf.

Zwischen Beuteltierarten und Plazentatieren trat nun zwischenartliche Konkurrenz um die ökologischen Nischen auf. Dabei brachte den Plazentatieren ihre bessere Versorgung der Jungen im Mutterleib einen Selektionsvorteil gegenüber den Beuteltieren. Durch diesen Selektionsvorteil konnten die Plazentatiere die ökologischen Nischen besetzen, die vorher von Beuteltieren eingenommen wurden.

In Europa und Afrika trat die zwischenartliche Konkurrenz zwischen Beutel- und Plazentatieren schon sehr früh in der Erdgeschichte auf. Die Zeit bis heute reichte hier aus, um die Beuteltiere ganz zu verdrängen. Sie starben aus.

- Plazentatiere kommen in allen Erdteilen vor. In Australien sind sie jedoch nur mit sehr wenigen Arten vertreten (Mensch, Wildhund = Dingo, einige Fledermäuse). Auch fossil kommen hier keine weiteren Plazentatiere vor.
- Die ersten Beuteltiere traten in der Mittleren Kreide auf; die ersten Plazentatiere sind aus der Oberen Kreide bekannt, sie spalteten sich im Tertiär in viele Arten auf und verbreiteten sich weit.
- Beuteltiere kommen in Europa und Afrika heute nicht mehr vor; sie sind jedoch dort als Fossilien zu finden. In Australien besteht die heutige Säugetierfauna fast ausschließlich aus Beuteltieren.In Asien und Südamerika sind die Beuteltiere nur mit wenigen Arten vertreten.
- Beispiele für australische Beuteltiere sind: Beutelmull oder Beutelmaulwurf, Springbeutler, Flugbeutler, Beutelbär, Beutelwolf, Beutelmarder.
- Die Plazentatiere entstanden wahrscheinlich auf der Nordhalbkugel.

a. Beschreiben Sie, wie es zu der heutigen Verbreitung der Beuteltiere kam.

b. Womit läßt sich erklären, daß viele Beuteltierarten im äußeren Bau bestimmten Arten unter den Plazentatieren sehr ähnlich sehen, z. B. Wolf und Beutelwolf, Flugbeutler und Flughörnchen, Beutelmull und Maulwurf?

Berücksichtigen Sie bei den Lösungen, wie sich die Lage der Kontinente zueinander in den letzten 200 Millionen Jahren durch Kontinentalverschiebung veränderte. Sie können diese Veränderungen aus den drei Karten ersehen.

Lageveränderung der Kontinente durch Kontinentalverschiebung

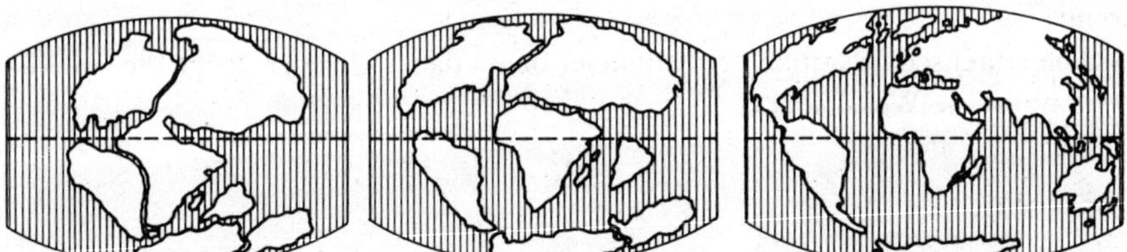

Trias (vor 200 Mio Jahren) — Obere Kreide (vor 65 Mio. Jahren) — heute

Verändert nach P. Hoff und W. Miram, Evolution, 1979

Aufgabe 9

Im tropischen Regenwald leben sehr viel mehr Tierarten als in der Steppe.

Wie läßt sich mit der synthetischen Theorie der Evolution die unterschiedliche Zahl der Tierarten in diesen beiden Lebensräumen erklären?

In Amerika und Asien sind noch einige wenige Beuteltierarten erhalten geblieben. Hier trafen die Plazentatiere erst später in der Erdgeschichte auf Beuteltiere. Die Verdrängung der Beuteltiere durch die leistungsfähigeren Plazentatiere begann also hier später als in Afrika und Europa. Daher verschwanden bis heute nicht alle Beuteltiere aus der asiatischen und südamerikanischen Fauna.

In Australien fehlen die Plazentatiere fast vollständig. Sie haben bis auf wenige Ausnahmen Australien nie erreicht. Im Tertiär spalteten sich die Plazentatiere in viele Arten auf und verbreiteten sich stark. Zu dieser Zeit war Australien durch die Kontinentalverschiebung schon von den übrigen Kontinenten getrennt. Die Plazentatiere konnten daher nicht nach Australien einwandern. Daher blieben dort die Beuteltiere erhalten. Sie durchliefen hier ihre Evolution.

Mensch, Dingo und die Fledermäuse sind sehr wahrscheinlich erst in jüngster geologischer Zeit nach Australien gekommen.

b. Die Plazentatiere und die Beuteltiere spalteten sich in voneinander getrennten Gebieten in viele Arten auf. Durch die Selektion paßten sich die Arten an verschiedene ökologische Nischen an. Diese Vorgänge werden als adaptive Radiation bezeichnet.

Viele ökologische Nischen sind in Australien ähnlich wie auf anderen Kontinenten. Ähnliche ökologische Nischen rufen ähnlich gerichtete Selektion hervor. Dadurch entstehen ähnlich aussehende Arten.

Beutelwolf und Wolf haben also ihre ähnliche Gestalt durch konvergente Entwicklung erhalten. Sie besetzen beide die ökologische Nische eines großen Raubtiers. Ebenso entstand die Ähnlichkeit zwischen Flugbeutler und Flughörnchen als Anpassung an die ökologische Nische eines Tieres, das auf Bäumen lebt und im Gleitflug flieht. Auch Beutelmull und Maulwurf entwickelten sich zu ähnlich aussehenden Formen, da beide die ökologische Nische eines Bodenwühlers besetzen.

Lösung 9

Im tropischen Regenwald gibt es viele ökologische Nischen. Er bietet für Tiere viele verschiedene Möglichkeiten, sich zu ernähren, fortzubewegen, Nester oder Höhlen zu bauen, sich zu verständigen, die Jungen aufzuziehen, Feinden aus dem Weg zu gehen oder zu fliehen.

Die synthetische Theorie der Evolution kann erklären, daß viele dieser ökologischen Nischen durch Bildung neuer Arten besetzt wurden.

Die Mitglieder einer Population, die eine bestimmte ökologische Nische besetzen, stehen untereinander in Konkurrenz. Die Tiere der Population, die sich durch Mutation oder Rekombination von anderen unterscheiden und durch diese Unterschiede eine neue ökologische Nische besetzen können, vermindern für sich die Konkurrenz. Sie erhalten dadurch einen Selektionsvorteil. Durch transformierende Selektion können sich diese Tiere immer besser an die neue ökologische Nische anpassen.

Durch die Anpassung verändern sich die Tiere der neuen ökologischen Nische, zum Beispiel im Körperbau oder im Verhalten.

Häufig werden die Unterschiede zwischen den Tieren der alten und der neuen ökologischen Nische so groß, daß sie sich untereinander nicht mehr fruchtbar paaren können. Dann ist eine neue Art entstanden. Der Anpassungsvorgang an eine ökologische Nische wird als Einnischung bezeichnet.

Da es im tropischen Regenwald mehr ökologische Nischen gibt als in der Steppe, kann hier die Einnischung häufiger geschehen. Daher leben im tropischen Regenwald mehr Tierarten als in der Steppe.

Einige Evolutionsforscher halten die Artentstehung durch Einnischen für unwahrscheinlich. Ihrer Meinung nach entstehen Arten nur durch Separation, also geographische Isolation.

Dabei wird eine Population in zwei Teilpopulationen aufgespalten, zwischen denen kein Genfluß besteht. In den Teilpopulationen verläuft die Evolution in unterschiedliche Richtungen. Mutationen, Rekombinationen, Gendrift und Selektion sind mit hoher Wahrscheinlichkeit in den Teilpopulationen verschieden.

Die Mitglieder der beiden Teilpopulationen können bei genügend langer Trennung so unterschiedlich werden, daß sie sich nicht mehr miteinander fruchtbar fortpflanzen können. Dann sind zwei Arten entstanden. Wenn die beiden Arten räumlich wieder miteinander in Kontakt kommen und beide die gleiche ökologische Nische beanspruchen, tritt Konkurrenz zwischen den Arten auf. In einem solchen Fall kann es dazu kommen, daß eine Art sich der Konkurrenz durch Anpassung an eine andere ökologische Nische entzieht. Da der tropische Regenwald viele ökologische Nischen bietet, können viele Arten auf diese Weise die Konkurrenz für sich vermindern. Es können viele Arten nebeneinander bestehen bleiben.

Nach Auffassung dieser Evolutionsforscher ist also Einnischung nicht die Ursache sondern eine mögliche Folge der Artentstehung.

Aufgabe 10

Einige Schmetterlingsarten sind durch unangenehmen Geschmack vor Vögeln geschützt. Vögel meiden jedoch diese Schmetterlinge erst, wenn sie Erfahrung mit dem schlechten Geschmack gemacht haben, wenn sie gelernt haben, das Aussehen der Schmetterlinge mit ihrem üblen Geschmack in Verbindung zu bringen.

In Südamerika kommen solche Schmetterlinge vor. Viele dieser Arten sehen sich sehr ähnlich. Häufig sammeln sich Schmetterlinge aus verschiedenen Arten, die sich ähnlich sehen und schlecht schmecken, in Schwärmen. Diese Form der Ähnlichkeit zwischen Arten wird als Müllersche Mimikry bezeichnet.

Aus Afrika ist eine andere Form der Mimikry bekannt. Dort lebt eine bestimmte Art von Segelfaltern, die von Vögeln wegen des schlechten Geschmacks gemieden wird. Im gleichen Lebensraum leben zusammen mit den Segelfaltern andere Schmetterlinge, die den schlechtschmeckenden Segelfaltern sehr ähnlich sehen. Sie haben jedoch keinen üblen Geschmack.

Diese Form der Ähnlichkeit, bei der ungeschützte Arten geschützte Arten nachahmen, wird als Bates'sche Mimikry bezeichnet.

a. Erklären Sie die Entstehung der Müllerschen Mimikry durch Evolution. Wenden Sie dabei die synthetische Theorie der Evolution an. Gehen Sie bei der Erklärung von zwei schlecht schmeckenden, aber unterschiedlich aussehenden Schmetterlingsarten aus.

b. In der Bates'schen Mimikry darf das Verhältnis der Zahl von Nachahmern zur Zahl der Nachgeahmten eine bestimmte Grenze nicht überschreiten. Die Nachahmer müssen immer seltener sein als die Nachgeahmten.

Begründen Sie diese Einschränkung.

c. Je mehr Arten an der Müllerschen Mimikry beteiligt sind, desto besser ist der Schutz der einzelnen Art.

Begründen Sie diese Aussage.

G. de Beer, Bildatlas der Evolution, 1966
M. Diehl, Abstammungslehre, 1980

Lösung 10

a. Ein Vogel lernt, eine schlecht schmeckende Schmetterlingsart zu meiden, sobald er den schlechten Geschmack wahrgenommen hat. Dazu muß er wenigstens einmal einen solchen Schmetterling fressen.

Wenn zwei schlecht schmeckende Arten verschieden aussehen, muß er zweimal lernen, also wenigstens einen Schmetterling von jeder Art erbeuten, bevor beide Arten vor ihm geschützt sind. Sehen sich die beiden Schmetterlingsarten aber sehr ähnlich, muß der Vogel nur einmal lernen, und danach sind beide Arten vor ihm sicher. Ob er dazu einen Schmetterling der einen oder der anderen Art fängt, hängt vom Zufall ab. Der Verlust pro Schmetterlingsart ist also halb so groß, wenn sich die beiden Arten sehr ähnlich sehen.

Ursprünglich sahen diese beiden Schmetterlingsarten unterschiedlich aus. Sie sollen hier als Art „A“ und „B“ bezeichnet werden. In der Art „A“ traten durch Mutation oder Rekombination Schmetterlinge auf, die der Art „B“ leicht ähnelten. Diese Tiere hatten damit einen Selektionvorteil gegenüber den anderen Schmetterlingen der Population.

Einige Vögel, die bereits gelernt hatten die Schmetterlinge der Art „B“ zu meiden, aber noch nicht die der Art „A“, verwechselten die leichten „Nachahmer“ mit Tieren der Art „B“. Diese „Nachahmer“ überlebten daher häufiger und brachten so mehr Nachkommen in die nächste Generation ein. Von Generation zu Generation wurden ihre Gene im Genpool häufiger, bis die ursprünglichen Gene ganz verschwunden waren.

Mehrmals hintereinander traten Mutationen oder Rekombinationen auf, die die Schmetterlinge der Art „A“ um einen weiteren kleinen Schritt der Art „B“ ähnlicher machten. Jedesmal wirkte die Selektion transformierend, und infolgedessen wurden die entsprechenden Gene im Genpool häufiger. Diese Vorgänge liefen über viele Generationen hinweg. So entstand schrittweise die heutige Ähnlichkeit zwischen den beiden Schmetterlingsarten.

b. Wenn die Nachahmer sehr häufig sind, lernen viele Vögel, daß Schmetterlinge mit diesem Aussehen gut schmecken. Nur wenige lernen, das Aussehen dieser Schmetterlinge mit der Erinnerung an üblen Geschmack zu verbinden.

Wenn zu viele Vögel das Aussehen mit dem guten Geschmack verbinden, ist das ganze Mimikry-System gefährdet. Auch die wenigen schlecht schmeckenden Schmetterlinge werden dann gefressen.

c. Um das Lernergebnis, das Meiden der Schmetterlinge zu erreichen, muß jeder Vogel mindestens einmal einen Schmetterling fangen. Zum Schutz des gesamten Mimikry-Systems wird also eine bestimmte Zahl an Schmetterlingen aus allen Arten von den Vögeln gefressen.

Die Zahl der erbeuteten Schmetterlinge verteilt sich auf die an der Mimikry beteiligten Arten. Wenn an einer Mimikry viele Schmetterlingsarten beteiligt sind, ist der Verlust pro Art geringer, als wenn nur wenige Arten ein Mimikry-System bilden.

Aufgabe 11

Korbblüter sind auf der Erde weit verbreitet. Viele Arten besitzen Samen mit Flugorganen. Beim Löwenzahn sind es zum Beispiel feine Haare, die eine Art Fallschirm bilden. Dadurch kann der Wind die Samen weit transportieren.

Eine besondere Anpassung an ihren Lebensraum besitzen viele Korbblüter auf den Kerguelen, einer kleinen, windumtosten Inselgruppe im südlichen Indischen Ozean. Hier leben Korbblüterarten, die auch auf den benachbarten Kontinenten, Südamerika und Afrika, vorkommen. Allerdings bilden viele Arten auf den Kerguelen Samen ohne Flugorgane. Ihre Verwandten auf dem Festland haben vollständig ausgebildete Flugorgane an den Samen.

Diese Korbblüter haben wohl auf den Kerguelen ihre Flugorgane im Laufe der Evolution verloren.

Erläutern Sie bitte, wie es zu diesem Verlust kam.

Aufgabe 12

Die Hawaii-Inseln liegen etwa 3000 km vom amerikanischen Festland entfernt im Pazifischen Ozean. Alle Inseln des Archipels sind vulkanischen Ursprungs. Sie entstanden wahrscheinlich im Tertiär.

Vor etwa fünf Millionen Jahren begann Wald auf den Inseln zu wachsen. Seit dieser Zeit bieten die Inseln geeignete Lebensräume für Singvögel.

Auf Hawaii leben die Kleidervögel. Sie kommen nur hier vor, sind also auf Hawaii endemisch. Unter den insgesamt 40 Arten gibt es Samen-, Frucht- und Insektenfresser. Einige Arten saugen Nektar aus Blüten. Sie haben lange, gebogene Schnäbel und Röhrenzungen. Ähnliche Schnäbel und Zungen besitzen die Kolibris. Kolibris kommen aber auf Hawaii nicht vor. Sonst sind sie überall in den wärmeren Gebieten der Neuen Welt zu finden. Auf Hawaii sind sie auch fossil nicht überliefert.

Neben den Kleidervögeln leben auf Hawaii nur noch wenige andere Singvogelgruppen, zum Beispiel Krähen, Drosseln und Fliegenschnäpper. Alle diese Gruppen bestehen aus weniger Arten als die Kleidervögel.

a. Erklären Sie die Entstehung der Kleidervogelarten.

b. Womit ist die Ähnlichkeit der Schnabel- und Zungenform der Kolibris und bestimmter Kleidervogelarten zu erklären?

c. Die Kleidervogelarten sind stammesgeschichtlich sehr jung. Womit läßt sich die Entstehung so vieler Arten in kurzer Zeit erklären?

Lösung 11

Auf den Kerguelen haben Pflanzen, die durch Mutation oder Rekombination Samen ohne Flugorgane bilden, einen Selektionsvorteil. Der starke Wind auf den Inseln kann sie nur über kurze Strecken transportieren. Daher werden sie weniger häufig ins Meer abgetrieben als Samen mit Flugorganen.

Aus Samen ohne Flugorgane keimen also auf den Kerguelen häufiger Pflanzen als aus solchen mit Flugorganen. Die Gene, die die Bildung der Samen ohne Flugorgane steuern, werden daher von Generation zu Generation im Genpool vermehrt. Zum Schluß verschwinden die ursprünglichen Gene für die Ausbildung der Flugorgane ganz aus dem Genpool. Die Pflanzen bilden auf den Inseln nur noch Samen ohne Flugorgane.

Lösung 12

a. Die Entstehung der Kleidervögel begann wahrscheinlich mit der Einwanderung einiger weniger Vögel einer bestimmten Singvogelart. Vermutlich gelangten diese Vögel von Amerika aus nach Hawaii. Ein Sturm könnte sie zufällig auf die Inseln verschlagen haben.

Auf Hawaii trafen die Vögel günstige Lebensumstände an. Sie waren wahrscheinlich die ersten oder einer der ersten Besiedler unter den Singvögeln. Das Angebot an Futter, Brutgelegenheiten, Ruheplätzen und Ähnlichem war daher reichhaltig.

Diese Vögel vermehrten sich unter diesen Umständen rasch. Mit dem Wachsen der Population nahm die Konkurrenz zwischen den Vögeln zu. Die Varianten (Mutanten und Rekombinanten) in der Population, die eine andere, freie ökologische Nische besetzen konnten, verminderten die gegenseitige Konkurrenz. Sie hatten dadurch einen Selektionsvorteil.

In der neuen Population wurde die Anpassung schrittweise verbessert. Mehrmals traten Mutationen und Rekombinationen auf, die eine etwas bessere Anpassung bewirkten. Jedesmal wurden die Gene der Varianten durch transformierende Selektion im Genpool häufiger, bis die ursprünglichen Gene ganz verschwunden waren.

Die Vorgänge, die zur Anpassung an eine ökologische Nische abliefen, werden als Einnischung bezeichnet. Häufig veränderten sich die Vögel mit der Einnischung so stark, daß sie mit den Tieren der ursprünglichen Population keine fruchtbaren Nachkommen mehr zeugen konnten. Damit war eine neue Art entstanden.

Da die Singvögel sehr früh nach Hawaii kamen, fanden sie dort eine große Zahl freier ökologischer Nischen vor. Die Einnischung konnte mehrfach ablaufen. So entstanden viele Arten.

Die Populationen auf Hawaii bleiben bis heute wegen der eng begrenzten Lebensräume auf den Inseln klein. Daher erhielt die Gendrift, die zufällige Änderung der Genhäufigkeiten im Genpool, Bedeutung für die Artentstehung.

Wahrscheinlich war auch Separation, die isolierte Entwicklung von Populationen auf voneinander getrennten Inseln, an der Entstehung und Veränderung der Arten beteiligt.

Einige Evolutionsforscher nehmen an, daß nur die Separation zur Entstehung neuer Arten führen kann. Nach ihrer Meinung ist die Spaltung einer Art durch Einnischung nicht möglich.

Wenn diese Annahme zutrifft, müssen sich auf Hawaii häufig Populationen von Kleidervögeln in Teilpopulationen getrennt haben. Die Teilpopulationen bewohnten voneinander getrennte Gebiete, z.B. verschiedene Inseln. In den Teilpopulationen verlief die Evolution unterschiedlich weiter. Es traten zufällig jeweils andere Mutanten und Rekombinanten auf, die Gendrift führte zu unterschiedlichen Veränderungen und unter verschiedenartigen Umweltbedingungen wirkte auch die Selektion jeweils anders. Ein Genaustausch zwischen den Teilpopulationen war wegen der räumlichen Trennung nicht möglich.

Die Vögel in den Teilpopulationen veränderten sich in unterschiedlicher Richtung. Die Unterschiede konnten so stark werden, daß Vögel aus den Teilpopulationen keine fruchtbaren Nachkommen mehr miteinander hervorbringen konnten. Dann waren neue Arten entstanden. Die neuen Arten konnten nach ihrem Entstehen gemeinsam mit anderen Arten in einem bestimmten Areal leben, ohne sich miteinander zu vermischen.

b. Die nektarsaugenden Kleidervogelarten und die Kolibris besitzen sehr ähnliche ökologische Nischen. In ähnlichen ökologischen Nischen wirkt die Selektion sehr ähnlich. Dadurch entstehen ähnlich aussehende Formen.

Diese Art der Entstehung ähnlich aussehender Formen unabhängig voneinander wird als Konvergenz bezeichnet.

c. Erst seit etwa 5 Millionen Jahren bietet Hawaii geeignete Lebensräume für Singvögel. Daher hat die Aufspaltung der Kleidervögel in ihre 40 Arten, die adaptive Radiation, wahrscheinlich nicht länger als 5 Millionen Jahre gedauert.

Die hohe Evolutionsgeschwindigkeit der Kleidervögel läßt sich durch die kleinen Populationen erklären. Hier können sich Mutationen und Rekombinationen viel schneller im Genpool „durchsetzen" als in großen Populationen. Auch die Wirkung zufälliger, nicht selektionsbedingter Veränderungen in den Genhäufigkeiten ist viel stärker. Da die Kleidervögel viele freie ökologische Nischen auf Hawaii antrafen, konnten sich so viele Arten bilden.

Aufgabe 13

Galaktosämie ist eine Erbkrankheit. Sie wird durch ein rezessives Allel ausgelöst. Menschen, die das Allel homozygot tragen, können Galaktose nicht abbauen. Galaktose ist ein Bestandteil des Milchzuckers. Er kommt in der Milch von Säugetieren, also auch in der Muttermilch des Menschen vor.

Besonders bei Säuglingen führt die Krankheit zu sehr schwerwiegenden Schäden. Schon in den ersten Lebenstagen, nachdem die Kinder erst wenige Male Milch getrunken haben, äußert sich die Krankheit. Die Säuglinge leiden unter Brechdurchfall. Wenn die kranken Kinder weiterhin mit Milch gefüttert werden, treten Gelbsucht, Grauer Star und schwere Gehirnschäden auf. Viele Kinder sterben schon in den ersten Lebenswochen, wenn die Krankheit nicht behandelt wird.

Im Durchschnitt leidet ein Neugeborenes unter 20000 an dieser Erbkrankheit. Diese Kinder besitzen in ihrem Genotyp zwei krankmachende Allele.

a. Berechnen Sie die Häufigkeit des Allels für Galaktosämie in der Bevölkerung.

b. Berechnen Sie die Häufigkeit der Heterozygoten.

L. Haffner und P. Hoff, Genetik, 1977

Aufgabe 14

In seltenen Fällen kommt beim Menschen totale Farbenblindheit vor. Diese Menschen können in ihrer Umgebung keine Farben sondern nur Grauwerte unterscheiden.

Totale Farbenblindheit ist eine Erbkrankheit. Das krankmachende Allel ist

Lösung 13

Nach der Hardy-Weinberg-Formel berechnet sich die Häufigkeit von Allelen in einer Population nach:

$$p^2 + 2pq + q^2 = 1$$

Hier sei zur Vereinfachung angenommen, daß eine ideale Population vorliegt.

p = Häufigkeit des Allels, das Galaktosämie hervorruft.

Homozygote kommen in der Population mit der Häufigkeit $\frac{1}{20000}$ vor.

Daraus ergibt sich:

$$p^2 = \frac{1}{20000}$$

$$p = \sqrt{\frac{1}{20000}}$$

Die Häufigkeit des Allels für Galaktosämie beträgt:

$$p = 0{,}007$$

b. Berechnung der Heterozygoten-Häufigkeit:

$$\text{nach } p + q = 1$$

$$q = 1 - p$$

$$q = 0{,}993$$

Die Häufigkeit der Heterozygoten errechnet sich nach der Hardy-Weinberg-Formel aus:

$$2pq$$

$$\text{daher: } 2 \cdot 0{,}007 \cdot 0{,}993 = 0{,}013902$$

Die Häufigkeit der Heterozygoten in der Bevölkerung beträgt :

$$0{,}013902$$

Etwa 1,4% der Menschen tragen heterozygot das krankmachende Allel für Galaktosämie.

Lösung 14

Der Anteil der Heterozygoten in der Bevölkerung wird nach der Hardy-Weinberg-Formel berechnet. Vereinfachend sei angenommen, daß es sich um eine ideale Population handelt.

q = Häufigkeit des Allels für Farbenblindheit

rezessiv. Es liegt nicht auf einem Geschlechtschromosom, sondern auf einem der übrigen Chromosomen.

Im Durchschnitt leidet einer unter 500000 Menschen an totaler Farbenblindheit. Er trägt in seinem Genotyp zwei krankmachende Allele, ist also in diesem Merkmal homozygot.

Berechnen Sie, wieviel Prozent der Bevölkerung das Allel für totale Farbenblindheit heterozygot tragen.

L. Hafner und P. Hoff, Genetik, 1977

Aufgabe 15

Beim Menschen lassen sich mehrere Blutgruppensysteme unterscheiden. Eines ist das M-N-System. Die Eigenschaften dieses Blutgruppensystems werden durch das Allelpaar M und N festgelegt.
Durch einen Gerinnungstest können die Blutgruppen M, MN und N unterschieden werden, die der genetischen Konstitution MM, MN und NN direkt entsprechen. Homozygote und Heterozygote sind also phänotypisch unterscheidbar.

Die Häufigkeiten der drei Gruppen sind in der Bevölkerung Europas und der ursprünglichen Bevölkerung Amerikas unterschiedlich. Die unterschiedlichen Häufigkeiten sind in dieser Tabelle angegeben:

	MM	MN	NN
Europäische Population	0,3	0,5	0,2
Indianische Population	0,74	0,24	0,02
Mischpopulation	0,52	0,37	0,11

Die Werte der Mischpopulation wurden als Mittelwerte der beiden anderen Populationen errechnet. Die Stichproben sind jeweils gleich groß (n = 1000).

$$q = \sqrt{\frac{1}{500\,000}}$$

$$q = \frac{1}{707}$$

$$p = 1 - \frac{1}{500\,000}$$

$$p = \frac{706}{707}$$

$$2\,pq = 2 \cdot \frac{1}{707} \cdot \frac{706}{707}$$

$$= \frac{1412}{499\,849}$$

$$= 0{,}0028$$

$$= 0{,}28\% = \frac{1}{357}$$

Unter 357 Menschen findet man im Durchschnitt *einen* heterozygoten Träger für totale Farbenblindheit. 0,28% der Bevölkerung trägt demnach heterozygot das Allel für totale Farbenblindheit.

Lösung 15

a. Die Berechnung erfolgt nach der Hardy-Weinberg-Formel:

$$p^2 + 2pq + q^2 = 1$$

Die Häufigkeiten von M und N lassen sich aus den Quadratwurzeln der Werte für MM = p^2 und NN = q^2 errechnen.

Die Häufigkeit des Allels M beträgt demnach

- in der europäischen Population 0,55
- in der indianischen Population 0,86
- in der errechneten Mischpopulation 0,72

Die Häufigkeit des Allels N beträgt

- in der europäischen Population 0,45
- in der indianischen Population 0,14
- in der errechneten Mischpopulation 0,33

b. *Europäische Population*

MM	MN	NN
$0{,}55^2$	$2 \cdot 0{,}55 \cdot 0{,}45$	$0{,}45^2$
0,3025	0,495	0,2025

Indianische Population

0,7396	0,2408	0,0196

Mischpopulation

0,518	0,475	0,109

a. Bestimmen Sie die Häufigkeit von M und N in den drei Populationen.

b. Welche Verteilung der Phänotypen wäre zu erwarten, wenn von den Häufigkeiten der Allele ausgegangen wird?

c. Beim Vergleich der errechneten Genhäufigkeiten und beobachteten Werte für die Phänotypen ergibt sich in der europäischen und der indianischen Population eine gute Übereinstimmung. Was darf daraus geschlossen werden?

D. Sperlich, Populationsgenetik, 1973

In der europäischen Population wären folgende Häufigkeiten der Genotypen zu erwarten:

MM : 0,3025
MN : 0,495
NN : 0,2025

In der indianischen Population:

MM : 0,7396
MN : 0,2408
NN : 0,0196

In der errechneten Mischpopulation:

MM : 0,518
MN : 0,475
NN : 0,109

c. In der europäischen und in der indianischen Population entspricht die beobachtete Verteilung der Allele der Verteilung, die sich mit der Hardy-Weinberg-Formel errechnen läßt. Die Hardy-Weinberg-Formel gilt für ideale Populationen. In der europäischen und indianischen Population sind offenbar Bedingungen für eine ideale Population erfüllt.

C. Stammesgeschichte des Menschen

Zur Lösung der Aufgaben erforderliche Kenntnisse:

- System der Primaten
  Halbaffen
  Neuwelt- und Altweltaffen
  Menschenaffen
- Evolutionstendenzen der Primaten
  z. B. Auge, Großhirn, Extremitäten
- anatomischer Vergleich zwischen Menschenaffen und Mensch
  Körperhaltung
  Körperproportionen
  Becken
  Extremitäten
  Schädel, Gehirn, Unterkiefer
  Gebiß
- Merkmale des Menschen, die in direkter Beziehung zum aufrechten Gang stehen
- cytologischer und serologischer Vergleich zwischen Menschenaffen und Mensch in:
  Chromosomenzahl
  Chromosomenbau
  Eiweißen, Aminosäuresequenzen, Serumreaktionen, Blutgruppen
- fossile Vorfahren des Menschen
  Werkzeugherstellung, Werkzeuggebrauch, Schädelkapazität
  Fundorte, Bau, Lebensweise, zeitliche Einordnung von:
  Propliopithecus
  Ramapithecus
  Australopithecus
  Homo erectus (erectus, pekinensis, heidelbergensis)
  Homo sapiens (steinheimensis, neanderthalensis, sapiens)
  Cro magnon
  Anordnung dieser fossilen Vorfahren in einem Stammbaum

Aufgabe 1

Im April 1947 wurde bei Sprengarbeiten in einem Kalksteinbruch bei Sterkfontein in Südafrika der unten abgebildete Schädel gefunden. Der Entdecker nannte ihn „Mrs. Ples".

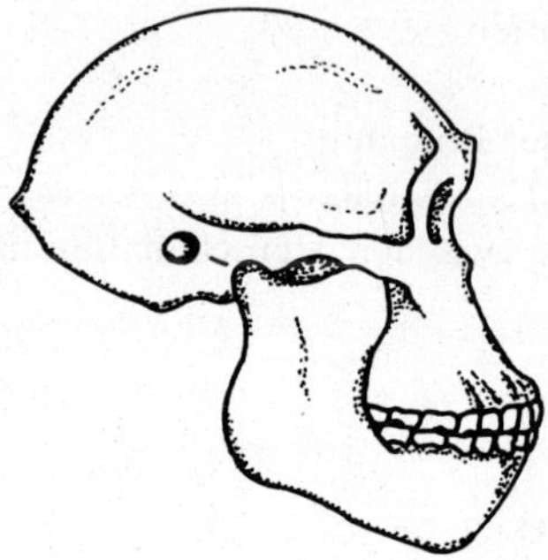

a. In welche Primatengruppe läßt sich Mrs. Ples einordnen?

b. Nennen Sie einige Unterschiede zwischen dem Schädel von Mrs. Ples und den Schädeln stammesgeschichtlich jüngerer Verwandter.

Verändert nach F. T. Adams, Der Weg zum Homo sapiens, 1971

Aufgabe 2

Am 24. 7. 1933 erhielt ein wissenschaftlicher Angestellter des Naturhistorischen Museums in Stuttgart den Anruf eines Unternehmers, der Steinbrüche und Kiesgruben betrieb.

Der Anrufer war sehr aufgeregt. Sein erster Satz lautete: „Herr Professor kommen Sie schnell, bei uns guckt ein Affe aus der Wand". Ein Team aus Wissenschaftlern und Präparatoren des Naturhistorischen Museums in Stuttgart legte den Schädel frei. Eine Rekonstruktion des Schädels ist in der Abbildung zu sehen.

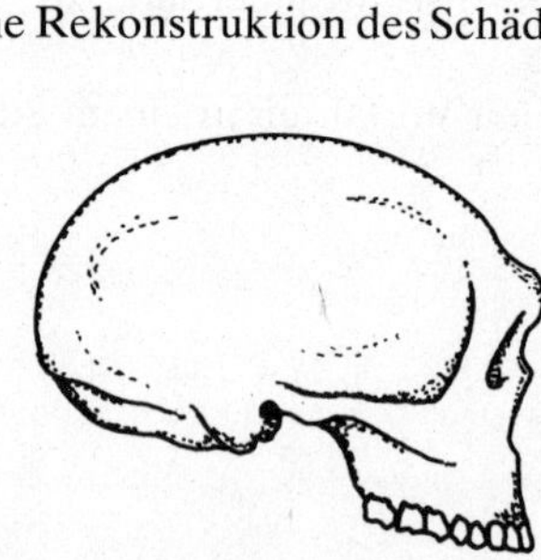

Lösung 1

a. Der Schädel von Mrs. Ples läßt sich in die Gruppe der Australopithecinen einordnen.

b. Im Vergleich zu Homo erectus ist bei den Australopithecinen
– das Schädeldach kürzer
– das Hinterhauptsloch der Mitte der Schädelbasis weniger genähert
– der Gesichtsschädel weiter vorgewölbt
– der Schädelinhalt geringer.

Lösung 2

a. Der Schädel stammt aus dem Mittelpleistozän (Steinheimer Mensch).

b. Im Unterschied zu Schädeln älterer Verwandter
– ist der Gehirnschädel viel größer, er hat eine größere Gehirnkapazität
– ist der Gesichtsschädel nicht vorgewölbt
– sind die Eckzähne nicht größer als die Schneidezähne.

Im Unterschied zu Schädeln jüngerer Verwandter
– ist der Gehirnschädel kleiner
– sind die Überaugenwülste stark ausgebildet
– ist das Schädeldach flach und lang
– ist die Stirn flach, auch fliehend genannt.

a. Ordnen Sie den Fund einem der unten angegebenen Zeiträume zu.

– Pliozän	– Trias
– Mittelpleistozän	– Neuzeit
– Altpleistozän	– Jura
– Oligozän	– Palaeozän

b. Vergleichen Sie wichtige Merkmale des Schädels mit denen von:
- stammesgeschichtlich älteren Verwandten;
- stammesgeschichtlich jüngeren Verwandten.

E. W. Bauer, Humanbiologie, 1974
Abb. verändert nach F. T. Adams, Der Weg zum Homo sapiens, 1971

Aufgabe 3

In der Abbildung sind drei Becken in der Ansicht von vorn und drei Unterkiefer in Seitenansicht dargestellt. Sie stammen von rezenten und fossilen Primaten.

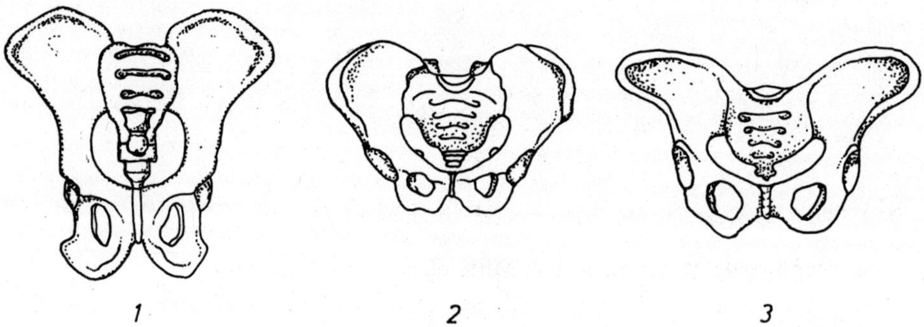

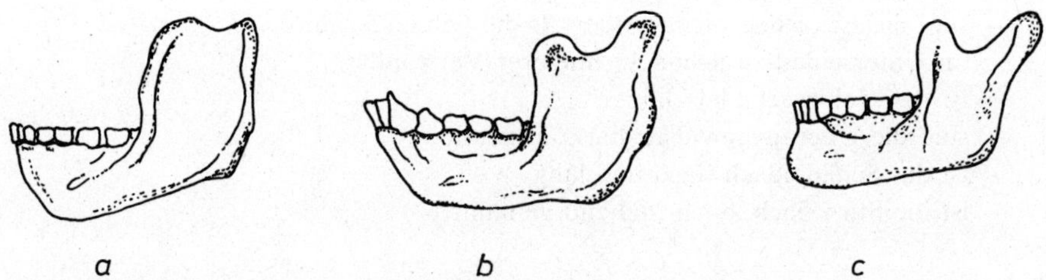

Stellen Sie die Becken und Unterkiefer zusammen, die jeweils zur gleichen Primatengruppe gehören.

Begründen Sie Ihre Zuordnungen.

F. Flohr, Einführung in die Abstammungslehre, 1980

Lösung 3

Von gleichen Primatengruppen stammen:
das Becken „1" und der Unterkiefer „b",
das Becken „2" und der Unterkiefer „c",
das Becken „3" und der Unterkiefer „a".

Diese Zuordnungen lassen sich so begründen:

Das Becken „1" ist wenig schüsselförmig. Daher stammt es vermutlich von einem Primaten, der nicht vorwiegend aufrecht läuft. Der Unterkiefer „b" hat einen hohen Eckzahn. Dies ist ein typisches Affenkennzeichen.

Das Becken „2" ist sehr breit. Das Kreuzbein ist sehr breit mit dem Becken verbunden. Dies stellt eine Anpassung an vorwiegend aufrechte Fortbewegung dar. Das breite Becken ist günstig, um die Last der Eingeweide zu tragen; die breite Verbindung zwischen Becken und Kreuzbein ist vorteilhaft für die Verteilung der Last des Körpers auf das Becken. Der Unterkiefer „c" hat ein vorspringendes Kinn. Dies ist eine Anpassung an den aufrechten Gang. Sie ist vermutlich im Zusammenhang mit der Verlagerung des Unterkiefers unter den Hirnschädel entstanden. Die Verlagerung des Unterkiefers in Richtung Schwerpunkt des Kopfes erleichtert es, den Kopf aufrecht zu halten. Der dazu erforderliche Kraftaufwand der Nackenmuskulatur wird geringer. Die ursprünglich vorhandene „Affenplatte" erschwerte bei einem unter den Hirnschädel verlagerten Unterkiefer vermutlich das Schlucken. Sie wurde reduziert und durch das vorspringende Kinn ersetzt.

Becken „3" und Unterkiefer „a" stammen vermutlich von einem Vor- oder Frühmenschen.

Aufgabe 4

Sie sehen in der Abbildung die Halswirbel von Gorilla und Mensch von der Seite.

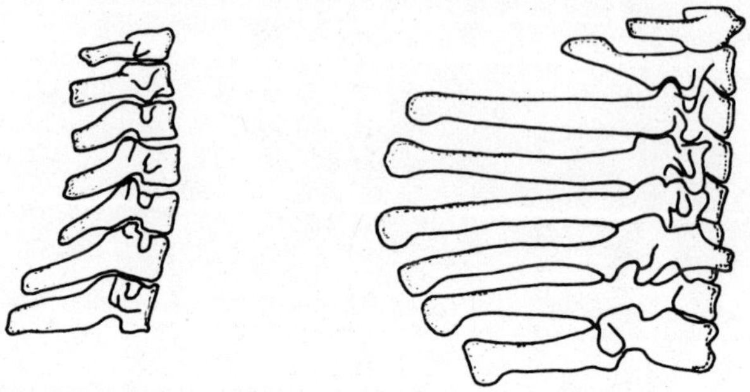

Wodurch läßt sich die unterschiedliche Ausbildung der Wirbelfortsätze erklären?

B. G. Campbell, Entwicklung zum Menschen, 1972

Aufgabe 5

Diese drei Schädel stammen von verschiedenen Primaten. Sie sind in der Ansicht von hinten dargestellt. Die Ansatzflächen der Nackenmuskulatur sind punktiert.

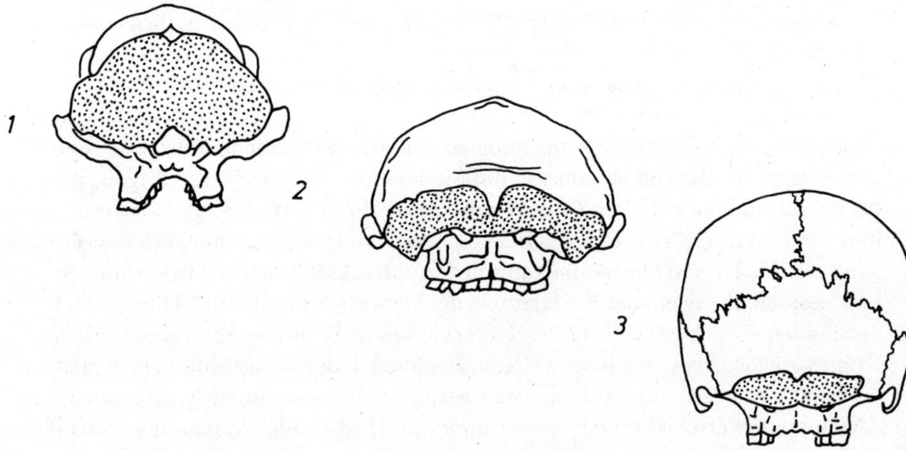

Versuchen Sie, die Schädel rezenten oder fossilen Primaten zuzuordnen. Begründen Sie die Zuordnungen.

Verändert nach B. G. Campbell, Entwicklung zum Menschen, 1972

Lösung 4

Der Gorilla hat sehr viel stärker ausgebildete Wirbelfortsätze als der Mensch, weil seine Nackenmuskulatur stärker ist.

Ein Gorilla muß mehr Kraft aufwenden, wenn er den Kopf aufrecht, bei horizontal gehaltenen Augenachsen tragen will, da das Hinterhauptsloch weiter hinten am Schädel liegt und der Gesichtsschädel weiter vorragt als beim Menschen.

Beim Gorilla ist daher die Nackenmuskulatur stärker ausgeprägt als beim Menschen. Starke Muskeln erfordern große Ansatzflächen. Die Nackenmuskeln setzen an den Wirbelfortsätzen an.

Lösung 5

Der Schädel „1" stammt von einem Menschenaffen (Schimpanse). Der Schädel „2" von einem frühen, nahen Verwandten des heutigen Menschen (Homo erectus) und der Schädel „3" vom heutigen Menschen (Homo sapiens sapiens).

Die Zuordnung läßt sich aus der Größe der Ansatzflächen für die Nackenmuskulatur erschließen. Diese Fläche ist bei Menschenaffen sehr groß, beim heutigen Menschen sehr klein. Vor- und Frühmenschen haben mittelgroße Ansatzflächen. Je geologisch älter diese Primaten sind, desto größer ist die Ansatzfläche für die Nackenmuskulatur. Die Reduktion der Ansatzfläche läßt sich mit der Fortbewegungsweise erklären. Im Laufe der Stammesgeschichte des Menschen nahm der Anteil, den das zweibeinige Laufen an der Fortbewegung hatte, ständig zu. Um die Augenachsen beim aufrechten Laufen horizontal zu halten, mußte die Nackenmuskulatur kontrahieren. Die dazu erforderliche Muskelmasse der Nackenmuskulatur verringerte sich, als sich im Laufe der Stammesgeschichte das Hinterhauptsloch immer weiter zur Mitte des Schädels verlagerte. Das Hinterhauptsloch rückte so weiter zum Schwerpunkt des Kopfes hin, die Hebelverhältnisse wurden günstiger. Gleichzeitig wurde die Vorwölbung des Gesichtsschädels geringer. Auch das trug dazu bei, die Muskelmasse der Nackenmuskulatur zu verringern. Die Reduktion der Nackenmuskulatur ist an ihrer geringer werdenden Ansatzfläche erkennbar.

Aufgabe 6

In diesem Stammbaum sind die verwandtschaftlichen Verhältnisse der Primaten dargestellt.

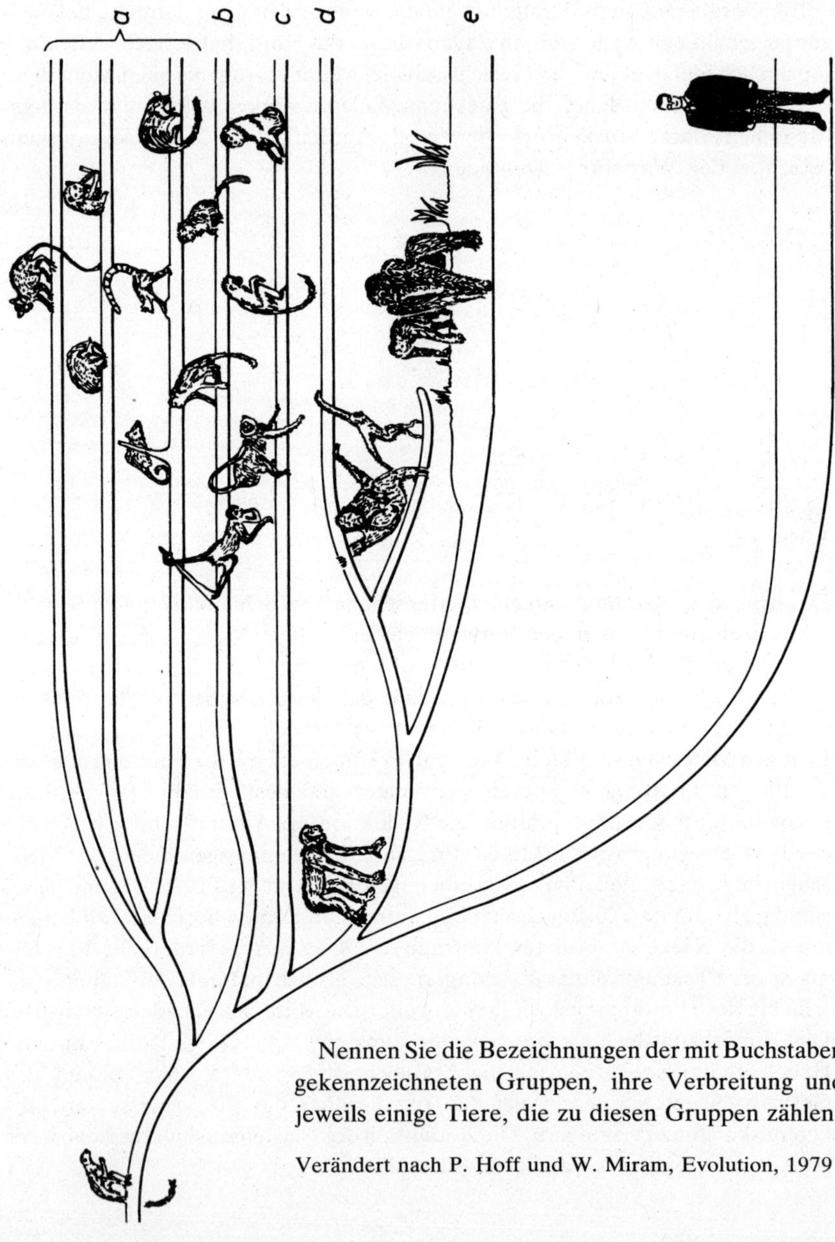

Nennen Sie die Bezeichnungen der mit Buchstaben gekennzeichneten Gruppen, ihre Verbreitung und jeweils einige Tiere, die zu diesen Gruppen zählen.

Verändert nach P. Hoff und W. Miram, Evolution, 1979

Lösung 6

Mit den Buchstaben im Stammbaum sind folgende Gruppen angegeben:

	Verbreitung	*Beispiele für Arten*
Gruppe a: Halbaffen	Afrika, Asien	Plumplori, Indri, Katta, Buschbaby, Gespenstmaki
Gruppe b: Neuweltaffen (Breitnasenaffen)	Süd- und Mittelamerika	Brüllaffe, Klammeraffe, Löwenäffchen, Kapuzineraffe
Gruppe c: Altweltaffen (Schmalnasenaffen)	Afrika, Asien, Europa (Gibraltar)	Pavian, Meerkatze, Rhesusaffe, Berberaffe, Nasenaffe
Gruppe d: Gibbons	Asien	Weißhandgibbon, Siamang
Gruppe e: Menschenaffen	Afrika, Asien	Schimpanse, Gorilla, Orang-Utan

Aufgabe 7

Dieser Stammbaum zeigt die mögliche Entwicklung menschenähnlicher Primaten:

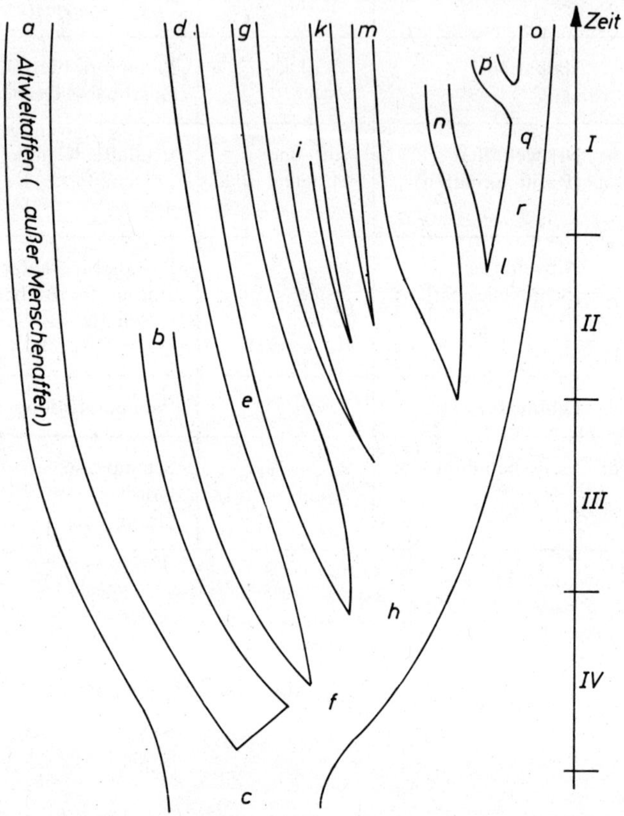

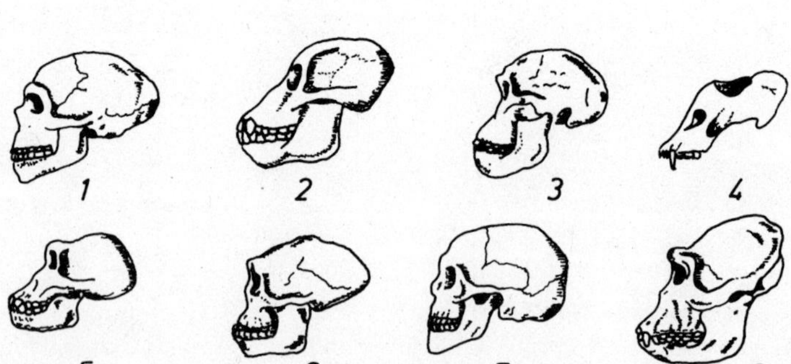

Lösung 7

a. und b. Die Primaten, deren Schädel abgebildet sind, stehen an folgenden Stellen im Stammbaum:

Schädel-Nr.	Stelle im Stammbaum	Bezeichnung der Primatengruppe
1	p	Neanderthaler
2	l	Ramapithecus
3	n	Australopithecus
4	f	Propliopithecus
5	m oder k	Schimpanse
6	q oder r	Homo erectus
7	o	Homo sapiens
8	k oder m	Gorilla

c. Ein Lösungsweg, auf dem sich die Zuordnungen finden lassen, ist im folgenden dargestellt.

In Stammbäumen sind rezente Vertreter immer an der Spitze in einer Linie dargestellt. Daher sind „d", „g", „k" „m" und „a" rezente Primaten. Die Menschenaffen sind untereinander näher verwandt als jeder von ihnen mit dem Menschen.

Daher ist mit „o" die Stellung von Homo sapiens dargestellt, mit „d", „g", „k" und „m" sind die rezenten Menschenaffen und Gibbons angegeben. Unter den rezenten Menschenaffen sind Schimpanse und Gorilla näher miteinander verwandt als jeder der beiden mit Orang-Utan oder Gibbon. Daher geben „k" und „m" die Stellung von Gorilla und Schimpanse an.

Der Schädel des Homo sapiens läßt sich an diesen typischen Merkmalen von den anderen Schädeln unterscheiden:
- schwache Überaugenwülste
- sehr großer, hoch gewölbter Gehirnschädel
- flacher Gesichtsschädel
- Eckzähne, die nicht oder kaum höher sind als die Backenzähne
- vorspringendes Kinn
- steile Stirn.

Durch diese Merkmale läßt sich der Schädel „7" als der eines Homo sapiens identifizieren.

Propliopithecus steht in der Nähe der Stelle, an der sich der Stammbaum in die Linie zum Menschen und in die zu den Menschaffen gabelt, das geschieht an der Stelle „f".

Ramapithecus ist ein sehr früher Vertreter aus der Stammlinie zum Menschen oder aus der unmittelbaren Nähe dieser Stammlinie. Er steht entsprechend an der Stelle „1".

a. Ordnen Sie die Abbildungen der Schädel den mit Buchstaben gekennzeichneten Stellen im Stammbaum zu. Es sind nicht für sämtliche Stellen im Stammbaum Schädel abgebildet.

Der Schädel „4“ stammt vom Propliopithecus, Schädel „2“ vom Ramapithecus, Schädel „5“ vom Schimpansen, Schädel „8“ vom Gorilla.

b. Bezeichnen Sie die Schädel „1“, „3“, „6“ und „7“.

c. Stellen Sie Ihre Überlegungen dar, durch die Sie zur Lösung der Aufgabenteile a und b gekommen sind.

d. Geben Sie für die Schädel „1“, „5“, „6“ und „7“ das jeweilige Gehirnvolumen als ungefähre Durchschnittswerte an.

e. Rechts am Rand der Abbildung finden Sie eine Zeitleiste. Die geologischen Zeitalter sind darin mit römischen Ziffern angegeben. Wie heißen diese Zeitalter?

Abb. der Schädel nach K. Kuhn und W. Probst, Biologisches Grundpraktikum, 1980

Es bleiben noch die Schädel „1", „3" und „6" zu bezeichnen und den Stellen im Stammbaum zuzuordnen. Allen diesen Schädeln fehlen die typischen Affenmerkmale, wie die hohen Eckzähne oder der stark vorgewölbte Gesichtsschädel. Sie gehören wahrscheinlich zu Vertretern aus der Stammreihe zum Menschen oder aus späten Seitenzweigen dieser Stammreihe. Das große Volumen des Hirnschädels und sein langgestreckter Bau weisen den Schädel „1" als Neanderthaler-Schädel aus. Der Gehirnschädel von „6" ist ebenfalls langgestreckt, allerdings ist sein Volumen geringer. Sein Gesichtsschädel ist vorgewölbt, die Überaugenwülste sind sehr stark. Dadurch läßt sich der Schädel „6" als der Schädel eines Homo erectus ausweisen. Der Schädel „3" hat einen stark vorgewölbten Gesichtsschädel, der Gehirnschädel ist nach hinten verlängert, sein Volumen ist gering. Daher handelt es sich sehr wahrscheinlich um den Schädel eines Australopithecus. Neanderthaler stellen sehr wahrscheinlich einen späten Seitenzweig der Stammlinie zum Menschen dar. Im Stammbaum ist ihre Stellung mit „p" angegeben. Die Australopithecinen sind wahrscheinlich früher von der Stammlinie zum Menschen abgezweigt, stehen daher bei „n". Homo erectus steht sehr wahrscheinlich in der Stammlinie zum Menschen vor der Abzweigung zum Neanderthaler und nach der zu den Australopithecinen bei „q" oder „r".

d. Die Gehirnvolumina betragen:

Schädel Nr.		
1	1440 cm^3	
5	400 cm^3	
6	ca. 1000 cm^3	(Homo erectus: 870 cm^3, Homo erectus pekinensis 1040 cm^3)
7	1400 cm^3	

e. Auf der Zeitleiste sind angegeben:

I Pleistozän
II Oberes Tertiär oder Pliozän
III Mittleres Tertiär oder Miozän
IV Unteres Tertiär oder Eozän bzw. Oligozän

VI. Verhalten (Ethologie)

Zur Lösung der Aufgaben erforderliche Kenntnisse:

A. Angeborenes Verhalten

Komponenten von Instinkthandlungen
- Handlungsbereitschaft (Stimmung, aktionsspezifische Energie, Trieb)
- Appetenzverhalten
- Taxis
- Erbkoordination

Auslösung von Instinkthandlungen
- Stammhirnreizung
- Attrappenversuche
- Schlüsselreiz, Auslöser
- Auslösemechanismus der Schlüsselreize (AAM, EAAM)
- Reizsummenphänomen der Schlüsselreize
- Übernormaler Auslöser
- Gestaltqualität eines auslösenden Reizes
- Handlungsketten
- Flußdiagramme und Blockschaltbilder zur Auslösung von Instinkthandlungen

Psychohydraulisches Instinktmodell nach K. Lorenz (und modifiziertes Modell)
- Skizze des allgemeinen hydraulischen Modells des Instinktverhaltens
- Prinzip der doppelten Quantifizierung
- Leerlaufhandlung
- Ermüdbarkeit von Instinkthandlungen
- gegenseitige Hemmung von Verhaltenstendenzen (Verhinderung von Mischverhalten)
- Extremwertdurchlaß
- Übersprunghandlung (Schaltprinzip der lateralen Hemmung)

Genetik von Verhaltensweisen
- Kaspar-Hauser-Versuche
- angeborener Auslösemechanismus (AAM)
- durch Erfahrung ergänzter, angeborener Auslösemechanismus (EAAM)
- Ritualisierung

Aufgabe 1

Die Männchen der Erdkröte umklammern während der Paarungszeit mit den Vorderbeinen alles, was sich bewegt (im Versuch auch einen Finger, den man ins Wasser hält). Diese Klammerbewegung gehört zum Paarungsverhalten der Erdkröte. Weitere Phasen sind unten kurz beschrieben, jedoch nicht in der richtigen Reihenfolge.

1 Männchen besamt die aus der Kloake des Weibchens austretenden Eier.
2 Weibchen laicht ab.
3 Weibchen biegt den Rücken auf charakteristische Weise durch; das auf ihr sitzende Männchen macht diese Bewegung z. T. mit.
4 Männchen besteigt den Rücken des Weibchens und umklammert es hinter den Vorderbeinen.
5 Männchen bildet mit seinen Hinterbeinen an der Kloake des Weibchens eine Art „Korb" (verhindert so, daß die austretenden Eier sofort zu Boden fallen).
6 Weibchen erscheint.

a. Ordnen Sie die oben dargestellten Verhaltensweisen so an, daß die Steuerung des Paarungsverhaltens deutlich wird. Wie nennt man solche Verhaltensweisen?

b. Worin liegt der Vorteil eines so gesteuerten Paarungsverhaltens?

c. Häufig sieht man in Tümpeln, daß ein Krötenmännchen ein anderes Männchen umklammert hat. Nie beobachtet man jedoch in einem solchen Fall die Abgabe von Sperma. Wie ist das zu erklären?

Aufgabe 2

Iltisse, eine Marderart, töten ihre Beute, indem sie sie im Nacken ergreifen und totbeißen.

Isoliert aufgezogene Iltisse, die bisher noch nie eine Ratte gefangen hatten, beschnupperten Ratten neugierig. Wenn die Ratte ihnen entgegenlief, wichen sie aus, wenn sie jedoch von ihnen fortlief, bissen die Iltisse sie in den nächstbesten Körperteil; die Ratte wehrte sich, der Iltis ließ los und packte erneut zu. Nach einigen Versuchen ergriffen die Iltisse die Ratte sofort im Nacken und bissen sie tot, auch wenn sie ruhig saß oder ihnen entgegenlief.

Erläutern Sie die Auslösbarkeit des Beutefangverhaltens, indem Sie angeborene und erworbene Komponenten beschreiben.

G. Hornung und W. Miram, Verhaltenslehre, 1980

Lösung 1

a. *Verhalten des Weibchens*	*Verhalten des Männchens*
6 erscheint →	
	4 umklammert mit den Vorderbeinen das Weibchen
← 3 biegt den Rücken auf charakteristische Weise durch →	
	5 bildet mit den Hinterbeinen „Korb“ an der Kloake des Weibchens
← 2 laicht ab →	
	1 besamt die Eier

Das Paarungsverhalten der Erdkröte läuft als Handlungskette ab. Das Einzelverhalten des einen Paarungspartners dient als Auslöser für das jeweils folgende Einzelverhalten des anderen Partners.

b. Wenn das Paarungsverhalten als Handlungskette abläuft, wird mit hoher Wahrscheinlichkeit die Paarung zwischen artfremden Individuen verhindert. Damit ist gewährleistet, daß die Eizellen mit Spermazellen derselben Art befruchtet werden, und nur so können Nachkommen entstehen.

c. Das Männchen kann keine Samenflüssigkeit abgeben, weil der Auslöser für dieses Verhalten, das Austreten der Eier aus der Kloake, fehlt. Die Handlungskette bricht nach der Umklammerung ab.

Lösung 2

Der Schlüsselreiz für die Beutefanghandlung (fortlaufendes Tier) wird durch einen angeborenen Auslösemechanismus (AAM) erkannt. Zunächst können sitzende und entgegenlaufende Ratten nicht als Beute erkannt werden. Durch einen Lernvorgang (Versuch und Irrtum, Erfolg und Mißerfolg) wird der AAM zum EAAM (durch Erfahrung ergänzter, angeborener Auslösemecha-

Aufgabe 3

Samtfalter, das sind einheimische Schmetterlinge, suchen ihre Nahrung auf Blumen. Sie saugen dort Nektar.

In der Paarungszeit verfolgen die Männchen die unscheinbar gefärbten Weibchen, veranlassen sie zur Landung und kopulieren nach einer Balz mit ihnen.

Niko Tinbergen und seine Mitarbeiter machten mehr als 50000 Attrappen-Versuche im Freiland, um herauszufinden, wie der Balzflug (das Verfolgen des Weibchens) und der Blumenbesuch ausgelöst werden.

Er benutzte als Attrappen:

a) aus Pappe ausgeschnittene Umrißformen des Weibchens in den Farben braun, schwarz, rot, grün, blau, gelb und weiß. Die Pappformen hängte Tinbergen an eine Angel und bewegte sie vor den Männchen.

b) Pappattrappen von Blüten verschiedener Form, ebenfalls in den Farben braun, schwarz, rot, grün, blau, gelb oder weiß.

Alle Attrappen waren ungemustert, einfarbig.

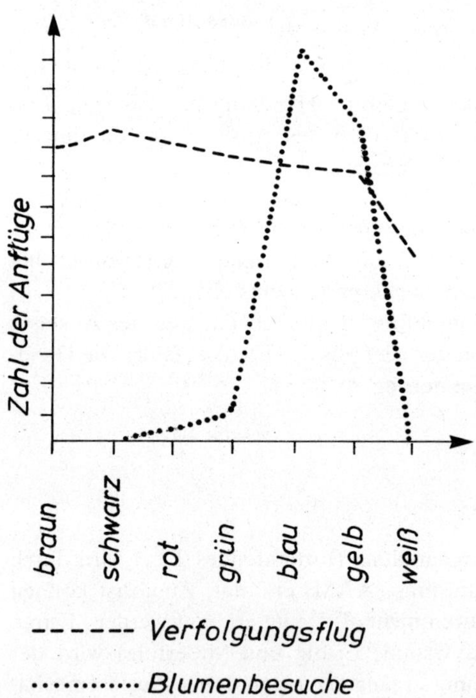

nismus). Danach erkennt der Iltis eine Ratte unabhängig von ihrer Bewegung als Beute.

Als Erbkoordination angelegt ist die Fähigkeit zuzubeißen. Die Erbkoordination kann durch einen Lernvorgang modifiziert werden, der als instrumentelle Konditionierung abläuft. Dadurch erhält der Iltis die Fähigkeit, eine Ratte gezielt in den Nacken zu beißen und so zu töten.

Lösung 3

a. Der Verfolgungsflug und der Blumenbesuch werden durch verschiedene Schlüsselreize ausgelöst.

Der Schlüsselreiz für den Blütenbesuch ist eine farbige Fläche. Gelb und Blau wirken besonders stark auslösend.

Der Schlüsselreiz für den Verfolgungsflug ist die sich bewegende Umrißform des Weibchens, die Farbe ist ohne Bedeutung. Wichtig ist, daß sie sich vom Himmel dunkel abhebt; weiße Formen wirken weniger gut auslösend.

Welches Verhalten ausgelöst wird, ist abhängig von der Stärke der jeweiligen Handlungsbereitschaft (aktionsspezifische Energie). Überwiegt die Handlungsbereitschaft für das Balzverhalten, läßt sich der Verfolgungsflug auslösen, aber nicht der Blumenbesuch. Hungrige Tiere, also Tiere mit hoher Handlungsbereitschaft für die Nahrungsaufnahme, reagieren nicht auf den Schlüsselreiz für den Balzflug.

b. Zur Erklärung soll die Handlung „1“ des Blockschaltbildes der Blütenbesuch sein, die Handlung „2“ das Balzverhalten.

Wenn beide AAM's Schlüsselreize erhalten, läuft sowohl auf der neuronalen Bahn „a“ wie auch auf „d“ Erregung ein. Sie wird jeweils an den Schaltstellen mit der vorhandenen Handlungsbereitschaft verrechnet. Die Handlungsbereitschaft für den Blütenbesuch soll im Beispiel hoch sein, da die Tiere sehr hungrig sind. Die an die Bahn „b“ abgegebene Erregung ist daher stärker als die auf der Bahn „e“.

Die Bahnen „g“ und „h“ ermöglichen, daß sich die Erregungen beider Systeme gegenseitig vermindern. In unserem Beispiel ist das System „1“ (Blütenbesuch) stärker erregt, verringert also auch die Erregungsintensität im System „2“ (Balzverhalten) stärker. Die Erregung auf der Bahn „e“ ist schwächer als auf „b“. Die von ihr bewirkte Hemmung des Verhaltens „Blütenbesuch“ kann daher nur gering sein. Nach gegenseitiger Subtraktion bleibt nur im System „1“ (Blütenbesuch) Erregung erhalten. Die neuromuskulären Systeme, die für die Balzhandlung zuständig sind, erhalten keine Erregung. Der Falter saugt Nektar, kann aber nicht mit Balzhandlungen beginnen.

In der Technik wird eine Schaltung nach diesem Prinzip als Extremwertdurchlaß bezeichnet.

Die Wirksamkeit der Attrappen maß Tinbergen durch die Häufigkeit, mit der männliche Samtfalter sie anflogen, also auf sie reagierten. Die Ergebnisse der Versuche sind in der Abbildung dargestellt. Den Verfolgungsflug konnte er mit seinen Attrappen nur bei balzwilligen Männchen, das Anfliegen von Blumen nur bei hungrigen Faltern auslösen.

a. Interpretieren Sie die Ergebnisse der Versuche.

b. Sehr hungrige Falter reagierten nur auf Blütenattrappen, nicht aber auf gleichzeitig angebotene Weibchenattrappen. Erklären Sie an Hand des vorgegebenen allgemeinen Blockschaltbildes, wie gesteuert wird, daß sich jeweils nur eine Verhaltensweise zeigt, daß sich die Handlungen nicht überlagern.

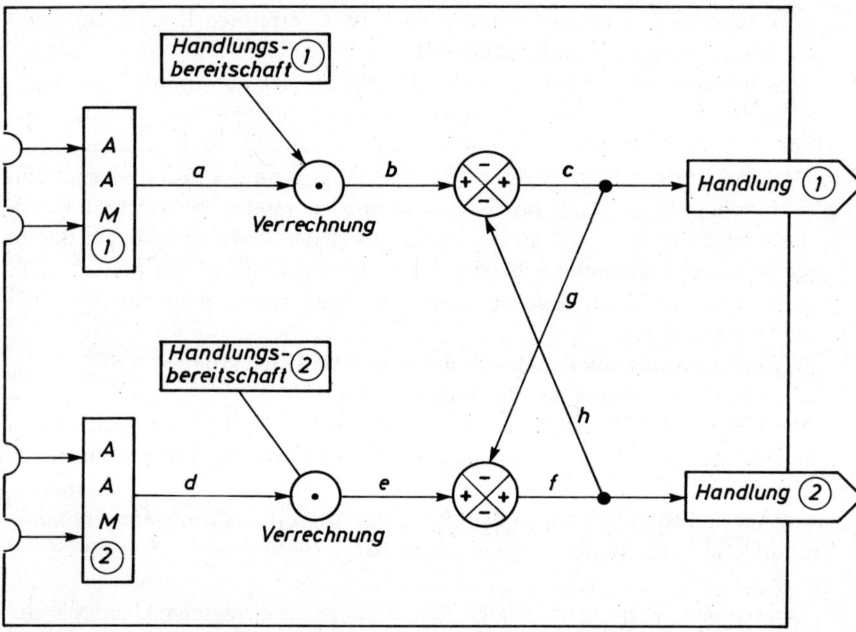

D. Franck, Verhaltensbiologie, 1979
N. Tinbergen, Tierbeobachtungen, 1973

Aufgabe 4

Durch bestimmte Reiztöne kann man Truthähne dazu bringen zu „kollern", das ist eine angeborene, auffällige Lautäußerung. Die Auslösbarkeit dieses Verhaltens wurde in folgenden Experimenten untersucht.

Lösung 4

Die Instinkthandlung „Kollern" läßt sich nach mehrmaliger Wiederholung nicht mehr auslösen, sie ermüdet. Ursachen der Ermüdung in Versuch A ist die Adaptation des Sinnesorgans (Ohr). Die Ermüdung kann nicht durch den

Versuch A: Löste man das Kollern eines Truthahnes wiederholt mit einem Reizton gleicher Stärke und Höhe aus, so kollerte das Tier zuletzt nicht mehr. Wenn man danach mit einem Ton anderer Höhe und Stärke reizte, erhielt man sogleich das Kollern als Antwort.

Versuch B: Bot man einem Truthahn zwei verschieden stark auslösende Reize für das Kollern (z. B. zwei Töne unterschiedlicher Stärke und Höhe), so wurde der schwächer auslösende Reiz zuerst nicht mehr durch Kollern beantwortet.

Wie lassen sich die Versuchsergebnisse erklären?

Aufgabe 5

Unten sind Beobachtungen verschiedener Verhaltensweisen dargestellt.

1. Kämpfende Kormorane beginnen in Kampfpausen, in denen nicht klar ist, welches der kämpfenden Tiere das überlegene ist, mit Brutverhalten. In der Umgebung sind aber keine Eier vorhanden, die bebrütet werden könnten.
2. Eine Putenhenne hudert (pflegt und beschützt) einen ausgestopften Iltis, in dem ein kleiner Lautsprecher versteckt ist, der nach Art von Putenjungen piept.
3. Ein fortpflanzungsbereites Stichlingsmännchen wird allein (ohne Weibchen) in einem Aquarium gehalten; nach einiger Zeit vollführt das Stichlingsmännchen einen Balz-Zickzacktanz.
4. Stichlinge, die sich an der Reviergrenze begegnen, graben häufig kopfabwärtsstehend; die so zuweilen entstehenden Gruben im Boden haben keine Funktion.
5. Junge Zebrafinken haben schwarze Schnäbel, erwachsene rote. Im Versuch wurden die Schnäbel von Jungtieren rot angemalt. Die Elterntiere fütterten daraufhin diese Jungtiere nicht mehr.
6. Das Fluchtverhalten von jungen Hühnerküken wird durch Warnrufe der Henne ausgelöst. Isoliert (ohne Eltern) aufgezogene Hühnerküken verfallen zuweilen spontan in wilde Panikfluchten.
7. Frösche reagieren auf farbige Papierschnipsel, die vor ihnen bewegt werden, mit stärkeren Fanghandlungen als auf vor ihnen laufende Fliegen, Würmer oder andere Beutetiere.

a. Erläutern Sie jeweils kurz das beobachtete Verhalten unter Verwendung von ethologischen Fachbegriffen.

b. Wie die Auslösung einiger dieser Verhaltensweisen gesteuert wird, läßt sich mit Hilfe des unten dargestellten Blockschaltbildes erklären.

Nennen Sie die Verhaltensweisen, auf die das Blockschaltbild anwendbar ist, und erläutern Sie die Vorgänge in der Schaltung, die dazu führen, daß solche Handlungen auftreten.

Abbau der aktionsspezifischen Energie (Handlungsbereitschaft) oder durch die Ermüdung der zum Rufen erforderlichen Muskulatur zustande kommen, da der Truthahn auf einen andersartigen Reiz sofort mit Kollern antwortet.

In Versuch B ist die Ermüdung durch Abbau der aktionsspezifischen Energie zu erklären. Bei verminderter aktionsspezifischer Energie kann das entsprechende Verhalten nur noch durch Verstärkung des Reizes ausgelöst werden. Denkbar ist aber auch, daß das Sinnesorgan (Ohr) adaptiert und nur noch verstärkte Reize aufnimmt. Ermüdung der Muskulatur darf nicht als Ursache betrachtet werden, da der Truthahn weiterhin kollern kann.

Lösung 5

a. Kurze Erläuterung der beschriebenen Verhaltensweisen:

1. Das Brutverhalten läuft als Übersprunghandlung ab.
2. Der Schlüsselreiz für das Hudern ist der spezifische Ruf der Putenküken.
3. Der Zickzacktanz läuft als Leerlaufhandlung ab. Die aktionsspezifische Energie (Handlungsbereitschaft) ist so stark, daß die Instinkthandlung auch ohne Schlüsselreiz ausgelöst wird.
4. Die Grabbewegungen laufen als Übersprunghandlung ab. Die Verhaltenstendenzen Flucht und Angriff sind an der Reviergrenze zuweilen gleich groß. Dann kann die nächststärkere Verhaltenstendenz sich durchsetzen.
5. Schlüsselreiz für die Instinkthandlung „Füttern“ ist der schwarze Schnabel.
6. Bei isoliert aufgezogenen Hühnerküken wurde das Fluchtverhalten nie ausgelöst. Die aktionsspezifische Energie wächst soweit an, daß die Flucht auch ohne Schlüsselreiz (Warnruf der Henne) ausgelöst wird, sie läuft als Leerlaufhandlung ab.
7. Die farbigen Papierschnipsel wirken als supernormaler (übernormaler) Auslöser.

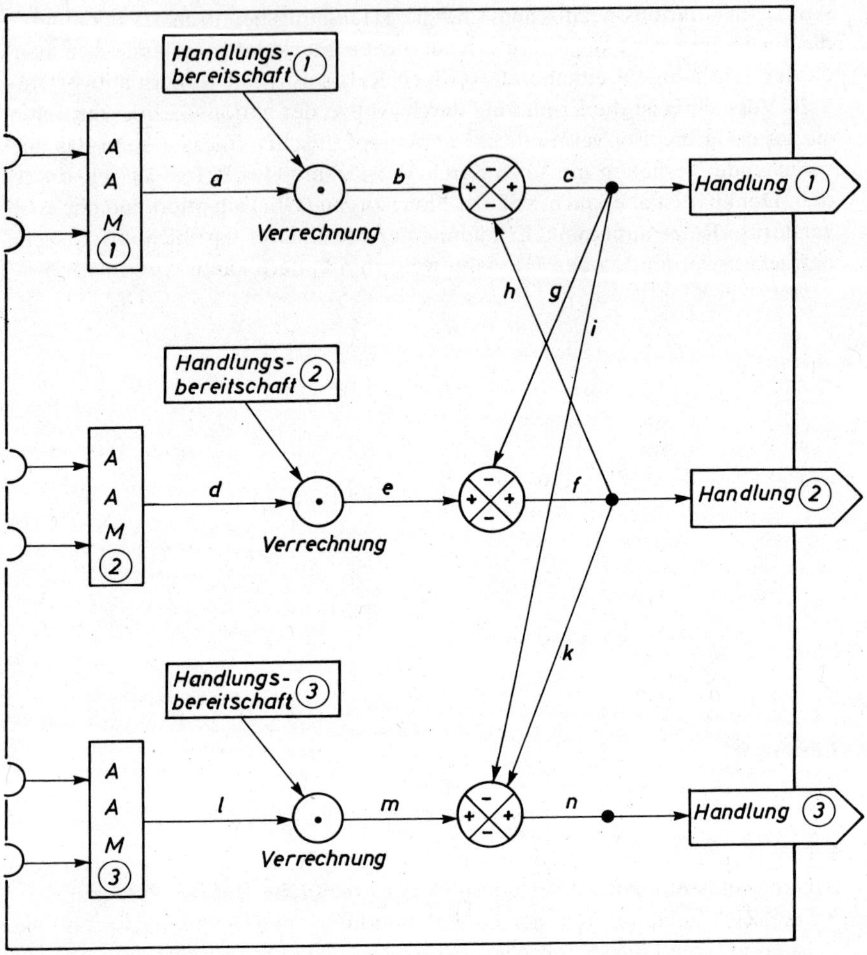

Aufgabe 6

Das Männchen des Kaisermantels, eines großen heimischen Tagschmetterlings, fliegt während der Balzzeit zunächst ziellos weite Strecken umher.

Bemerkt der Falter das orange-rote Flügelmuster eines Weibchens, so fliegt er zu ihm hin und beginnt mit der Balz.

Der Zoologe Magnus stellte 1956 fest, daß die normale Flügelschlagfrequenz des Weibchens 8 Hertz beträgt (8 Flügelschläge pro Sekunde). Dadurch entsteht zusammen mit dem Flügelmuster ein spezifisches Farbmuster.

b. Das Blockschaltbild kann erklären, wie Übersprunghandlungen entstehen.

Wenn die Verhaltenstendenzen (Erregung nach Verrechnung von Stärke des Auslösers mit der Intensität der Handlungsbereitschaft) für die Handlungen „1“ und „2“ gleich stark sind, heben sie sich gegenseitig auf. Verantwortlich dafür ist die Verschaltung der beiden Systeme „1“ und „2“ untereinander durch die Bahnen „g“ und „h“. Keine der beiden Handlungen kann dann erfolgen. Dadurch wird die Hemmung der Handlung „3“ aufgehoben (keine Erregung auf den Bahnen „i“ und „k“). Jetzt kann daher die Handlung „3“ ablaufen.

Bei den kämpfenden Kormoranen ist offensichtlich eine Situation eingetreten, in der die Verhaltenstendenzen für die Flucht und den Angriff gleich stark sind. Flucht- und Angriffstendenz hemmen sich gegenseitig; die drittstärkste Tendenz, in diesem Fall Handlungen aus dem Brutverhalten, wird nicht mehr gehemmt und führt zu Bruthandlungen.

Ähnlich verhält es sich im Beispiel der Stichlinge. Hier heben die kleinen Fische Gruben als Übersprunghandlung aus, ebenfalls ein Handlungsablauf aus dem Brutpflegeverhalten.

Lösung 6

1. Der „Schlüsselreiz“ (Auslöser), der beim Männchen des Kaisermantels die Balzhandlung auslöst, ist das sich bewegende Farbmuster der Flügel des Weibchens.
2. Durch die drehbare Trommel konnte Magnus dem Männchen den Schlüsselreiz „sich bewegendes Farbmuster“ als „übernormalen Auslöser“ bieten. Die Einzelreize Bewegung und Farbmuster wirken additiv zusammen („Reizsummenphänomen“).
3. Von „Appetenzverhalten“ spricht man, wenn der männliche Kaisermantel während der Balzzeit ziellos umherfliegt.
4. Als „Taxis“ kann bezeichnet werden, daß das Männchen zum Weibchen fliegt, bevor es mit seiner Balz beginnt.

Magnus zeichnete nun auf eine drehbare Trommel die Flügelzeichnung des Weibchens. Auf diese Weise konnte er jede beliebige Flügelschlagfrequenz und jedes Farbmuster nachahmen.

Beobachtungen ergaben, daß die Männchen um so stärker reagierten, je höher die Frequenzen lagen (Steigerung bis 75 Hertz möglich).

Ordnen Sie den dargestellten Beobachtungen und Versuchsergebnissen Begriffe aus der Verhaltensbiologie zu.

A. Manning, Verhaltensforschung, 1979

Aufgabe 7

Mückenlarven fliehen bei Beunruhigung von der Oberfläche ihrer Wohngewässer aus nach unten in tiefere Bereiche. Diese Fluchtbewegung ist eine Instinkthandlung.

In einem Aquarium werden Mückenlarven gehalten. Man verdunkelt den Raum und beleuchtet das Becken von oben. Dann deckt man das Licht mit Hilfe einer darübergehaltenen Pappe ab, ohne eine Erschütterung auszulösen. Die Larven bewegen sich sofort nach unten und kehren erst nach einiger Zeit zurück. Wiederholt man den Versuch mehrmals, so reagieren die Tiere schließlich nicht mehr auf Beschattung.

Klopft man nun, nach mehrmaliger Beschattung, leicht gegen das Becken, so flüchten die Larven sofort wieder nach unten.

a. Welche Erscheinung wird im Experiment untersucht?
b. Wodurch wird sie hervorgerufen, wodurch nicht?

H.-W. Baer, Biologische Versuche im Unterricht, 1977

Lösung 7

a. Untersucht wird die Ermüdbarkeit von Instinkthandlungen.

b. Das Fluchtverhalten kann nach mehrmaliger Beschattung nicht mehr ausgelöst werden, weil die Sinnesorgane (hier die Augen) ermüden (Adaptation im ethologischen Sinn).

Ermüdung könnte auch die Folge des Verbrauchs der aktionsspezifischen Energie sein oder könnte auftreten, wenn die Muskulatur durch Überanstrengung nicht mehr arbeiten kann. Diese Erklärungen können im vorliegenden Fall nicht richtig sein, da die Fluchtbewegung durch einen andersartigen Reiz (Klopfen am Aquarium) weiterhin ausgelöst werden kann.

B. Erlerntes Verhalten

Zur Lösung der Aufgaben erforderliche Kenntnisse:

Klassische Konditionierung (Bedingte Reaktion, Bedingter Reflex)
- unbedingte und bedingte Reize
- unbedingte (unkonditionierte) Reaktion
- bedingte (konditionierte) Reaktion
- Pawlow-Versuche
- Löschen des Lernergebnisses

Instrumentelle Konditionierung (operante Konditionierung)
- Versuche Skinners
- positive und negative Verstärkung von Verhaltensweisen
- Labyrinth-Versuche
- Bedingungen für assoziatives Lernen

Prägung
- charakteristische Kennzeichen der Prägung
- Versuche von K. Lorenz zur Prägung
- Prägungsarten, Fehlprägungen
- prägungsähnliche Vorgänge beim Menschen
  Arbeiten von R. Spitz zum Hospitalismus
  Untersuchungen von Harlow zu Deprivationserscheinungen bei Rhesus-Affen

Aufgabe 1

Der russische Physiologe J. P. Pawlow untersuchte unter anderem das Trinkverhalten von Hunden. In einem seiner Experimente baute er einen Zweiwegehahn in die Speiseröhre eines Hundes ein. Dadurch konnte er die vom Tier geschluckte Substanz je nach Hahnstellung entweder nach außen ableiten oder aber in den Magen fließen lassen.

Nachdem das Instrument eingeheilt war, ließ er den Hund jeweils eine bestimmte, immer gleich lange Zeit dursten, dann gab er ihm zu trinken. Dabei wurde exakt registriert, wieviel Wasser das Tier bei unterschiedlicher Hahnstellung trank.

Es zeigte sich, daß

1. der Hund stets nach der gleichen Zahl von Schluckbewegungen sein Trinken einstellte, unabhängig davon, ob Wasser in den Magen gelangt war oder nicht;
2. der Hund, nachdem er „erfolglos" getrunken hatte (kein Wasser gelangte in den Magen), schon sehr bald erneut trank;
3. der Hund, nachdem er „erfolgreich" getrunken hatte (Wasser gelangte in den Magen), erst nach längerer Zeit wieder trank.

Wie lassen sich die Beobachtungen Pawlows durch heutige verhaltensbiologische Erkenntnisse erklären?

D. Todt (Hrsg.), Funkkolleg Biologie, 1976

Aufgabe 2

Jane Goodall hat über Jahre hinweg Schimpansen in freier Wildbahn beobachtet. Ihre Forschungsergebnisse sind in der Ethologie der Primaten von großer Bedeutung.

Aus ihren Berichten sind unten in Stichworten Beobachtungen an einem jungen männlichen Schimpansen mit Namen „Merlin" wiedergegeben, der seine Mutter verlor, als er drei Jahre alt war.

1. Nach dem Tode der Mutter magerte Merlin immer stärker ab, seine Augen lagen tiefer in den Höhlen, sein Fell wurde stumpf.
2. Er wirkte zunehmend träge und teilnahmslos, spielte immer weniger mit seinen Altersgenossen.
3. Immer häufiger verhielt er sich wie Schimpansen, die sehr viel jünger waren als er.
4. Im sozialen Kontakt innerhalb der Gruppe beging er immer mehr Fehler, auch in Situationen, die er früher gut beherrschte.

Lösung 1

Pawlows Beobachtungen lassen sich erklären, wenn man Erkenntnisse zu Hilfe nimmt, die K. Lorenz im psychohydraulischen Instinktmodell dargestellt hat.

1. Die Stärke (Dauer) des Ablaufs der Erbkoordination „Trinken" ist abhängig vom Reiz und der aktionsspezifischen Energie (Handlungsbereitschaft). Aktionsspezifische Energie und Reiz sind im Versuch immer gleich groß. Nach einer bestimmten Zahl von Schluckbewegungen ist die aktionsspezifische Energie für das Verhalten „Trinken" abgebaut.
2. Die durch das Trinken verringerte aktionsspezifische Energie wird durch Vorgänge im Körper des Hundes wieder vermehrt. Meldungen über den Versorgungszustand des Körpers, z. B. über den mangelhaften Wassergehalt des Blutes, sorgen dafür, daß die aktionsspezifische Energie sehr schnell wieder bis zu der Stärke aufgebaut wird, die zur Auslösung des Trinkens erforderlich ist.
3. Die abgebaute aktionsspezifische Energie wird erst dann wieder aufgebaut, wenn sich der Versorgungszustand des Körpers geändert hat, wenn also z. B. der Wassergehalt des Blutes, der zunächst durch das „erfolgreiche" Trinken stieg, wieder gering ist. Der Hund wird dann durstig.

Lösung 2

Wichtige grundlegende Untersuchungen über die Folgen einer frühen Trennung von Mutter und Kind beim Menschen stammen von René Spitz. Er untersuchte Kinder in US-amerikanischen Waisenhäusern.

Die Beobachtungen Jane Goodalls an dem kleinen Schimpansen Merlin gleichen auffällig den Symptomen, die René Spitz unter der Bezeichnung Hospitalismus-Syndrom beschrieb.

Unten sind einige Beobachtungen an Hospitalismus geschädigten Kindern zusammengestellt. Um die Ähnlichkeiten deutlich zu machen, erscheinen Merkmale und Verhaltensweisen dieser Kinder jeweils unter der gleichen Kennziffer, die zur Beschreibung des kleinen Schimpansen Merlin benutzt wurde.

René Spitz stellte unter anderem fest, daß die Kinder in amerikanischen Waisenhäusern häufig

1. trotz optimalen Angebots Schwierigkeiten in der Nahrungsaufnahme und der Verdauung hatten, daß ihr Ernährungszustand nicht zufriedenstellend war;
2. lethargisch wirkten, gleichgültig gegenüber ihrer Umwelt waren;
3. körperlich und geistig in ihrer Entwicklung zurückblieben;

5. Im Alter von vier Jahren war er sehr aggressiv gegen Gruppenmitglieder, die im Rang unter ihm standen, und extrem unterwürfig gegenüber ranghöheren Schimpansen.
6. Häufig saß er kauernd da, die Arme eng um die Knie geschlungen, wiegte den Körper von einer Seite zur anderen und starrte mit leerem Blick in die Ferne.
7. Er lauste sich selbst sehr häufig und ausgiebig, riß sich dabei viele Haare aus.
8. In der Regel saß er neben seiner älteren Schwester, wenn sie mit einem Zweig Termiten angelte. Er selbst verbesserte trotz des Vorbilds seiner Schwester seine Geschicklichkeit in dieser Art des Termitenfangs kaum, er blieb darin weit hinter seinen Altersgenossen zurück.
9. Mit fünfeinhalb Jahren war er stark abgemagert, sein Fell hatte viele kahle Stellen.

Merlin starb, noch im Jugendalter, an Kinderlähmung.

Vergleichen Sie die Beobachtungen an „Merlin" möglichst genau und einzeln mit Ergebnissen aus entsprechenden Untersuchungen bei Menschen.

Benutzen Sie dabei Fachbegriffe und nennen Sie jeweils einen bedeutsamen Wissenschaftler, der auf diesem Gebiet an Menschen bzw. an Tieren arbeitete.

Aufgabe 3

Ratten werden seit Jahrtausenden vom Menschen verfolgt. Sie haben eine besonders hohe Meisterschaft in der Vermeidung von Giften entwickelt.

Sie nagen an jedem neuen Futter zunächst nur etwas. Wenn es sich als genießbar erweist, fressen sie in den folgenden Nächten allmählich mehr davon.

Eine Reihe von Versuchen hat bewiesen, daß Ratten tatsächlich in der Lage sind, richtige Assoziationen zwischen dem Geschmack und Geruch einer Speise und einer bis zu 12 Stunden danach eintretenden Übelkeit herzustellen.

a. Aus welchem Grund sind Rattengifte um so wirksamer, je mehr Zeit zwischen der Aufnahme des Giftes und dem Auftreten der Vergiftungserscheinung liegt?

b. In der Rattenbekämpfung werden heute zuweilen Köder zunächst unvergiftet ausgelegt; erst später werden neue, gleichartige, aber giftige Köder angeboten. Erläutern Sie, warum diese Methode trotz der Vorsicht der Ratten erfolgreich sein kann.

A. Manning, Verhaltensforschung, 1979

4. in vieler Hinsicht sozial gehemmt waren, ihre eigene Position in der Gemeinschaft nicht richtig einschätzen konnten, im Umgang mit anderen Kindern unsicher wirkten und häufig unangemessen agierten und reagierten;
5. übermäßig feindselig auf Altersgenossen reagierten und allgemein stärker und häufiger aggressiv waren;
6. einen charakteristischen, naiven Gesichtsausdruck hatten und lange Zeit ins Leere starren konnten; über lange Zeit hinweg stereotype Bewegungen ausführten, wie z. B. Hin- und Herrollen des Kopfes, rhythmisches Heben und Senken des Körpers, seitliches Wippen und andere;
7. sich lange immer an derselben Stelle streichelten und zu Selbstverletzungen neigten, z. B. mit dem Kopf ständig gegen die Wand schlugen, auf den Nägeln kauten und exzessiv am Daumen lutschten bis zu blutigen Wunden;
8. eine schlechte Konzentrationsfähigkeit und Arbeitshaltung hatten, ihre allgemeine Intelligenz herabgesetzt war, und sie in der Schule schlecht abschnitten;
9. trotz guter medizinischer Versorgung an Infektionskrankheiten litten, viel häufiger und stärker als Altersgenossen, die zusammen mit ihrer Mutter lebten; daß sie oft noch im Kindesalter starben, so daß die Sterblichkeit von Waisenhauskindern viel höher war als bei der übrigen Bevölkerung.

Ähnliche Ergebnisse wie die Untersuchungen von R. Spitz bei Waisenkindern erbrachten die Experimente, die H. F. Harlow mit mutterlos aufgezogenen Rhesusaffen durchführte.

Lösung 3

a. Ratten können durch instrumentelle Konditionierung lernen, vergiftete Köder zu meiden. Assoziatives Lernen, wie z. B. instrumentelle Konditionierung, läuft um so besser ab, je zeitlich näher die Ereignisse, die assoziiert werden sollen, aufeinander folgen. Je später daher die Giftwirkung nach dem Fressen auftritt, um so schwieriger wird es für die Ratten zu lernen, diese Köder zu meiden.

Wenn den Ratten erst 12 Stunden nach dem Nagen an vergifteten Ködern übel wird, ist gar keine Assoziation zwischen Köder und Übelkeit mehr möglich. Die Ratten können dann nicht mehr lernen, die Köder zu meiden.

b. Die Ratten lernen zunächst durch Erfolg (Belohnung) in einer instrumentellen Konditionierung, den Köder als genießbares Futter zu betrachten. Einen gleichartigen, aber vergifteten Köder fressen sie nach diesem Lernvorgang in größeren, tödlichen Mengen.

Aufgabe 4

Unten sind verschiedene Verhaltensweisen geschildert. Nennen Sie die Lernvorgänge, durch die die jeweiligen Verhaltensweisen erworben wurden, und erläutern Sie sie kurz.

1. Wasserschildkröten können sich von Würmern und Fischen ernähren. Schildkröten, denen im Versuch in ihrer Jugend nur Würmer angeboten wurden, ernährten sich ihr Leben lang bevorzugt von Würmern. Ernährte man sie in der Jugend mit Fischen, bevorzugten sie in ihrem weiteren Leben Fische vor Würmern.
2. Eine Ratte fand auf ihrem gewohnten Weg bei der Nahrungssuche einen Köder in der Schnappfalle. Sie tastete den Köder vorsichtig ab. Dabei schnappte die Falle zu, wobei die Schnappbügel die Vorderbeine des Tieres so einklemmten, daß es sich gerade noch befreien konnte. Die Ratte mied künftig bei der Nahrungssuche ihren gewohnten Weg und suchte sich einen anderen.
3. Karauschen (heimische Süßwasserfische), denen über längere Zeit hinweg Futter immer in roten Plastikschälchen angeboten wurde, schwammen auf eine rote Pappscheibe zu, die ins Wasser gehalten wurde.
4. Eine Dackelhündin, die sich in spielerischer Weise auf den Rücken legte und die Beine auseinanderstreckte, wurde wegen dieser „drolligen“ Haltung durch einen begehrten Bissen belohnt. In der Folgezeit zeigte sie dieses Verhalten jedesmal, wenn sie irgendwo begehrtes Futter bemerkte.
5. Künstlich (ohne Elterntiere und Artgenossen) aufgezogene Gimpel (heimische Singvögel) balzten, nachdem sie geschlechtsreif geworden waren, die Hand des Pflegers an, auch wenn andere Gimpel in der Nähe waren.
6. Jahrzehnte nach dem Zweiten Weltkrieg verspüren noch viele Menschen beim Heulen einer Sirene, die im Krieg Bombengefahr ankündigte, Erregung und Angstgefühle.
7. Nachdem ein Frosch einmal nach einer Wespe geschnappt hatte und gestochen wurde, fing er nie wieder Wespen oder ähnlich aussehende Insekten.
8. Läßt man einen Hamster, der gerade am Käfiggitter rüttelt, aus dem Käfig heraus, so kann man nach einigen Wiederholungen beobachten, daß der Hamster zunehmend häufiger am Gitter rüttelt.
9. Die Heringsmöwe, Larus fuscus, und die Silbermöwe, Larus argentatus, sind wahrscheinlich nahe miteinander verwandt. Beide Arten brüten häufig nebeneinander, ohne daß Bastarde (Mischlinge) auftreten. Vertauscht man die Eier der beiden Arten und läßt die Jungen bei der jeweils anderen Art aufwachsen, paaren sie sich als erwachsene Tiere nur mit Angehörigen der Art, bei der sie aufgewachsen sind.

Lösung 4

1. Motorische Prägung
   Da die Schildkröten in ihrer Jugend, in einer kritischen Phase, gelernt haben, Würmer (bzw. Fische) als Beute zu betrachten, und dieses Lernergebnis irreversibel war, darf man vermuten, daß es sich um Prägung handelt.
2. Instrumentelle (operante) Konditionierung
   Die Ratte lernte durch Mißerfolg (schmerzhaftes Erlebnis), den gewohnten Weg zu meiden.
3. Klassische Konditionierung
   Die Karauschen erhielten häufig den unbedingten Reiz (Futter) zusammen mit dem ursprünglich neutralen Reiz (rote Fläche). Dadurch wurde der neutrale Reiz (rote Fläche) zum bedingten Reiz, der in der Lage war, die bedingte Reaktion auszulösen, d. h. Anschwimmen einer roten Scheibe.
4. Instrumentelle (operante) Konditionierung
   Die zufälligen Bewegungen der „drolligen“ Haltung wurden durch die Belohnung (begehrter Bissen) positiv verstärkt. Dadurch erlernte die Dackelhündin diese neue Verhaltensweise.
5. Sexuelle Prägung
   Für das Erlernen durch sexuelle Prägung spricht, daß der Lernvorgang in der Jugend verlief und irreversibel war.
6. Klassische Konditionierung
   Der ursprünglich neutrale Reiz wurde, da er mehrfach zusammen mit dem bedrohlichen Ereignis (Bombengefahr) auftrat, zum bedingten Reiz, der die bedingte Reaktion (Angstgefühl) auslöst.
7. Instrumentelle (operante) Konditionierung
   Der Frosch hat durch den Mißerfolg die neue Verhaltensweise „Meiden von Wespen“ gelernt.
8. Instrumentelle (operante) Konditionierung
   Das zufällige Verhalten „Rütteln am Gitter“ wurde mehrmals durch die Befreiung aus dem Käfig positiv verstärkt. Durch dieses Lernen am Erfolg erwarb der Hamster die neue Verhaltensweise „Rütteln am Gitter“.
9. Sexuelle Prägung
   Offensichtlich erlernen die Jungen schon in der Jugend, woran spätere Sexualpartner zu erkennen sind. Dieser Vorgang läuft also innerhalb einer bestimmten, zeitlich begrenzten Phase ab und ist nicht rückgängig zu machen. Daher darf man vermuten, daß es sich um Lernen durch Prägung handelt.

Aufgabe 5

M. Garcia berichtete 1976 in einer amerikanischen wissenschaftlichen Zeitung, wie Erkenntnisse aus der Verhaltensforschung im praktischen Naturschutz eingesetzt werden.

Schafzüchter im Westen der USA hatten Schwierigkeiten mit Kojoten (wolfsähnliche Raubtiere), die ihre Tiere töteten. Sie versuchten daher die Kojoten davon abzuhalten, Schafe zu fressen, indem sie vergiftete Köder auslegten. Aus Gründen des Natur- und Artenschutzes sollten die Kojoten nicht tödlich vergiftet werden und nicht dauerhaft erkranken.

Worauf mußten die Schafzüchter bei der Auswahl der Gifte und des Köders achten, wenn die Kojoten nach Genuß eines Köders kein Schaf mehr reißen sollten? Beschreiben Sie mit ethologischen Fachbegriffen ein Verfahren, mit dem die Verhaltensänderung der Kojoten erreicht werden sollte.

A. Manning, Verhaltensforschung, 1979

Aufgabe 6

Strudelwürmer (Planarien) sind einfach gebaute, im Wasser lebende Tiere ohne Gliedmaßen. Sie sind in unseren Bächen und Flüssen nicht selten.

Das Nervensystem dieser Würmer ist sehr einfach gebaut. Um das Leistungsvermögen so einfacher Nervensysteme zu untersuchen, soll in einem Experiment geprüft werden, ob ein Strudelwurm lernen kann.

Der Strudelwurm lebt in einem Becken, dessen Boden zur Hälfte rauh, zur anderen Hälfte glatt ist. Bei längerer Beobachtung zeigt sich, daß das Tier keinen der beiden Böden bevorzugt.

Entwerfen Sie einen Versuch, in dem geprüft wird, ob ein Strudelwurm lernen kann, eine bestimmte Bodenart zu meiden oder zu bevorzugen. Benutzen Sie in ihrem Vorschlag möglichst Fachbegriffe der Verhaltensbiologie.

Lösung 5

Die Kojoten sollten durch den Strafreiz (Krankheit nach Genuß von vergiftetem Köder) assoziativ lernen, Schaffleisch zu meiden. In manchen Fachbüchern wird dieses Lernverhalten als bedingte Aversion (Lernen am Mißerfolg) bezeichnet. Darin können klassische und instrumentelle Konditionierung enthalten sein.

Assoziatives Lernen läuft um so besser ab, je höher der Wert der Ereignisse (oder Reize) ist und je zeitlich näher die Ereignisse (oder Reize) aufeinander folgen. Für unser Beispiel bedeutet das:

Das Gift muß schwerwiegende, deutlich spürbare Krankheitserscheinungen hervorrufen und es muß den Kojoten schon sehr bald nach dem Genuß des Köders schlecht gehen. Außerdem muß der Köder deutliche Schafmerkmale haben, z. B. Schaffell und Schafgeruch.

Lösung 6

Eine Möglichkeit, das Lernvermögen nachzuweisen, ist der Versuch, den Strudelwurm klassisch zu konditionieren.

Zum Beispiel könnte man dem Wurm immer wieder Futter nur auf dem rauhen Boden bieten. Der Wurm wäre klassisch konditioniert, wenn er, auch ohne daß man ihm Futter bietet, deutlich den rauhen Boden bevorzugen würde. Der ursprünglich neutrale (unkonditionierte) Reiz „rauher Boden“ wäre zum bedingten (konditionierten) Reiz geworden. Die bedingte (konditionierte) Reaktion wäre die Bevorzugung des rauhen Bodens.

Ähnliche Ergebnisse ließen sich erzielen, wenn der Wurm statt der Belohnung (Futter) einen Strafreiz, z. B. einen Elektroschock, erhält, sobald er auf dem rauhen Boden kriecht.

C. Einsichtiges Verhalten

Zur Lösung der Aufgaben erforderliche Kenntnisse:

Versuchsbedingungen und Kriterien für Einsichtiges Verhalten

Vorausschauendes Handeln
– Umwegversuche
– Werkzeuggebrauch (Koehler-Versuche)
– planendes Handeln

Abstraktionsvermögen
– averbale Begriffsbildung
– „Ich-Begriff" (Selbstkenntnis)

Aufgabe 1

Ratten lernten durch Dressur, daß eine Futterbelohnung mit einem weißen Dreieck auf einem schwarzen Quadrat verbunden war (vgl. Figur A der Abb.).

Danach wurden ihnen die Figuren B, C und D geboten. Sie reagierten darauf nicht wie auf Figur A, sondern nur zufällig.

Schimpansen reagierten im gleichen Versuch auf die Figuren B und C, aber ebenfalls nur zufällig auf D.

Zweijährige Kinder reagierten sowohl auf B und C wie auch auf die Figur D.

Welche Fähigkeit von Ratten, Schimpansen und zweijährigen Kindern sollte durch diesen Versuch getestet werden?

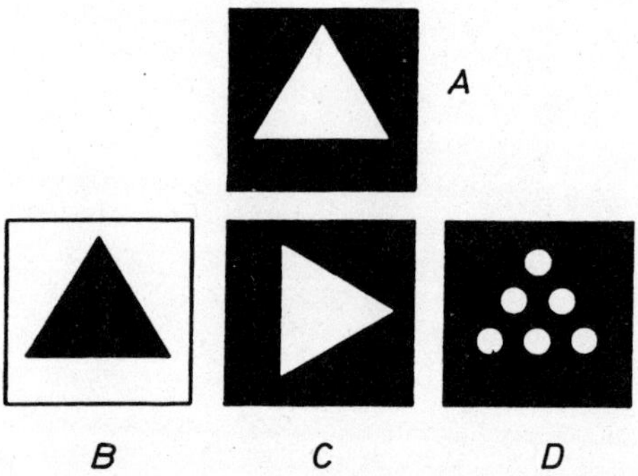

Nach A. Manning, Verhaltensforschung, 1979

Aufgabe 2

Der Zoologe Bernhard Rensch berichtete 1968 über ein Experiment, das u. a. die Frage beantworten sollte, ob Schimpansen zu einsichtigem Handeln fähig sind.

Die Versuchsanordnung ist unten abgebildet. Der Schimpansin wurde beigebracht, daß sie für einen Metallring Futter eintauschen konnte. Der Metallring lag, für Julia deutlich sichtbar, in einem Labyrinth. Die Wände des Labyrinths waren verstellbar. So konnten immer neue Arten von Labyrinthen geschaffen werden. Die gesamte Anlage war oben mit einer Plastikscheibe abgedeckt.

Von einem Startpunkt aus konnte Julia von außen mit Hilfe eines Magneten den Metallring bewegen. Durch die Plastikscheibe konnte sie den Ring sehen und so bestimmen, welchen Weg er durch das Gangsystem nehmen sollte. Am

Lösung 1

Getestet werden sollte das Abstraktionsvermögen, die Fähigkeit, Wesentliches von Unwesentlichem zu unterscheiden. Im Versuch sollte die Erfahrung „weißes Dreieck auf schwarzem Grund läßt Belohnung erwarten" auf ähnliche Reizmuster (Formen B, C und D) übertragen werden, es sollte generalisiert werden.

Die Fähigkeit zu generalisieren ist offensichtlich für die Dreiecksform bei Schimpansen stärker als bei Ratten, aber schwächer als bei zweijährigen Kindern.

Schimpansen und zweijährige Kinder können den Begriff „Dreieck" bilden, jedoch averbal, also ohne ihn aussprechen zu können.

Lösung 2

a. Im Versuch sollte geprüft werden, ob die Schimpansin in der Lage war, den richtigen Weg durch das Labyrinth ganz zu erkennen, bevor sie mit der Bewegung des Metallrings begann, ob sie also den zukünftig zu nehmenden Weg des Rings planen konnte. Dazu

- mußten die Wände des Labyrinths häufig umgestellt werden, um instrumentelle (operante) Konditionierung auf einen bestimmten Weg auszuschließen;
- mußte das Labyrinth so angelegt sein, daß bei falscher Wahl des Weges ein starker Zeitverlust auftrat, daß z. B. die Rückkehr zum Startpunkt erforderlich wurde;
- durfte das Labyrinth nicht zu viele Sackgassen enthalten, um den richtigen Weg so einfach zu halten, daß Julia ihn überschauen konnte;
- mußte das Labyrinth so kompliziert sein, daß die richtige Lösung mit großer Wahrscheinlichkeit nicht zufällig zu finden war.

Ende des Labyrinths konnte sie den Ring nehmen und dafür Futter eintauschen.

a. Erläutern Sie, worauf man bei der Durchführung des Experiments achten mußte, wenn man feststellen wollte, ob Schimpansen die Fähigkeit zu einsichtigem Handeln besitzen.

b. Wie mußte sich Julia verhalten, damit der Beobachter aus dem Verhalten auf einsichtiges Handeln schließen konnte?

Die Abbildung wurde mit freundlicher Genehmigung des Thieme Verlags entnommen aus: D. Franck, Verhaltensbiologie, 2. Auflage 1985

b. Auf einsichtiges Verhalten darf man schließen, wenn Julia

- bevor sie den Metallring bewegt, längere Zeit das Labyrinth betrachtet;
- die Aufgabe, den richtigen Weg zu finden, in einem Zug löst, wenn sie den Ring ohne Unterbrechung bewegt;
- mit dem Blick die Bahnen im Labyrinth von den Ausgängen her nach rückwärts verfolgt.

Auf keinen Fall darf sie mit dem Ring probieren, welcher Weg günstig ist. Sie darf die Lösung nicht durch Versuch und Irrtum erreichen.

Selbstverständlich ging dem eigentlichen Experiment eine längere Trainingsphase voraus, in der Julia die Versuchsanordnung vertraut gemacht wurde.

Aufgabe 3

Die Zibetkatze ist ein kleines Raubtier aus der Familie der Schleichkatzen. B. Rensch und G. Dücker untersuchten an ihr die Fähigkeit zu höheren Lernleistungen. In einem ihrer Versuche wurde eine Zibetkatze darauf dressiert, zwei ungleiche Kreisflächen von zwei gleichen zu unterscheiden und die gleichen den ungleichen vorzuziehen.

In weiteren Versuchen boten Rensch und Dücker dem Versuchstier andersartige Musterpaare. Die Ergebnisse der Versuche sind in der Abbildung dargestellt.

Beschreiben Sie das Leistungsvermögen der Zibetkatze, das aus diesem Versuch zu erschließen ist.

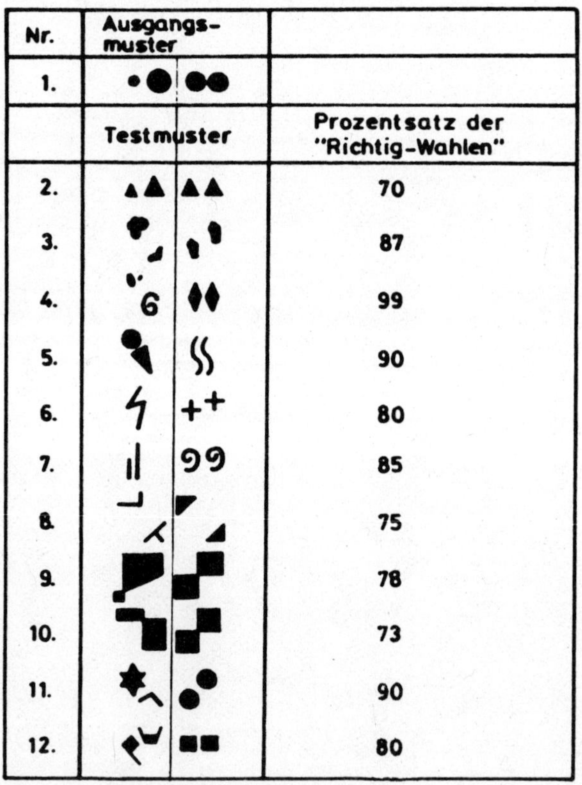

B. Rensch u. G. Dücker, Z. Tierpsychol. 16, 1959; zitiert in: D. Franck, Verhaltensbiologie, 1979

Lösung 3

Das Ausgangsmuster hat mehrere Merkmale, z. B. das Merkmal „kreisrunde Flächen“ oder die Merkmale „gleiche Kreise“ und „ungleiche Kreise“. In den Versuchen 2 bis 12 zeigt die Zibetkatze, daß sie zwischen den Merkmalen unterscheiden kann. Sie ist in der Lage, das wesentliche Merkmal „ungleich“ vom unwesentlichen „Kreisfläche“ zu unterscheiden. Sie kann also „abstrahieren“.

Voraussetzung für diese Art der Abstraktion ist die Bildung des Begriffs „ungleich“ und damit auch „gleich“. Selbstverständlich kann das Tier diese Begriffe nicht aussprechen, sie sind averbal.

D. Sozialverhalten

Zur Lösung der Aufgaben erforderliche Kenntnisse:

Vergesellschaftungen von Tieren
- Aggregationen
- offene und geschlossene anonyme Verbände
- individualisierte Verbände

Rangordnung

Revierverhalten (Territorialverhalten)

Tradition
- in tierischen Gemeinschaften
- in der menschlichen Gesellschaft

Aggressionstheorien
- Triebtheorie der Aggression
- Frustrations-Aggressions-Theorie
- Lerntheorie der Aggression
- Biosoziales Modell der Aggression (pluralistisches Modell der Aggression)
- Aggressionshemmung

Aufgabe 1

In der Aggressionsforschung bestehen heute mehrere verschiedene Theorien, mit denen aggressives Verhalten erklärt werden kann.

R. H. Hinde stellte Fragen, mit denen die Gültigkeit einer bestimmten Aggressionstheorie überprüft werden sollte. Einige dieser Fragen lauteten, etwas vereinfacht, so:

1. Suchen Tiere aktiv nach aggressionsauslösenden Situationen?
2. Steigt die Tendenz zu aggressivem Verhalten mit fortschreitender Zeit?
3. Muß sich aggressives Verhalten zwangsläufig zeigen?

a. Welche Aggressionstheorie soll mit diesen Fragen überprüft werden? Erläutern Sie die Zielrichtung der Fragen kurz.

b. Nennen Sie zwei weitere Aggressionstheorien und beschreiben Sie den Kern ihrer Aussagen in Stichworten.

c. Welche aggressionseinschränkenden und aggressionshemmenden Verhaltensweisen bei Tieren kennen Sie?

Aufgabe 2

Amerikanische Wissenschaftler haben in einem groß angelegten Experiment die soziale Ordnung der Japan-Makaken genauer erforscht. Sie beobachteten über lange Zeit hinweg einen Trupp dieser Affen in einem großen Freigehege.

Eines Tages sahen die Ethologen, wie ein älteres, rangniederes Männchen, „Big-X", den Schnee im Freigehege zu einer Kugel mit einem Durchmesser von fast einem halben Meter zusammenrollte. Anschließend setzte sich Big-X auf den Schneeball. Irgendeinen Vorteil brachte ihm diese neue Fähigkeit nicht. Nach einiger Zeit rollten auch andere Affen den Schnee zusammen. Von da ab bauten viele Mitglieder dieses Trupps jeden Winter Schneekugeln. Vorher war dieses Verhalten noch nie beobachtet worden.

Einer der am Experiment beteiligten Ethologen bezeichnete diese Vorgänge im Trupp als „protokulturelles Verhalten".

a. Erläutern Sie, warum die Bezeichnung „protokulturelles Verhalten" für die Vorgänge in diesem Affentrupp gerechtfertigt ist.

b. Beschreiben Sie ähnliche Vorgänge in der menschlichen Gesellschaft und stellen Sie ihre Bedeutung dar.

Scientific American 10/1976

Lösung 1

a. Die Fragen sollen helfen, die Triebtheorie (Instinkttheorie) der Aggression zu überprüfen. Ein bedeutender Befürworter dieser Theorie ist Konrad Lorenz.

Das Ziel der Fragen wird deutlich, wenn in ihnen Lorenzsche Begriffe verwendet werden. Dann lautet:

Frage 1: Zeigen Tiere Appetenzverhalten auf Aggression?

Frage 2: Wird die Handlungsbereitschaft für Aggression mit fortschreitender Zeit stärker?

Frage 3: Gibt es Aggressionshandlungen im Leerlauf; gibt es also Triebstau?

b. Weitere erklärende Theorien sind:

Frustrations-Aggressions-Theorie: Aggression ist immer Folge einer vorangegangenen Frustration; Frustration ist die Störung einer zielgerichteten Aktivität.

Lerntheorie der Aggression: aggressives Verhalten ist nicht angeboren; wird vor allem durch Lernen am Erfolg oder Mißerfolg und durch Imitationslernen erworben.

c. Aggressive Handlungen können eingeschränkt werden durch:

- Rangordnungsverhalten
- Revierverhalten
- Kommentkämpfe (Kampf nach festen Regeln unter Vermeidung ernster Verletzungen)
- Droh- und Imponierhandlungen

Eine Hemmung aggressiver Handlungen kann erreicht werden durch

- Beschwichtigungsverhalten (Demutsverhalten)
- Präsentieren von Merkmalen mit Signalwirkung (z.B. Merkmale von Weibchen oder Jungtieren).

Lösung 2

a. Die Makaken des Trupps erlernten die Fähigkeit, Schneekugeln zu formen, durch Imitation. Die Weitergabe von individuell Gelerntem an andere Gruppenmitglieder bezeichnet man als Tradition. Durch Tradition kann eine Gruppe über Generationen hinweg Fähigkeiten ansammeln. Dieser Vorgang läuft parallel zur genetischen Evolution, er wird als kulturelle Evolution bezeichnet. Da tierische Gruppen nie das Niveau von Kulturen erreichen, spricht man hier von protokulturellem (vorkulturellem) Verhalten.

b. Die Gesamtheit der kulturellen Fähigkeiten des Menschen ist über viele Generationen hin durch Tradition angesammelt worden. Individuen entwickelten immer neue Kenntnisse und fügten sie den alten hinzu. Die kulturelle

Aufgabe 3

Schon früh in der Geschichte der ethologischen Forschung untersuchte T. Schjelderup-Ebbe das Zusammenleben von Tieren in einer Gruppe. 1922 veröffentlichte er seine Beobachtungen an Haushühnern.

In der Tabelle unten ist für eine Gruppe von zehn Hühnern eingetragen, wie häufig in einer bestimmten Zeit jedes Huhn mit dem Schnabel nach anderen Hühnern hackte. In den vertikalen Reihen steht die Zahl der Hackangriffe, die ein bestimmtes Huhn ausführte, in den horizontalen Reihen ist angegeben, wie häufig ein Huhn angegriffen wurde (z. B. griff Huhn „B" elfmal Huhn „D" an; Huhn „C" wurde achtmal von Huhn „A" angegriffen).

a. Beschreiben Sie die Ordnung, nach der die Hühner in dieser Gruppe zusammenleben.

b. Welchen Vorteil bringt es, wenn Tiere nach einer solchen Ordnung zusammenleben?

c. In welcher Art von Sozialverband ist eine solche Ordnung möglich?

Nennen Sie weitere Formen der Vergesellschaftung von Tieren mit ihren Fachbezeichnungen.

Verändert nach A. M. Guhl, aus A. Manning, Verhaltensforschung, 1979

	A	B	C	D	E	F	G	H	J	K
A										
B	22									
C	8	29								
D	18	11	6							
E	11	21	11	12						
F	30	7	6	21	8					
G	10	12	3	8	15	30				
H	12	17	27	6	3	19	8			
J	17	26	12	11	10	17	3	13		
K	6	16	7	26	8	6	12	26	6	

Evolution verläuft sehr viel schneller als die genetische, da die tradierten Merkmale viel schneller selektiert werden und da die Tradition mehr als nur die eigenen Nachkommen erreicht.

Besonderes Gewicht erhält die Tradition in menschlichen Gruppen durch die Wortsprache. Mit Hilfe der Sprache können Menschen Erfahrungen auch losgelöst vom Objekt weitergeben, sprachlich können sie sehr komplexe Sachverhalte und Zusammenhänge übermitteln, sie können Zukunft und Vergangenheit ausdrücken und Wertvorstellungen mitteilen.

Die Wirkung der Tradition wird außerordentlich stark vergrößert durch die Schrift, da so Informationen auch außerhalb von Gehirnen gespeichert und über weite Entfernungen transportiert werden können. Die Erfindung des Buchdrucks und der elektronischen Datenspeicherung waren Ereignisse, die die kulturelle Evolution noch weiter beschleunigt haben.

Lösung 3

a. Die Haushühner dieser Gruppe leben in einer linearen Rangordnung zusammen. In dieser hierarchischen Ordnung verhält sich das Huhn „A" aggressiv gegen alle anderen Hühner, erfährt aber selbst keine Aggression; das Huhn „A" ist das Alphatier. Das Huhn „K" wird von allen gehackt, greift aber selbst kein Gruppenmitglied an. Huhn „K" ist das Omegatier.

b. Bei einer einmal erreichten Rangordnung wird das aggressive Verhalten in der Gruppe gemindert. Die Tiere verhalten sich in der Regel entsprechend ihrem Rang. Das vermeidet ständige Kämpfe und spart damit Energie.

Ranghohe Tiere genießen einige Vorteile, erhalten z. B. mehr und bessere Nahrung, bessere Ruheplätze u. ä. Sie können sich in der Regel häufiger fortpflanzen. Da sie also mehr Nachkommen haben, werden ihre Gene in der Gruppe häufiger. Ihre ranghohe Stellung ist mindestens teilweise auf eine günstige genetische Ausstattung zurückzuführen, so daß mit der Vermehrung ihrer Gene eine allgemeine Verbesserung der in der Gruppe vorhandenen Gene (des Genpools) erreicht wird.

c. Tiere können nur dann in einer Rangordnung zusammenleben, wenn sie sich untereinander individuell kennen. Außer in individualisierten Verbänden treten keine hierarchischen Ordnungen auf.

Weitere Sozialverbände sind:

- Aggregationen (Ansammlung von Tieren an Orten mit günstigen Umweltbedingungen; z. B. Überwinterung von Fledermäusen)
- offene anonyme Verbände (z. B. Fisch- oder Vogelschwärme)
- geschlossene anonyme Verbände (z. B. Insektenstaaten)

In allen diesen Gruppen ist es nicht erforderlich, daß die Tiere sich individuell kennen.

VII. Ökologie

Zur Lösung der Aufgaben erforderliche Kenntnisse:

A. Autökologie

Abiotische Faktoren

- Wasser
- Licht
- Temperatur
- Luft
- Boden
- Wirkungsgesetz der Umweltfaktoren (Minimumgesetz)
- ökologische Valenz (ökologische Potenz, Toleranzbereich, Gedeihfähigkeit)
- euryöke und stenöke Arten
- Allensche Regel
- Bergmannsche Regel
- Reaktionsnorm
- Temperaturschichtung in mitteleuropäischen Seen (Epi-, Meta-, Hypolimnion)
- Algenblüte

Biotische Faktoren

- Konkurrenzausschlußprinzip (Gause-Volterra-Prinzip)
- Kommensalismus, Parasitismus, Symbiose
- Räuber-Beute-Beziehungen (Abwehr, Flucht, Tarnung, Mimikry)

Aufgabe 1

Sauerstoffgehalt und Temperatur des Wassers in einem größeren See Mitteleuropas ändern sich im Laufe eines Jahres. In der Tabelle sind grobe Durchschnittswerte für das Oberflächen- und Tiefenwasser während des Winters eingetragen.

a. Erklären Sie, warum sich die Wasserschichten mit verschiedener Temperatur im Winter nicht vermischen.

b. Vergleichen Sie den Sauerstoffgehalt des Oberflächen- und Tiefenwassers in den übrigen Jahreszeiten miteinander. Erklären Sie, wie die Unterschiede zustande kommen.

c. In welcher Jahreszeit kann es zur „Algenblüte" kommen?

d. Welche Folgen hätte es, wenn in einen See ständig große Mengen warmen Wassers eingeleitet würden, z. B. Abwässer oder Kühlwasser aus Kraftwerken?

Wassertiefe in Metern	O_2 (mg/1)	Temperatur (°C)
1	11	0
25	8	4

Lösung 1

a. Das Epilimnion (Oberflächenwasser) ist kälter (0 °C) als das Hypolimnion (Tiefenwasser, 4 °C). Wasser hat seine größte Dichte bei 4 °C. Das Tiefenwasser ist also schwerer als das Oberflächenwasser und kann daher nicht aufsteigen, das Oberflächenwasser kann nicht absinken. Die Vermischung der beiden Bereiche ist demnach im Winter nicht möglich (Winterstagnation).

b. Wenn im Frühling durch die verstärkte Sonneneinstrahlung die Temperatur des Epilimnions bis auf Werte des Hypolimnions steigt, kommt es zu Austausch und Vermischung von Oberflächen- und Tiefenwasser (Frühlings-Vollzirkulation). Den Winter über haben Konsumenten und Destruenten in den tieferen Bereichen des Sees Sauerstoff verbraucht. Von oben konnte wegen der Winterstagnation kein Sauerstoff in die Tiefe gelangen. Das sauerstoffarme Tiefenwasser mischt sich im Frühling mit dem sauerstoffreicheren Oberflächenwasser. Dadurch wird das Hypolimnion sauerstoffreicher und das Epilimnion sauerstoffärmer.

Im Sommer wärmt sich das Oberflächenwasser stark auf. Es ist dann sehr viel leichter als das 4 °C kalte Tiefenwasser. Damit kann kein vertikaler Wasseraustausch erfolgen (Sommerstagnation im Hypolimnion). Im Epilimnion allerdings kann das Wasser durch tageszeitliche Veränderungen der Temperatur zirkulieren (Sommer-Teilzirkulation). Der Übergang zwischen Epi- und Hypolimnion vollzieht sich im Sommer in einer dünnen Wasserschicht von nur wenigen Metern (Sprungschicht, Metalimnion).

Die Photosyntheserate im Epilimnion ist stark, da jetzt im Sommer viel Licht auf den See fällt, die Wassertemperatur hoch ist und durch die Frühlingszirkulation kohlendioxidreiches Wasser aus der Tiefe nach oben stieg. – Die Anreicherung mit CO_2 während des Winters in der Tiefe geschah durch Konsumenten und Destruenten. Das CO_2 blieb im Hypolimnion, da kein Austausch mit weiter oben liegenden Wasserschichten erfolgen konnte. – Die hohe Photosyntheserate im Epilimnion läßt den O_2-Gehalt und die Biomasse ansteigen. Das Hypolimnion erhält durch absinkende, tote Organismen sehr viel mehr Nährstoffe als zu anderen Jahreszeiten. Konsumenten und Destruenten bauen diese Nährstoffe in der Tiefe ab. Dabei verbrauchen sie wegen der großen Nährstoffmasse hohe Mengen an O_2. Der Sauerstoffgehalt im Hypolimnion nimmt infolgedessen sehr rasch ab.

Im Herbst sinkt die Wassertemperatur an der Oberfläche des Sees. Wenn etwa 4 °C erreicht sind, setzt ähnlich wie im Frühling eine Vollzirkulation zwischen Epi- und Hypolimnion ein (Herbst-Vollzirkulation).

Den Sommer über nahm der O_2-Gehalt an der Oberfläche durch die starke Photosynthese sehr zu, während der Sauerstoffgehalt in der Tiefe geringer wurde. Nach der Mischung in der Herbst-Vollzirkulation ist das Oberflächenwasser sauerstoffärmer als im Sommer, das Tiefenwasser aber sauerstoffreicher.

Aufgabe 2

Seepocken sind festsitzende Krebse. Sie sind von einer festen Kalkschale umgeben. Durch eine Öffnung im oberen Teil der Schale können die Tiere ihre Beine nach außen vorstrecken. So läßt sich ein Wasserstrom erzeugen, der zur Atmung und Ernährung dient.

In der Graphik ist die Frequenz der Beinschläge zweier verschiedener Seepockenarten der englischen Küste eingetragen.

a. Erklären Sie am Beispiel dieser beiden Seepocken-Arten den Begriff „ökologische Potenz“ (ökologische Valenz).

b. Balanus balanoides müßte bei 20 °C Wassertemperatur die höchste Populationsgröße erreichen. In der Natur ist das aber häufig nicht der Fall. Wodurch wird unter natürlichen Verhältnissen verhindert, daß die Populationen auch bei optimalem Zustand eines Umweltfaktors ihre maximale Individuenzahl erreichen?

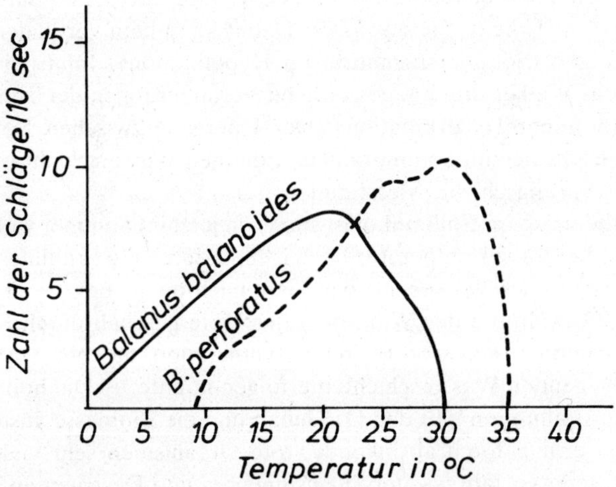

Nach R. V. Tait, Meeresökologie, 1971

Aufgabe 3

Die Wildschweine in Europa gehören alle der gleichen Art an. Sie bilden mehrere Rassen, die sich unter anderem in der Größe unterscheiden. Ein Maß für die Größe des ganzen Körpers ist die Schädellänge.

c. Als Algenblüte bezeichnet man die rasche und starke Vermehrung von Algen. Erforderlich dafür sind besonders gute Lebensbedingungen für die Algen, wie sie im späten Frühling und frühen Sommer auftreten können (vgl. Aufgabenteil b).

d. Wenn das Epilimnion ständig wärmer als das Hypolimnion bleibt, kommt es zu keiner Mischung der Wasserschichten. Der O_2-Gehalt in der Tiefe nimmt immer weiter ab, da Konsumenten und Destruenten Sauerstoff verbrauchen, ohne daß durch eine Wasserzirkulation Sauerstoff nachfließen kann.

Wenn der Sauerstoffgehalt für den Abbau des organischen Materials, das von oben zum Boden des Sees sinkt, nicht mehr ausreicht, bildet sich Faulschlamm. Hält der Zustand länger an, kippt der See in der Tiefe um.

Lösung 2

a. Die ökologische Potenz von Balanus balanoides liegt für die Temperatur zwischen den Kardinalpunkten 0 °C und 30 °C. Bei geringeren und höheren Temperaturen kann diese Seepockenart nicht mehr leben. Ihre Beine schlagen nicht, sie kann nicht mehr atmen und erhält keine Nahrung mehr. Für Balanus perforatus liegt die ökologische Potenz für die Temperatur zwischen 9 °C und 35 °C.

Das Optimum der Temperatur liegt für B. balanoides bei etwa 20 °C. Im Wasser von 20 °C können die Tiere den stärksten Atem- und Nahrungswasserstrom erzeugen. Sie wachsen schneller als in kühlerem oder wärmerem Wasser und haben die höchste Zahl an Nachkommen. Für B. perforatus liegt das Temperatur-Optimum bei 30 °C. Die Pessima sind für B. balanoides bei wenigen Graden über 0 °C und unter 30 °C angegeben. Für B. perforatus lauten die Werte wenige Grade über 10 °C und unter 35 °C.

b. Die Grenze des Wachstums einer Population wird jeweils durch den Umweltfaktor bestimmt, der am weitesten vom Optimum der ökologischen Potenz entfernt ist (Minimumgesetz nach Liebig). Wenn die Wassertemperatur optimal ist, kann die maximale Individuenzahl in der Regel trotzdem nicht erreicht werden, weil mit großer Wahrscheinlichkeit wenigstens einer der vielen anderen Umweltfaktoren nicht im Optimum liegt.

Lösung 3

a. Die Wildschweine sind in kälteren Gebieten größer als in wärmeren. Diese Beziehung zwischen Körpergröße und Temperatur beschreibt die Bergmannsche Regel.

Wildschweine in Westrußland haben im Durchschnitt 46 cm lange Schädel, in Deutschland liegt das Maß bei 38 bis 41 cm, in Nordspanien sind sie durchschnittlich 35 cm lang und in Südspanien 32 cm.

a. Welche ökogeographische Regel wird durch dieses Beispiel belegt? Erläutern Sie kurz die physiologischen Grundlagen dieser Regel.
b. Erläutern Sie kurz eine weitere ähnliche Regel.

Aufgabe 4

In einem Versuch wurden die Veränderungen der Populationsdichte bei zwei Mehlkäferarten (Tribolium castaneum und Tribolium confusum) beobachtet. Dazu benutzte man Zuchtgefäße mit Weizenkleie als Nahrung für die Mehlkäfer. Die Umwelt der Käfer in den Gefäßen unterschied sich in nur zwei Umweltfaktoren:

In Gefäßen vom Typ „A" war es warm und feucht;
in Gefäßen vom Typ „B" war es kühl und trocken.

Die Versuche und ihre Ergebnisse sind unten in Stichworten beschrieben. Die Ausgangspopulationen waren in allen Versuchen gleich groß.

Versuch I: Tribolium castaneum in einem warmen und feuchten Gefäß.
Ergebnis: die Population wächst.

Versuch II: Tribolium castaneum in einem kühlen und trockenen Gefäß.
Ergebnis: die Population wächst, allerdings nicht so schnell und so stark wie in Versuch „I".

Versuch III: Tribolium confusum in einem warmen und feuchten Gefäß.
Ergebnis: die Population wächst.

Versuch IV: Tribolium confusum in einem kühlen und trockenen Gefäß.
Ergebnis: die Population wächst schneller als im Versuch „III".

Versuch V: Tribolium castaneum und Tribolium confusum zusammen in einem warmen und feuchten Gefäß.
Ergebnis: die Population von Tribolium confusum wird immer kleiner, bis sie ganz verschwindet; Tribolium castaneum vermehrt sich.

Versuch VI: Tribolium castaneum und Tribolium confusum zusammen in einem kühlen und trockenen Gefäß.
Ergebnis: die Population von Tribolium castaneum wird kleiner und verschwindet zuletzt ganz; Tribolium confusum wird zahlreicher.

Die Wärmeabgabe an die Umwelt ist bei großen Körpern relativ geringer als bei kleinen. Der Inhalt des Körpers, der ja bei Säugern und Vögeln Wärme produziert, wächst mit der dritten Potenz, die Oberfläche, die die Wärme abgibt, nimmt nur mit der zweiten Potenz zu, wenn der Körper wächst. Größere Tiere haben daher in kalten Gebieten einen Selektionsvorteil vor kleineren, da sie, bezogen auf den Körperinhalt, eine geringere Oberfläche haben, also relativ zum Volumen weniger Wärme abgeben.

b. Eine ähnliche Beziehung liegt der Allenschen Regel zugrunde. Die Körperanhänge von Säugern und Vögeln (Ohren, Schwanz, Extremitäten) sind bei Tieren der gleichen oder nahe verwandten Arten in kälteren Klimaten kürzer als in wärmeren. Auch hier liegt die Ursache im Wärmehaushalt der Tiere. Körperanhänge haben ein kleines Volumen bei großer Oberfläche, geben also viel Wärme ab.

Lösung 4

a. Die beiden Mehlkäferarten sind an verschiedene ökologische Nischen angepaßt. Sie haben unterschiedliche ökologische Valenzen.

Die Versuche „I" bis „IV" zeigen, daß T. castaneum eine warme und feuchte Umgebung bevorzugt, T. confusum eine kühle und trockene.

In den Versuchen „V" und „VI" treten die beiden Mehlkäfer miteinander in Konkurrenz. Das warme und feuchte Gefäß stellt die ökologische Nische für T. castaneum dar. T. confusum ist an diese Nische weniger gut angepaßt. T. castaneum kann daher den Lebensraum (warm/feucht) besser nutzen, wächst schneller, hat mehr Nachkommen und verdrängt so seinen Konkurrenten.

Im kühlen und trockenen Gefäß laufen die Vorgänge ähnlich. Hier ist T. confusum besser an die ökologische Nische angepaßt.

Unter natürlichen Bedingungen würde die jeweils weniger an die ökologische Nische angepaßte Art auf günstigere Bereiche ausweichen. So vermeidet sie die Konkurrenz (Gause-Volterra-Prinzip).

b. In diesem Versuch leben die beiden Arten in einer Umgebung, an die jede gleich gut angepaßt ist. Die Bedingungen der Umwelt bringen weder T. castaneum einen Vorteil über T. confusum noch umgekehrt. Die beiden Arten treten miteinander in Konkurrenz um die gleiche ökologische Nische. Mit gleicher Wahrscheinlichkeit überlebt jeweils die eine oder die andere Art. Der Zufall entscheidet, welche Art unterliegt.

a. Erläutern Sie die Versuchsergebnisse.

b. Welche Ergebnisse sind zu erwarten, wenn die beiden Mehlkäferarten zusammen in Gefäße gesetzt werden, in denen die Temperatur und die Feuchtigkeit im mittleren Bereich liegen (zwischen kühl und warm sowie zwischen trocken und feucht)?

E. Hadorn und R. Wehner, Allgemeine Zoologie, 1974

B. Populationsökologie

Zur Lösung der Aufgaben erforderliche Kenntnisse:

Wachstum von Populationen
- exponentielle und stationäre Phase
- Populationswellen (Massenwechsel)
- Volterra-Gesetze

Biologisches Gleichgewicht

dichteabhängige Faktoren der Populationsgröße
- Nahrungsmenge, Revierbildung, Wanderung, Kannibalismus, Gedrängefaktor, Streß

Aufgabe 1

Lemminge, das sind arktische Wühlmäuse, sind bekannt für ihre außerordentlich starken Populationsschwankungen. 1987 wurde in „Nature“, einer angesehenen wissenschaftlichen Zeitschrift, berichtet, daß ein Zusammenhang der Populationsgrößen von Lemmingen, Polargänsen und Polarfüchsen bestehe.

Eine kurze Zusammenfassung dieses Berichts erschien in der Wochenzeitung „Die Zeit“. Die ersten Zeilen sind unten wiedergegeben.

„Im Takt mit der Zahl der Lemminge schwankt merkwürdigerweise auch die Zahl der Polargänse – obwohl Lemminge, deren Population periodisch zu Heeren anschwillt und dann wieder zusammenbricht, mit Gänsen kaum etwas verbindet. Doch ausgefeilte statistische Verfahren legten nahe, daß tatsächlich eine Korrelation zwischen Lemming- und Gänsezahl besteht. Laut ‚Nature‘ dürfte der Polarfuchs des Rätsels Lösung sein.“

a. Erklären Sie die gegenseitige Abhängigkeit der Populationsgrößen von Lemmingen und Polarfüchsen.

b. Warum sind Untersuchungen zu Schwankungen der Populationsgrößen in arktischen Gebieten in der Regel leichter als in gemäßigten oder tropischen Gebieten?

Die Zeit, 4.9.1987

Aufgabe 2

Rachel Carson berichtet in ihrem berühmten Buch „Der stumme Frühling“ von dem Versuch, in Ontario (USA) mit Sprühgiften gegen Kriebelmücken vorzugehen. Nach Beendigung dieses Gifteinsatzes wuchs die Zahl der Kriebelmücken jedoch auf das Siebzehnfache der Menge vor der Vergiftungsaktion an.

Wie ist das zu erklären?

R. Carson, Der stumme Frühling, 1968

Lösung 1

a. Nach dem Zusammenbruch der Lemming-Population leiden ihre Freßfeinde, die Polarfüchse, unter Nahrungsmangel. Sie weichen auf Polargänse als Beute aus. Da nun Polargänse häufiger den Polarfüchsen zum Opfer fallen, nimmt ihre Population ab. Die geringe Zahl des Hauptbeutetieres (Lemminge) und seines Ersatzes (Polargänse) senkt nun auch die Populationsgröße des Polarfuchses. Dadurch können sich die Populationen der Lemminge und der Polargänse rasch erholen und wieder anwachsen.

b. Die Zahl der ökologischen Nischen ist in arktischen Gebieten viel geringer als in gemäßigten und tropischen. Daher gibt es in der Arktis viel weniger Pflanzen- und Tierarten, so daß die Beziehungen zwischen den Arten, z.B. Nahrungsnetze, weniger komplex und leichter überschaubar sind. Bei geringerer Artenzahl wirken sich Störungen schneller und stärker aus. Populationsschwankungen verlaufen stärker und zeigen sich schon kurze Zeit nach der Störung.

Für ein Raubtier in der Arktis hat es z.B. viel schwerwiegendere Folgen, wenn eines seiner Beutetiere nicht mehr zur Verfügung steht. Es hat weniger andere Beutetiere zur Verfügung, auf die es ausweichen kann, als ein Raubtier in gemäßigten oder tropischen Gebieten.

Lösung 2

Infolge des Gifteinsatzes starben nicht nur die Kriebelmücken, sondern auch ein Teil ihrer natürlichen Freßfeinde, entweder direkt durch das Gift oder aus Nahrungsmangel. Die Freßfeinde gehören zu einem Ernährungsniveau, das höher liegt als das der Kriebelmücken. Die Populationen höherer Ernährungsniveaus sind in der Regel kleiner als die unter ihnen stehenden. Der Verlust von Individuen durch das Gift trifft daher die Kriebelmückenpopulation bezogen auf die Populationsgröße weniger stark als die Population der Freßfeinde. Nach Beendigung der Vergiftungsaktion erholt sich daher die Kriebelmückenpopulation schneller. Auch die Population der Freßfeinde wächst, hat aber den Nachteil, daß sie mit geringeren Individuenzahlen startet.

Da das Wachstum von Populationen über weite Strecken exponentiell verläuft, ist die Wachstumsgeschwindigkeit bei kleinen Populationen geringer als bei großen.

Die Zahl der Kriebelmücken steigt zusätzlich stärker an als vor dem Gifteinsatz, da durch das Gift die Zahl der Feinde verringert wurde.

Das starke Wachstum der Beutetierpopulation nach Reduktion der Räuber *und* der Beute hat Volterra in seiner 3. Regel beschrieben.

Aufgabe 3

Die Besonderheiten im Wachstum von Populationen waren für Charles Darwin ein wichtiger Ansatzpunkt bei der Entwicklung seiner Evolutionstheorie. Im 3. Kapitel seines berühmten Buches „Die Entstehung der Arten“ schreibt er:

> „Der Elefant vermehrt sich langsamer als alle anderen Tiere, und ich habe mir die Mühe gemacht, das wahrscheinliche Minimum seiner natürlichen Vermehrung zu berechnen. Man kann ziemlich sicher annehmen, daß er nach dreißig Jahren seine Fortpflanzung beginnt und sie bis zum neunzigsten Lebensjahr fortsetzt, daß er während dieser Zeit sechs Junge hervorbringt und bis zum hundertsten Jahr lebt. In diesem Fall würde es nach Verlauf von 740 bis 750 Jahren etwa 19 Millionen Elefanten als Abkömmlinge eines Paares geben.“

Schon Darwin gab Ursachen für die Begrenzung des Populationswachstums an. Versuchen Sie möglichst viele Faktoren zusammenzustellen, die verhindern, daß eine Population grenzenlos wächst.

Ch. Darwin, Die Entstehung der Arten

Die hohe Zahl der Kriebelmücken in Ontario blieb nicht erhalten. Nach einer gewissen Zeit (Totzeit) waren auch die Populationen der Freßfeinde durch das überaus große Nahrungsangebot sehr stark gewachsen. Sie reduzierten in steigendem Maße die Zahl der Kriebelmücken.

Lösung 3

Das Wachstum von Populationen kann begrenzt werden durch:

1. Faktoren, die von der Populationsdichte abhängen, z. B.
   - Nahrungsmenge
   - Gedrängefaktor
   - Revierbildung
   - Wanderung
   - Parasiten
   - ansteckende Krankheiten

   Weitere Faktoren, die aber für das Elefanten-Beispiel nicht zutreffen, sind Kannibalismus und Freßfeinde.
2. Faktoren, die unabhängig von der Dichte der Population wirken; das sind abiotische Faktoren, wie z. B.
   - Licht
   - Temperatur
   - Feuchtigkeit
   - Wind
   - Bodenbeschaffenheit

   Sie machen viele Bereiche der Erde als Lebensräume für Elefanten ungeeignet.

Hinzu kommen noch solche Faktoren wie nichtansteckende Krankheiten und die Qualität der Nahrung.

C. Synökologie

Zur Lösung der Aufgaben erforderliche Kenntnisse:

Ökologische Nische
- Einnischung
- Konvergenz

Nahrungsbeziehungen im Ökosystem
- Nahrungskette, Nahrungsnetz
- Stoffstrom im Ökosystem (Produzenten, Konsumenten, Destruenten)
- Stoffkreisläufe (Sauerstoff, Kohlenstoff, Stickstoff)

Energiefluß im Ökosystem
- Biomasse-Pyramide
- Zahlen-Pyramide (Elton-Pyramide)
- Energiefluß-Schemata
- Bruttoprimärproduktion

Veränderungen in Ökosystemen
- Sukzessionen
- Klimaxgesellschaften
- Eutrophierung eines Sees

Aufgabe 1

Viele Elemente auf der Erde unterliegen einer kreislaufartigen Wanderung. Häufig sind Organismen in diese Vorgänge einbezogen oder aber haben eigene untergeordnete Kreisläufe gebildet.

In der Abbildung sehen Sie den Entwurf eines Schemas, in dem vereinfacht die Kreisläufe von Kohlenstoff, Sauerstoff und Stickstoff dargestellt werden sollen. Nicht berücksichtigt sind die Vorgänge in der unbelebten Natur. Mit den Rechtecken sind Organismen gemeint, mit Kreisen Vorgänge oder Substanzen.

a. Ordnen Sie die in der Liste aufgeführten Begriffe den entsprechenden Ziffern im Schema zu.

- Ammoniakbakterien
- anorganische Nährsalze
- autotrophe Organismen (grüne Pflanzen)
- Eiweiß
- Exkremente
- heterotrophe Organismen
- Knöllchenbakterien
- Nährstoffe
- Nitratbakterien
- Nitritbakterien
- Pflanzenleichen
- Photosynthese
- Salpeterzerstörer (Bakterien)
- Tierleichen
- Zellatmung

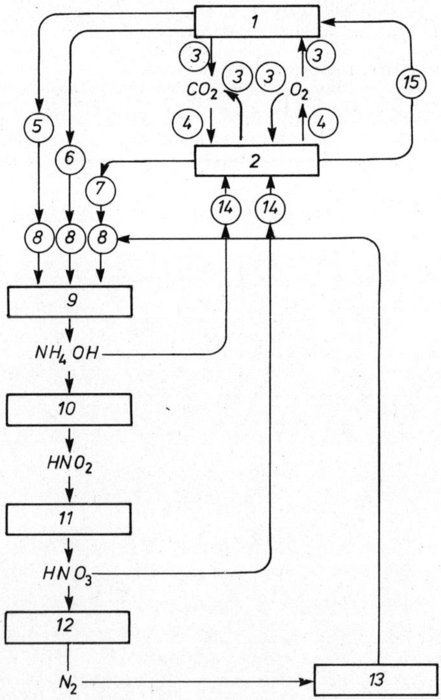

Lösung 1

a. Den Ziffern im Schema lassen sich folgende Begriffe zuordnen:

1 = heterotrophe Organismen
2 = autotrophe Organismen (grüne Pflanzen)
3 = Zellatmung
4 = Photosynthese
5 = Exkremente
6 = Tierleichen
7 = Pflanzenleichen
8 = Eiweiß
9 = Ammoniakbakterien
10 = Nitritbakterien
11 = Nitratbakterien
12 = Salpeterzerstörer
13 = Knöllchenbakterien
14 = anorganische Nährsalze
15 = Nährstoffe

b. Für die Nitrifikation sind Nitrit- und Nitratbakterien verantwortlich. Sie sorgen dafür, daß der Stickstoff in einer Form vorliegt, in der ihn die Pflanze mit dem Wasser durch die Wurzel aufnehmen kann (vor allem als Nitrat-Ionen, NO_3^-).

Denitrifizierende Bakterien reduzieren Nitrat zu N_2 (oder Stickoxiden). In dieser Form können Pflanzen den Stickstoff nicht nutzen. Der gasförmige Stickstoff geht dem System zum großen Teil verloren, wenn er nicht von Knöllchenbakterien (oder ähnlich wirkenden Strahlenpilzen) aufgenommen wird.

Denitrifizierende Bakterien leben in sauerstoffarmen und nassen Böden. Sie machen den Boden stickstoffarm und damit unfruchtbar. Die Durchlüftung des Bodens z. B. durch Pflügen führt zu stärkerer Aktivität der nitrifizierenden Bakterien und hemmt die denitrifizierenden.

c. Leguminosen können mit Hilfe ihrer symbiontischen Bakterien in den Wurzeln, den Knöllchenbakterien, den Luftstickstoff (N_2) nutzen. Sie verfügen dadurch über eine fast unerschöpfliche Stickstoffquelle.

Landwirtschaftlich genutzte Leguminosen sind z. B. Bohnen, Erbsen, Linsen, Klee, Lupinen, Luzerne.

b. Welche Bakterien werden als Nitrifikationsbakterien, welche als Denitrifikationsbakterien bezeichnet? Beurteilen Sie ihre Bedeutung für die Landwirtschaft.

c. Warum können Hülsenfrüchtler (Leguminosen) auch auf stickstoffarmen Böden wachsen?

Nennen Sie zwei wirtschaftlich wichtige Leguminosenarten.

Verändert nach H. Garms, Biologie, 1953

Aufgabe 2

Bei der Eutrophierung eines Sees verändert sich mit den abiotischen Faktoren auch die Populationsdichte der Organismen. Solche Veränderungen sind im Schaubild stark vereinfacht dargestellt.

Ordnen Sie die untenstehenden Begriffe den im Schaubild eingetragenen Linien zu und erläutern Sie kurz:

- aerobe Reduzenten
- anaerobe Reduzenten
- Konsumenten
- Produzenten
- Sauerstoffgehalt
- Zufuhr von Nährsalzen

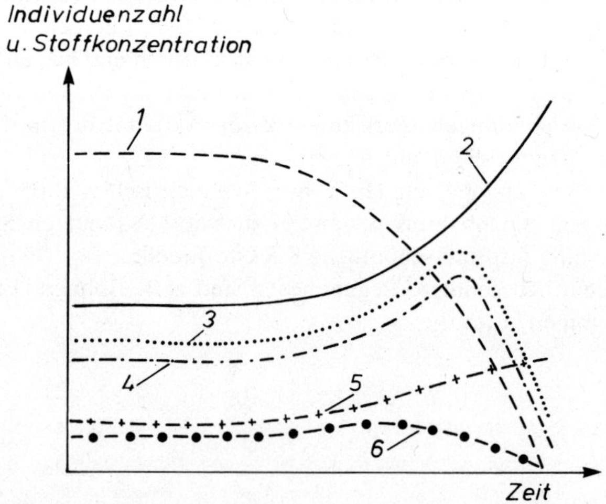

Nach G. Reichelt, Der Bodensee, 1974

Lösung 2

Im Schaubild eingetragen ist mit:

Linie „1“: Sauerstoffgehalt (Erklärungen dazu sind bei den Linien „5“ und „6“ zu finden).

Linie „2“: Zufuhr von Nährsalzen; die Eutrophierung kommt durch eine Zunahme der Nährstoffe (häufig Phosphate) zustande. Die stark steigende Kurve stellt daher die Zufuhr von Nährsalzen dar.

Linie „3“: Produzenten; durch den starken Anstieg von Nährsalzen wächst die Zahl der Produzenten.

Linie „4“: Konsumenten; die wachsende Zahl der Produzenten liefert mehr Nährstoffe für die Konsumenten, die dadurch ebenfalls ihre Populationen vergrößern können. Populationen der Konsumenten sind in der Regel kleiner als die der Produzenten. Daher liegt die Kurve der Produzenten über der der Konsumenten.

Linie „5“: Anaerobe Reduzenten; abgestorbene Produzenten und Konsumenten fallen, bedingt durch das starke Wachstum ihrer Populationen, in großer Zahl an. So erhalten die Reduzenten mehr Nährstoffe. Ihre Populationen werden größer.

Für die anaeroben Reduzenten verringert sich außerdem die Konkurrenz um Nahrung, weil die Populationsdichte der aeroben Reduzenten wegen Sauerstoffmangels abnimmt (siehe Linie 6).

Linie „6“: Aerobe Reduzenten; die Reduzenten erhalten mehr Nahrung, wenn die Produzenten und Konsumenten sich stark vermehren und damit mehr Pflanzen und Tierleichen anfallen. Die aeroben Reduzenten werden dadurch zahlreicher. Für ihren Stoffwechsel benötigen diese Reduzenten Sauerstoff. Daher sinkt der O_2-Gehalt des Wassers rasch und damit werden alle sauerstoffabhängigen Populationen kleiner. Das sind neben den Produzenten und Konsumenten auch die aeroben Reduzenten selbst.

Aufgabe 3

Der Wald ist die natürliche Pflanzengemeinschaft in Mitteleuropa. Fast alle heute waldfreien Flächen werden vom Menschen künstlich offengehalten.

Wenn ein Gelände nach einem Kahlschlag sich selbst überlassen bleibt, erobert es der Wald innerhalb kurzer Zeit zurück. Die Veränderung in der Vogelwelt während der Wiederbewaldung einer Fläche in Mitteleuropa ist aus dem Schaubild abzulesen. Die Prozentzahlen geben an, welchen Anteil jeweils eine der drei Arten an der Gesamtzahl aller Vögel haben, die in einem solchen Gebiet anzutreffen sind.

Erklären Sie die Veränderungen in der Vogelwelt. Benutzen Sie dazu möglichst Fachbegriffe aus der Ökologie.

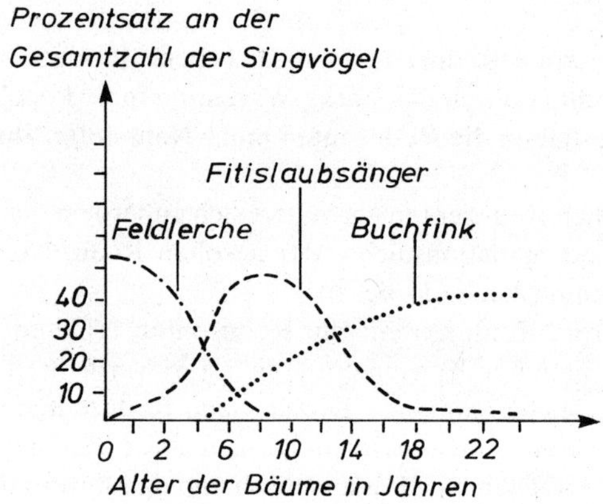

Verändert nach H. Knodel und U. Kull, Ökologie und Umweltschutz, 1974

Aufgabe 4

Das Nahrungsnetz im südlichen Polarmeer basiert auf pflanzlichem Plankton. Der Krill, das ist ein kleiner, frei schwimmender Krebs, ist das Glied im Nahrungsnetz mit der größten Biomasse. Die wichtigsten Nahrungsbeziehungen im Südpolarmeer sind in der Abbildung vereinfacht wiedergegeben.

Lösung 3

Die Feldlerche stellt in den ersten beiden Jahren den größten Teil der auf dem Kahlschlag lebenden Vögel. Danach verringert sich ihre Population schnell, und die Zahl der Fitislaubsänger steigt so weit, daß er der häufigste Vogel wird. Auch seine Population ist nicht beständig. Nach wenigen Jahren ist sie fast ganz zurückgegangen. Am häufigsten anzutreffen ist jetzt der Buchfink.

In der Zeit der Wiederbewaldung ändern sich ständig die abiotischen und biotischen Faktoren des Gebietes. So trifft man zunächst eine stark von der Sonne beschienene, trockene und warme Fläche an, die mit dem Wachstum von Sträuchern, später auch von Bäumen zunehmend schattiger, feuchter und kühler wird. Die Veränderungen bedeuten einen Wechsel der ökologischen Nischen für die Vögel. Eine Lerche z. B. ist an die ökologische Nische „offenes Gelände" angepaßt. In einem Wald findet sie keine Bedingungen, die ihrer ökologischen Valenz entsprechen.

Der Endzustand nach Durchlaufen der Sukzession ist die Klimaxgemeinschaft. Sie ist weitgehend stabil, wenn nicht Katastrophen oder großräumige, langfristige Änderungen eintreten (z. B. Waldbrände, Überschwemmungen, Klimaänderungen).

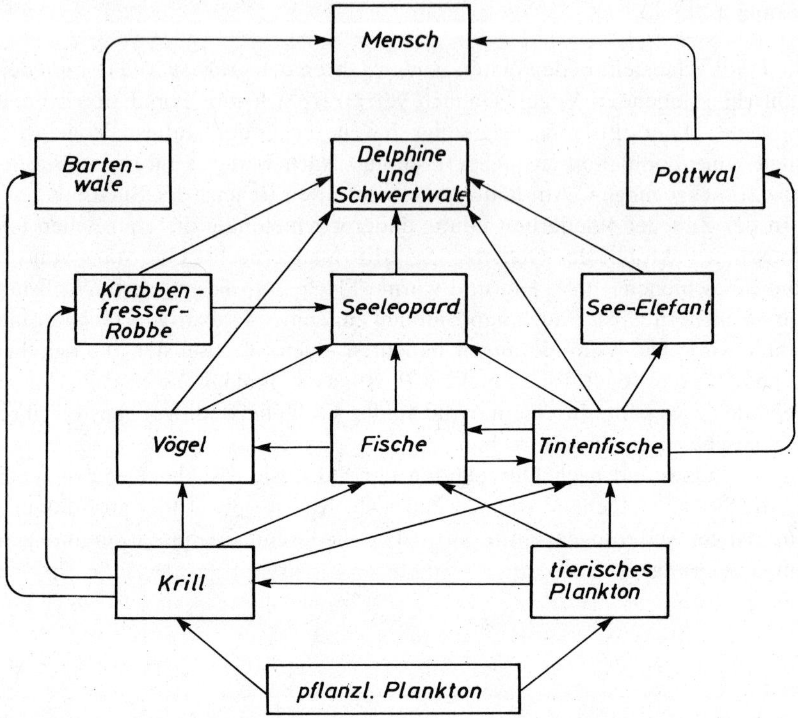

a. Durch intensiven Fang ist die Zahl der Bartenwale stark zurückgegangen. Infolgedessen konnten sich unter anderem die Populationen der Krabbenfresserrobben und einiger Vogelarten vergrößern, da ihnen nun mehr Krill als Nahrung zur Verfügung stand.

Trotz der Zunahme der Zahl der Vögel und Krabbenfresserrobben blieb die Krillpopulation wesentlich größer als in der Zeit, in der Wale in normaler Zahl vorhanden waren.

Warum vermehren sich Vögel und Krabbenfresserrobben nicht so stark, wie es das vergrößerte Nahrungsangebot erlaubt?

b. Fachleute halten es unter anderem aus energetischen Gründen für günstiger, den Krill direkt zu nutzen, statt Bartenwale zu fangen.

Erklären Sie, aus welchem Grund die Nutzung des Krills unter ökologischen Gesichtspunkten energetisch günstiger ist.

c. Unter welchen Bedingungen ist der regelmäßige Fang von Krill ohne Störung des ökologischen Gleichgewichts möglich?

Spektrum der Wissenschaft, 1/1983

Lösung 4

a. Den Vögeln und Krabbenfresserrobben steht zwar ein Überangebot an Nahrung zur Verfügung, jedoch sind für das Populationswachstum *alle* biotischen und abiotischen Faktoren ihrer ökologischen Nische von Bedeutung. Begrenzend für das Populationswachstum wirkt der Faktor, der am weitesten vom Optimum der ökologischen Valenz entfernt liegt (Minimumgesetz).

b. Bartenwale bauen aus dem Krill körpereigene Substanz auf. Durch den Stoffwechsel der Wale (vor allem durch die Zellatmung) werden etwa 90% der Energie, die in der aufgenommenen Nahrung steckt, verbraucht. Nur 10% der Energie bleibt als Körpersubstanz der Wale erhalten. Bei direkter Nutzung des Krills ließen sich also 90% mehr Nährstoffe gewinnen als durch Verwertung der Wale.

c. Die Reduzierung der Populationen der Bartenwale hat zur Vergrößerung der Krillmenge geführt.

Der „Überhang" an Krill, die Differenz zwischen der Krillmenge vor der intensiven Waljagd und dem heutigen Zustand, könnte abgefischt werden. Dadurch würden die Populationen einiger Arten (z. B. Krabbenfresserrobben, einige Fische und Vögel) auf ihre ursprüngliche Größe zurückgehen.

Um das biologische Gleichgewicht nicht anzutasten, müssen aber die errechneten Fangquoten für den Krill genau eingehalten werden, nur der Überhang läßt sich nutzen. Bei zu starker Reduzierung des Krills geraten vor allem die verbliebenen Bartenwale unter Nahrungsmangel, da sie außerordentlich stark vom Krill abhängen.

Aufgabe 5

Umweltgifte können sich in Organismen anreichern. Im unten dargestellten Beispiel ist die Anreicherung von DDT (einem Insektengift) in Teilen einer Nahrungskette angegeben.

	Konzentration von DDT bezogen auf Lebendgewicht
tierisches Plankton	$0{,}04 \cdot 10^{-6}$
plantonfressender Fisch (Friedfisch)	$0{,}23 \cdot 10^{-6}$
Raubfisch	$2{,}07 \cdot 10^{-6}$
Möwe	$3{,}52$ bis $70{,}55 \cdot 10^{-6}$

Erläutern Sie, wie es zur Anreicherung des DDT in der Nahrungskette kommt.

E. Hadorn und R. Wehner, Allgemeine Zoologie, 1974

Aufgabe 6

Der Energiefluß eines Laubwaldes in New Hampshire (USA) wurde von amerikanischen Ökologen genau untersucht. Einige Ergebnisse sind als Schema unten dargestellt.

Die Zahlen geben die gemessenen Energiewerte in Kilojoule pro Quadratmeter und Jahr an.

a. Tragen Sie an den mit Ziffern markierten Stellen passende Begriffe ein. Vorschläge dafür finden Sie in der untenstehenden Liste.

- Atmung
- Destruenten
- im Boden bleibende oder ausgespülte Nährstoffe
- Nahrungsnetz der Konsumenten
- Nährstoffe, die nicht von Konsumenten aufgenommen werden und oberhalb der Streuschicht bleiben
- Nährstoffe in Exkrementen
- Nährstoffe in Kadavern
- Nettoprimärproduktion
- von Konsumenten aufgenommene Nährstoffe

Lösung 5

Beim Übergang von einer Ernährungsstufe in die nächstfolgende tritt ein sehr starker Verlust an verwertbarer Energie auf. Man rechnet damit, daß nur etwa 10% der aufgenommenen Nahrung zum Aufbau von eigener Körpersubstanz verwendet werden kann. Die restlichen 90% werden für die Aufrechterhaltung des Stoffwechsels im eigenen Körper, vor allem für die Zellatmung, verbraucht.

Ein Raubfisch z.B. muß etwa 100 g Friedfisch fressen, wenn sein Körper um 10 g schwerer werden soll. Die relativ geringe Konzentration von DDT im Friedfisch erhöht sich daher um den Faktor 10, da ja in den 10 g Körpersubstanz des Raubfisches ebensoviel DDT enthalten ist wie in 100 g Friedfisch. 90 g des gefressenen Friedfisches werden in der Zellatmung und anderen Prozessen abgebaut. Das in diesen 90 g liegende DDT bleibt aber erhalten.

Die komplexen Nahrungsbeziehungen in einem See sind der Grund dafür, daß bei Auswahl nur weniger Organismen, wie in unserem Beispiel, die Zunahme der Schadstoffe um den Faktor 10 pro Nahrungsstufe nicht in allen Fällen exakt ablesbar ist.

Lösung 6

a. Den Kennziffern im Schema lassen sich folgende Begriffe zuordnen:
- 1 = Atmung
- 2 = Nettoprimärproduktion
- 3 = Nährstoffe, die nicht von Konsumenten aufgenommen werden und oberhalb der Streuschicht bleiben
- 4 = von Konsumenten aufgenommene Nährstoffe
- 5 = Nahrungsnetz der Konsumenten
- 6 = Nährstoffe in Kadavern
- 7 = Nährstoffe in Exkrementen
- 8 = Atmung
- 9 = Atmung
- 10 = Destruenten
- 11 = im Boden bleibende oder ausgespülte Nährstoffe

b. Die von den Pflanzen gebildeten Nährstoffe gelangen durch Laubfall, abgestorbene Bäume und ähnliches zum größten Teil in die Streu- und Bodenschicht; nur ein sehr geringer Teil wird von Konsumenten gefressen.

b. Wohin gelangt der größte Teil der von Pflanzen hergestellten Nährstoffe in diesem Wald?

c. Aus welchem Grund ist der Energieverlust durch Atmung bei Pflanzen in diesem Wald höher als bei allen anderen Organismen zusammen?

d. Wie groß ist die Bruttoprimärproduktion in diesem Wald?

Energiefluß in einem Laubwald

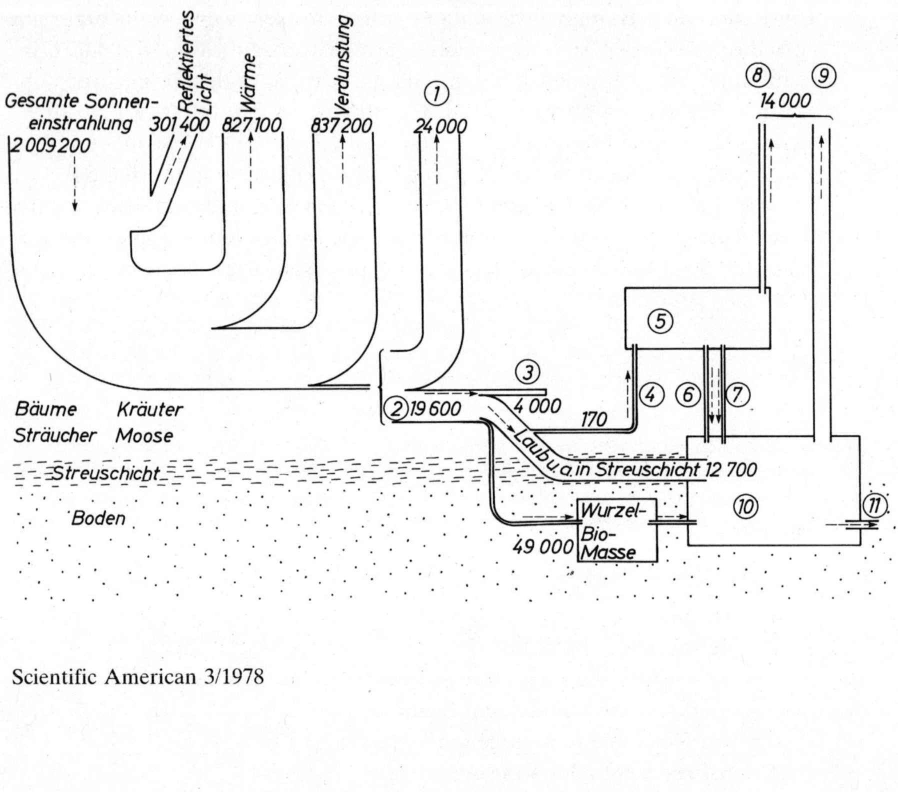

Scientific American 3/1978

c. Die Zellatmung bei Pflanzen verläuft zwar viel langsamer als bei Tieren, die Biomasse der Pflanzen im Wald ist jedoch sehr viel größer als die der Tiere und Destruenten. Daher ist der Gesamtverlust an Energie durch Atmung bei den Produzenten dieses Waldes höher als bei allen anderen Organismen der Biocoenose zusammen.

d. Die Bruttoprimärproduktion errechnet sich aus der Summe von Nettoprimärproduktion und dem Verlust der Produzenten, beträgt also in diesem Wald 19600 + 24000 = 43600 kJ pro Quadratmeter und Jahr.

Aufgabe 7

In einem See wurde die Biomasse für verschiedene Organismengruppen bestimmt. Dabei ergab sich für:

– das pflanzliche Plankton	4 g pro Quadratmeter
– das tierische Plankton und die am Boden lebenden Tiere	21 g pro Quadratmeter

Erklären Sie, warum in diesem Beispiel die Regel durchbrochen werden kann, daß höhere Ernährungsniveaus eine viel geringere Biomasse haben als tieferstehende.

Aufgabe 8

Im Mai 1981 berichtete die Zeitschrift „Naturwissenschaftliche Rundschau" von einer ökologischen Untersuchung in England. Die ersten Zeilen des Berichtes lauteten:

> „Die Zahl der Insekten in einem bestimmten Gebiet ist abhängig vom ‚Alter der Flora'. Werden in einem definierten Areal alle Pflanzen gerodet, so beginnt eine sukzessive Neubesiedlung. Zuerst erscheinen verschiedene krautige Pflanzen und Gräser, dann Sträucher und Büsche und schließlich Bäume. Mit dieser Umstrukturierung ändert sich auch die Zahl der Insektenarten und Individuen."

In welcher Weise ändert sich die Zahl der Insektenarten? Begründen Sie Ihre Antwort.

Naturwissenschaftliche Rundschau, 5/1981

Lösung 7

Die Messung der Biomasse erfaßt nur den augenblicklichen Zustand, das „standing crop". In die Werte geht die Nachlieferung von Nährstoffen durch Vermehrung der Organismen nicht ein. In unserem Beispiel muß die Vermehrungsrate des pflanzlichen Planktons sehr groß sein. Nur so kann Nährstoff für das Zooplankton und die bodenlebenden Tiere in so starkem Maße gebildet werden, daß diese Konsumenten in größerer Zahl vorhanden sind als die Produzenten.

Lösung 8

Die Zahl der Insektenarten steigt mit dem Alter der Vegetation. Kurze Zeit nach der Rodung siedeln sich auf der Fläche Gräser und Kräuter an. Sie bieten für bestimmte Insektenarten passende ökologische Nischen. Mit der Zeit kommen Sträucher und Büsche und damit weitere, für andere Insektenarten geeignete ökologische Nischen hinzu. Der Lebensraum wird ständig vielfältiger.

Mit dem Erscheinen der Bäume ist das Anwachsen der Zahl der Insektenarten noch nicht abgeschlossen. Junge Bäume bieten weniger ökologische Nischen als ältere; z. B. können bei älteren Bäumen die spezifische Rindenstruktur oder die Blüten als neue ökologische Nischen hinzukommen.

Literaturverzeichnis

1. Allgemeine Lehrwerke, die sich zum Vorbereiten oder zum Nachschlagen eignen

Bauer, E. W. (Hrsg.): Biologiekolleg. Cornelsen-Velhagen & Klasing, Bielefeld, 1981.

Czihak, G., Langer, H. und H. Ziegler: Biologie. Springer, Berlin – Heidelberg – New York, 1984.

Fachlexikon ABC Biologie. Harri Deutsch, Frankfurt, 1986.

Fels, G. (Hrsg.): Der Organismus. Klett, Stuttgart, 1988.

Knodel, H. und H. Bayrhuber (Hrsg.): Linder Biologie. Metzler, 1983.

Miram, W. und K.-H. Scharf (Hrsg.): Biologie heute S II. Schroedel, Hannover, 1981.

Vogel, G. und H. Angermann: dtv-Atlas zur Biologie. Deutscher Taschenbuchverlag, München, 1984.

Themenhefte folgender Reihen:

Biologie für die Sekundarstufe II, Hrsg. K. Daumer, Bayerischer Schulbuchverlag, München.

Materialien für die Sekundarstufe II Biologie, Schroedel, Hannover, 1976–80.

Studienreihe Biologie, Hrsg. H. Knodel, Metzler, Stuttgart.

Studio visuell Biologie, Herder, Freiburg.

Westermann-Colleg Biologie, Hrsg. J. Knoll, Westermann, Braunschweig.

2. Literatur zur Vertiefung der Kenntnisse in den einzelnen Themenbereichen

Cytologie

Fawcett, D. W.: Die Zelle, ein Atlas der Ultrastruktur. Urban & Schwarzenberg, München, 1977.

Gunning, B. E. S. und M. Steer: Biologie der Pflanzenzelle. G. Fischer, Stuttgart, 1986.

Kimball, J. W.: Biologie der Zelle. G. Fischer, Stuttgart, 1972.

Kleinig, H. und P. Sitte: Zellbiologie. G. Fischer, Stuttgart, 1986.

Klima, J.: Einführung in die Cytologie. G. Fischer, Stuttgart, 1975.

Krstic, R. V.: Ultrastruktur der Säugetierzelle. Springer, Berlin – Heidelberg – New York, 1976.

Metzner, H.: Die Zelle. Wissenschaftliche Verlagsgesellschaft, Stuttgart, 1981.

Nultsch, W. und A. Grahle: Mikroskopisch-Botanisches Praktikum. Thieme, Stuttgart, 1983.

Nerven- und Sinnesphysiologie / Hormone

Bäßler, U.: Sinnesorgane und Nervensystem. Metzler, Stuttgart, 1977 und 1979.

Ewert, J.-P.: Nerven- und Sinnesphysiologie. Westermann, Braunschweig, 1982.

Gregory, R. L.: Auge und Gehirn. Fischer, Frankfurt, 1972.

Grünewald, H.: Schaltplan des Geistes. Rowohlt, Reinbek b. Hamburg, 1971.

Katz, B.: Nerv, Muskel und Synapse. Thieme, Stuttgart, 1985.

Keidel, W. D.: Kurzgefaßtes Lehrbuch der Physiologie. Thieme, Stuttgart, 1975 und 1985.

Miram, W.: Informationsverarbeitung. Schroedel, Hannover, 1978.

Schade, J. P.: Die Funktion des Nervensystems. G. Fischer, Stuttgart, 1977.

Schneider, M.: Rein-Schneider, Einführung in die Physiologie des Menschen. Springer, Berlin – Heidelberg – New York, 1973.
Ronacher, B. und H. Hemminger: Einführung in die Nerven- und Sinnesphysiologie. Quelle & Meyer, Heidelberg, 1984.
Schmidt, R. F. (Hrsg.): Grundriß der Neurophysiologie. Springer, Berlin – Heidelberg – New York, 1977 und 1983.
Schmidt, R. F. (Hrsg.): Grundriß der Sinnesphysiologie. Springer, Berlin – Heidelberg – New York, 1977 und 1985.
Silbernagel, S. und A. Despopoulos: dtv-Atlas zur Physiologie. Deutscher Taschenbuchverlag, München, 1979 und 1987.
Vester, F.: Denken, Lernen und Vergessen. Deutsche Verlagsanstalt, Stuttgart, 1975.

Energiestoffwechsel

Buddecke, E.: Grundriß der Biochemie. De Gruyter, Berlin, 1985.
Demmer, G. und M. Thies: Stoffwechsel. Westermann, Braunschweig, 1981.
Florey, E.: Lehrbuch der Tierphysiologie. Thieme, Stuttgart, 1975.
Greene, R.: Hormone steuern das Leben. Fischer, Frankfurt, 1973.
Häfner, P.: Physiologie experimentell. Dümmler, Bonn, 1979.
Heinzler, J.: Grundriß der physiologischen Chemie. Schriftenreihe der Troponwerke, Köln–Mülheim, 1976.
Hess, D.: Pflanzenphysiologie. Ulmer, Stuttgart, 1981.
Karlson, P.: Kurzes Lehrbuch der Biochemie. Thieme, Stuttgart, 1984.
Lechner, K.: Biochemie. Bayerischer Schulbuchverlag, München, 1979.
Lehninger, A. L.: Bioenergetik. Thieme, Stuttgart, 1974 und 1982.
Lichtenthaler, H. und K. Pfister: Praktikum der Photosynthese. Quelle & Meyer, Heidelberg, 1978.
Keidel, W. D.: Kurzgefaßtes Lehrbuch der Physiologie. Thieme, Stuttgart, 1975 und 1985.
Mareés, H. de: Medizin von heute, Sportphysiologie. Schriftenreihe der Troponwerke, Köln–Mülheim, 1974.
Mohr, H. und P. Schopfer: Lehrbuch der Pflanzenphysiologie. Springer, Berlin – Heidelberg – New York, 1985.
Penzlin, H.: Lehrbuch der Tierphysiologie. Fischer, Stuttgart, 1980.
Reiß, J.: Experimentelle Einführung in die Pflanzencytologie und Enzymologie. Quelle & Meyer, Heidelberg, 1977.
Scharf, K.-H. und W. Weber: Stoffwechselphysiologie. Schroedel, Hannover, 1977.
Schneider, M.: Rein-Schneider, Einführung in die Physiologie des Menschen. Springer, Berlin – Heidelberg – New York, 1973.
Silbernagel, S. und A. Despopoulos: dtv-Atlas zur Physiologie. Deutscher Taschenbuchverlag, München, 1979 und 1987.

Genetik

Bresch, C. und R. Hausmann: Klassische und molekulare Genetik. Springer, Berlin – Heidelberg – New York, 1965 und 1972.
Fels, G.: Genetik. Klett, Stuttgart, 1981.
Gottschalk, W.: Allgemeine Genetik. Thieme, Stuttgart, 1984.

Günther, E.: Grundriß der Genetik. G. Fischer, Stuttgart, 1986.
Hafner, L. und P. Hoff: Genetik. Schroedel, Hannover, 1977.
Hess, D.: Genetik. Herder, Freiburg, 1976.
Kull, U. und H. Knodel: Genetik und Molekularbiologie. Metzler, Stuttgart, 1977.
Vogel, F.: Lehrbuch der allgemeinen Humangenetik. Springer, Berlin – Heidelberg – New York, 1961.
Vogel, F. und A. G. Motulksy: Human Genetics. Springer, Berlin – Heidelberg – New York, 1979.
Watson, J. D.: Die Doppel-Helix. Rowohlt, Reinbek b. Hamburg, 1973.
Wolff, K.: Genetik. Westermann, Braunschweig, 1984.

Evolution

Adams, F. T.: Der Weg zum Homo sapiens. Suhrkamp, Frankfurt, 1971.
Beer, G. de: Bildatlas der Evolution. Bayerischer Landwirtschaftsverlag, München, 1966.
Campbell, B. G.: Entwicklung zum Menschen. G. Fischer, Stuttgart, 1972 und 1979.
Darwin, C.: Die Entstehung der Arten. Reclam, Stuttgart, 1963.
Diehl, M.: Abstammungslehre. Quelle & Meyer, Heidelberg, 1980.
Flor, F.: Einführung in die Abstammungslehre. Diesterweg, Salle, Sauerländer, Frankfurt – Aarau, 1980.
Hoff, P. und W. Miram: Evolution. Schroedel, Hannover, 1979.
Kaplan, R. W.: Der Ursprung des Lebens. Thieme, Stuttgart, 1978.
Mayr, E.: Artbegriff und Evolution. Parey, Berlin – Hamburg, 1967.
Osche, G.: Evolution. Herder, Freiburg, 1979.
Schmidt, H.: Materialien zur Fossilgeschichte des Menschen. Aulis, Köln, 1979.
Siewing, R.: Evolution. G. Fischer, Stuttgart, 1982.
Sperlich, D.: Populationsgenetik. G. Fischer, Stuttgart, 1973 und 1987.
Stebbins, G. L.: Evolutionsprozesse. G. Fischer, Stuttgart, 1980.

Ethologie

Danzer, A.: Verhalten. Metzler, Stuttgart, 1979.
Daumer, K. und R. Hainz: Verhaltensbiologie. Bayerischer Schulbuchverlag, München, 1985.
Dylla, K.: Verhaltensforschung. Quelle & Meyer, Heidelberg, 1977.
Eibl-Eibesfeld, I.: Grundriß der vergleichenden Verhaltensforschung. Piper, München, 1986.
Franck, D.: Verhaltensbiologie. Thieme, Stuttgart, 1985.
Hinde, R. H.: Das Verhalten der Tiere. Suhrkamp, Frankfurt, 1973 und 1987.
Hornung, G. und W. Miram: Verhaltenslehre. Schroedel, Hannover, 1980.
Immelmann, K.: Einführung in die Verhaltensforschung. Parey, Berlin – Hamburg, 1983.
Lamprecht, J.: Verhalten. Herder, Freiburg, 1982.
Lawick-Goodall, J. van: Wilde Schimpansen. Rowohlt, Reinbek b. Hamburg, 1975.
Lorenz, K.: Er redete mit dem Vieh, den Vögeln und den Fischen. Deutscher Taschenbuchverlag, München, 1964.
Lorenz, K.: Über tierisches und menschliches Verhalten. Piper, München, 1984.

Lorenz, K.: Vergleichende Verhaltensforschung. Springer, Berlin – Heidelberg – New York, 1982.
Manning, A.: Verhaltensforschung. Springer, Berlin – Heidelberg – New York, 1979.
Neumann, G. H.: Einführung in die Humanethologie. Quelle & Meyer, Heidelberg, 1983.
Spitz, R. A.: Vom Säugling zum Kleinkind. Klett, Stuttgart, 1974.
Tinbergen, N.: Tierbeobachtungen zwischen Arktis und Afrika. Rowohlt, Reinbek b. Hamburg, 1973.

Ökologie

Ahlheim, K.-H. (Hrsg.): Wie funktioniert das? Die Umwelt des Menschen. Bibliographisches Institut, Mannheim, 1981.
Carson, R.: Der stumme Frühling. Deutscher Taschenbuchverlag, München, 1968.
Farb, P.: Die Ökologie. Rowohlt, Reinbek b. Hamburg, 1976.
Geiler, H.: Ökologie der Land- und Süßwassertiere. Rowohlt, Reinbek b. Hamburg, 1975.
Hafner, L. und E. Philipp: Ökologie. Schroedel, Hannover, 1978.
Knodel, H. und U. Kull: Ökologie und Umweltschutz. Metzler, Stuttgart, 1974.
Osche, G.: Ökologie. Herder, Freiburg, 1973.
Reichelt, G.: Der Bodensee. Cornelsen – Velhagen & Klasing, Bielefeld, 1974.
Remmert, H.: Ökologie. Springer, Berlin – Heidelberg – New York, 1984.
Schmidt, E.: Ökosystem See. Quelle & Meyer, Heidelberg, 1974.
Schuster, M.: Ökologie und Umweltschutz. Bayerischer Schulbuchverlag, München, 1977.
Schwerdtfeger, F.: Ökologie der Tiere. Parey, Berlin – Hamburg, 1975–79.
Schwoerbel, J.: Einführung in die Limnologie. G. Fischer, Stuttgart, 1988.
Stugren, B.: Grundlagen der allgemeinen Ökologie. G. Fischer, Jena, 1986.
Tait, R. V.: Meeresökologie. Thieme, Stuttgart, 1971 und 1981.

3. Literatur, die außer der bereits aufgeführten verwendet wurde

Ahlheim, K. H. (Hrsg.): Wie funktioniert das? Der Mensch und seine Krankheiten. Bibliographisches Institut, Mannheim, 1973.
Baer, H. W.: Biologische Versuche im Unterricht. Aulis, Köln, 1977.
Bauer, E. W.: Humanbiologie. Cornelsen – Velhagen & Klasing, Bielefeld, 1974.
Dowald, I., u. a.: Telekolleg II, Biologie. TR-Verlagsunion, München, 1973.
Dröscher, V.: Überlebensformeln. Deutscher Taschenbuchverlag, München, 1979.
Falkenhahn, H. H. (Hrsg.): Handbuch der praktischen und experimentellen Schulbiologie. Aulis, Köln, 1971–75.
Fels, G. (Hrsg.): Der Organismus. Klett, Stuttgart, 1980.
Freye, H.-A.: Kompendium der Zoologie. G. Fischer, Jena, 1967.
Frisch, K. von: Biologie. Bayerischer Schulbuchverlag, München, 1967.
Garms, H.: Biologie. Westermann, Braunschweig, 1953.
Giersberg, H. und P. Rietschel: Vergleichende Anatomie der Wirbeltiere. G. Fischer, Jena, 1968.
Grell, K. G.: Protozoologie. Springer, Berlin – Heidelberg – New York, 1968.

Hadorn, E. und R. Wehner: Allgemeine Zoologie. Thieme, Stuttgart, 1974 und 1986.

Hassenstein, B.: Biologische Kybernetik. Quelle & Meyer, Heidelberg, 1965 und 1977.

Hennig, W.: Taschenbuch der Zoologie, Bd. 3, Wirbellose II, Gliedertiere. Edition Leipzig, Leipzig, 1967.

Kaestner, A.: Lehrbuch der Speziellen Zoologie, Bd. I Wirbellose, 2. und 3. Teil. G. Fischer, Jena, 1972.

Knodel, H. (Hrsg.): Linder Biologie. Metzler, Stuttgart, 1976 und 1980.

Knodel, H., Bässler, U. und A. Haury: Biologie-Praktikum. Metzler, Stuttgart, 1973.

Kuckuck, P.: Der Strandwanderer. Parey, Berlin – Hamburg, 1974.

Kühn, A.: Grundriß der allgemeinen Zoologie. Thieme, Stuttgart, 1969.

Kuhn, K. und W. Probst: Biologisches Grundpraktikum. G. Fischer, Stuttgart, 1980 und 1983.

Mommsen, H. (Hrsg.): Der Gesundheitsbrockhaus. Wiesbaden, 1966.

Mörike, K. D., Betz, E. und W. Mergenthaler: Biologie des Menschen. Quelle & Meyer, Heidelberg, 1981 und 1989.

Nultsch, W.: Allgemeine Botanik. Thieme, Stuttgart, 1968 und 1986.

Raths, P. und G. A. Biewald: Tiere im Experiment. 1971.

Rothmaler, W.: Exkursionsflora von Deutschland. Volk und Wissen, Berlin, 1966 und neuere Auflagen.

Schaefer, G. (Hrsg.): Linder/Hübler, Biologie des Menschen. Metzler, Stuttgart, 1976.

Strasburger, E.: Lehrbuch der Botanik. Neu bearbeitet von D. v. Denffer u. a. G. Fischer, Stuttgart, 1967 und 1983.

Stresemann, E.: Exkursionsfauna. Volk und Wissen, Berlin, 1969 und neuere Auflagen.

Todt, D. (Hrsg.): Funk-Kolleg Biologie. Fischer, Frankfurt, 1976.

Urania Tierreich. Harri Deutsch, Frankfurt, 1966–69.

Vogel, G. und H. Angermann: dtv-Atlas zur Biologie. Deutscher Taschenbuchverlag, München, 1976.

Weber, H.: Grundriß der Insektenkunde. G. Fischer, Stuttgart, 1966 und 1974.

Wells, M.: Wunder primitiven Lebens. Fischer, Frankfurt, 1973.

4. Zeitschriften und Reihen

Natur, Ringier Verlag, München.

Naturwissenschaftliche Rundschau, Wissenschaftliche Verlagsgesellschaft, Stuttgart.

Scientific American, New York (ab 1979 in deutscher Übersetzung als Spektrum der Wissenschaft).

Spektrum der Wissenschaft, Verlagsgesellschaft Spektrum der Wissenschaft, Heidelberg.

Der Spiegel, Spiegel-Verlag Rudolf Augstein, Hamburg.

Studienbriefe Biologie, Studiengemeinschaft Darmstadt, Werner-Kamprath-Verlag, Darmstadt.

Die Zeit, Zeitverlag Gerd Bucerius, Hamburg.

Sachregister

Weitere Übungsaufgaben mit Lösungen zum Biologieunterricht

Werner Bils
Übungsaufgaben und Antworten zum Biologieunterricht in den Klassen 5 und 6
Biologische Arbeitsbücher Band 43
1992. 164 Seiten, 38 Abbildungen, DM 29,80
ISBN 3-494-01198-2, Best.-Nr. 494-01198

Dieses Buch bietet Übungsaufgaben und Lösungen zu folgenden Themenbereichen des Biologieunterrichts in der Orientierungsstufe: Kennzeichen des Lebens, Zellenlehre, Wirbeltiere (besonders Säugetiere), Menschenkunde (Skelett, Ernährung, Atmung und Blutkreislauf, Sinnesorgane und Nervensystem sowie Fortpflanzung), Blütenpflanzen (Bau der Blüte, Ernährung der Pflanzen, Vermehrung, Frühblüher, Systematik der Blütenpflanzen, Ausbreitung von Samen und Früchten, Pflanzenzüchtung), Biologisches Gleichgewicht. Neben Fragen, die zur Reproduktion des Gelernten dienen, enthält die vorliegende Fragensammlung vor allem auch Transferaufgaben. Sämtliche Aufgaben haben sich bereits im Unterricht bewährt.

Werner Bils
Übungsaufgaben zum Biologieunterricht in den Klassen 7 und 8
Biologische Arbeitsbücher Band 45
1994. 151 Seiten, 36 Abbildungen, DM 29,80
ISBN 3-494-01209-1, Bestell-Nr. 494-01209

Diese Sammlung enthält Aufgaben und Antworten zu folgenden Themen des Unterrichts in der Sekundarstufe I: Bakterien, Pilze, Photosynthese, Fortpflanzung und Vermehrung der Pflanzen, Ökologie, Mollusken, Arthropoden (besonders Insekten), Wirbeltiere.

Werner Bils
Übungsaufgaben zum Biologieunterricht in den Klassen 9 und 10 – Humanbiologie
Biologische Arbeitsbücher Band 46
1996. 169 Seiten, zahlreiche Abbildungen, DM 29,80
ISBN 3-494-01215-6, Bestell-Nr. 494-01215

Diese Sammlung enthält Übungsaufgaben und Antworten zur Humanbiologie, dem Schwerpunktthema des Biologieunterrichts in den Klassen 9 und 10. Auch hier lag wiederum der Schwerpunkt auf Transferaufgaben, in denen Gelerntes auf neue Fragestellungen angewendet werden muß.
Der Auswahl der Aufgaben lagen die Lehrpläne der 9. und 10. Klasse von Realschule und Gymnasium der meisten Bundesländer zugrunde.

Quelle & Meyer Verlag Wiesbaden — 65037 Wiesbaden, Postfach 47 47